REFERATE AUS DER
DEUTSCHEN VIERTELJAHRSSCHRIFT
FÜR LITERATURWISSENSCHAFT UND GEISTESGESCHICHTE

HERAUSGEGEBEN
VON RICHARD BRINKMANN UND HUGO KUHN

KARL KONRAD POLHEIM

Novellentheorie und Novellenforschung

Ein Forschungsbericht
1945-1964

J. B. Metzlersche Verlagsbuchhandlung

STUTTGART

NOVELLENTHEORIE UND NOVELLENFORSCHUNG

KARL KONRAD POLHEIM

Novellentheorie und Novellenforschung

EIN FORSCHUNGSBERICHT

1945–1964

MCMLXV

J. B. METZLERSCHE VERLAGSBUCHHANDLUNG

STUTTGART

Erweiterter Sonderdruck aus
Deutsche Vierteljahrsschrift für Literaturwissenschaft
und Geistesgeschichte
Jahrgang 38/1964 Sonderheft Oktober

©

J. B. Metzlersche Verlagsbuchhandlung und Carl Ernst Poeschel Verlag GmbH
in Stuttgart 1965. Druck: H. Laupp jr, Tübingen
Printed in Germany

INHALT

Vorbemerkung 1

I. Einleitung
Entwicklung der Forschung und Forschungslage 1
Gattungslehre und Novellentheorie 4
(Flemming, Böckmann, Wehrli, Lämmert u. a.)

II. Normative und historische Betrachtungsweise
Der Forschungsbereich 8
(Staiger, Klein, Martini, Pabst)
Normative Untersuchungen 20
(Arx, Lockemann u. a.)
Historische Untersuchungen 25
(Kunz, Himmel, Bennett-Waidson, Silz, Sengle u. a.)
H. Pongs 32

III. Geschichtliche Ansatzpunkte für die Novellentheorie
Mittelalter 37
(de Boor, Fischer, Stammler, Stutz u. a.)
Boccaccio und die deutsche Novelle 41
(Auerbach, Vossler, Pabst, Mackensen u. a.)
Rahmen und Gesellschaft als Merkmale 47
Novellentheorie im 19. Jahrhundert 51
(Markwardt)
Goethe, Tieck und Heyse 54
(Schunicht u. a.)
Andere Theoretiker 59
Friedrich Schlegel 62

IV. Neue Versuche zur Theorie der Novelle
Teleologische und bilaterale Novellenstruktur 64
(Schunicht, Mulot, Erné, Zimmermann u. a.)
Die »unerhörte Begebenheit« in neuer Sicht 69
(Burger, Henel u. a.)
R. Koskimies 71
Novelle und Erzählung 73
(Henel, Martini, J. Müller u. a.)
Erörterungen in Handbüchern 78
(Friedrich, Kayser, Seidler u. a.)
B. v. Wiese 80

V. Novelleninterpretation und Novellentheorie
    Theorie und Einzelwerk 86
        (Prang, Remak, Zimmermann u.a.)
    Ein Beispiel: Brentanos ‚Kasperl und Annerl' 90
        (Alewyn, Rehder u.a.)
    Problematik an einzelnen Werken 98

VI. Ergebnisse und Folgerungen 101

Anhang
    Nachträge und Neuerscheinungen 110
        (Lukács, Fricke, Heinichen, Bausch u.a.)
Register 119

VORBEMERKUNG

Die vorgelegte Untersuchung berichtet über die Auseinandersetzung der Forschung mit der Theorie der Novelle, scheut aber, wo es notwendig erscheint, auch vor selbständigen Folgerungen nicht zurück. Sie hat vor allem den Zeitraum von 1945 bis 1964 im Auge. Ältere Forschungsergebnisse werden ergänzend berücksichtigt, alle Neuauflagen älterer Arbeit innerhalb der angegebenen Zeit einbezogen. Ein Anhang bietet Ergänzungen und Hinweise auf Neuerscheinungen. Die Art des Zitierens ist unter Anm. 30 erläutert.

I

Seit etwa zweihundert Jahren denken deutsche Dichter und Kritiker über die Novelle nach. Von vielen Seiten her versuchen und versuchten sie, ihre Merkmale festzustellen und ihre Theorie zu ergründen. Man könnte den Beginn dieser Bemühungen etwa bei Wieland ansetzen, der es für nötig hielt, dem Worte »Novellen« in seinem 'Don Sylvio von Rosalva' eine erklärende Anmerkung beizufügen[1]).

---

[1]) Während Wieland in der ersten Auflage des 'Don Sylvio von Rosalva', 1764, das Wort »Novellen« – es erscheint im I. Buch, 4. Kap., zusammen mit »Arabischen und Persischen Erzählungen« und »Feenmärchen« – noch ohne Erklärung beläßt, fügt er ab der zweiten Auflage, 1772, folgende Anmerkung bei: »Novellen werden vorzüglich eine Art von Erzählungen genannt, welche sich von den großen Romanen durch die Simplizität des Plans und den kleinen Umfang der Fabel unterscheiden, oder sich zu denselben verhalten wie die kleinen Schauspiele zu der großen Tragödie und Komödie.« Es folgt eine

Die Dichter selbst äußerten sich auch im 19. Jahrhundert vielfältig über Art und Technik der Novelle: Goethe, Tieck und Heyse sind die bekanntesten, ob mit Recht, wird noch zu besprechen sein. Mindestens ebenso bedeutend, wenn auch nicht so oft genannt, ist Friedrich Schlegel. Daneben stehen viele andere Dichter und Denker dieses Jahrhunderts, ihre Ausführungen freilich sind fast vergessen. Auf August Wilhelm Schlegel, Mundt, Storm und Vischer greift man gelegentlich zurück, aber wer berücksichtigt heute noch – von einzelnen Ausnahmen abgesehen – alle die Äußerungen der Schleiermacher, Schelling, Solger, Bouterwek, Grillparzer, Rosenkranz, Alexis, Hauff, Laube, Gutzkow, Hebbel, Reinbeck oder Spielhagen, obwohl sie oft Wesentliches zur Novellentheorie auszusagen wußten und die Forschung schon durch ihre Verschiedenartigkeit vor manchem Irrweg hätten bewahren können? In der ersten Hälfte des 20. Jahrhunderts steuerten zunächst wieder Dichter Beiträge zu unserem Problem bei, vor allem Paul Ernst, aber auch Robert Musil und später etwa Wilhelm Schäfer oder Hans Franck.

Nun setzte aber auch die wissenschaftliche Beschäftigung mit der Theorie der Novelle ein. Oskar Walzel stellte 1915 in einem Aufsatz einige Novellentheorien des 19. Jahrhunderts zusammen (sie sind bis heute die bekannten geblieben) und versuchte daraus die Summe zu ziehen, dergestalt den Grund für die formalkritische Richtung in der Wissenschaft von der Novelle legend[2]). Hans Heinrich Borcherdt arbeitete 1926 die Begriffe: Einheit der Begebenheit, Rahmen, Gesellschaft, geschlossene Form und einheitlichen Grundton für die Novelle heraus, die auch heute durchaus gängig sind[3]). Arnold Hirsch bot 1928 in seinem Buch eine vortreffliche Übersicht über fast alle Novellentheorien des 19. Jahrhunderts, in der Breite weit über Walzel hinausgehend und daher auch in seinem Ergebnis viel vorsichtiger und biegsamer, von der späteren Forschung jedoch, vielleicht gerade wegen der unbequemen Fülle, recht wenig beachtet[4]). Radikale Ablehnung erfuhr die deutsche Novelle nach Goethe durch zwei Aufsätze: Bernhard Bruch betonte, daß der Novelle der Bereich des Tragischen grundsätzlich verschlossen sei, und er bewertete sie als künstlich emporgesteigerte Form, als geistige Treibhaus-Kultur[5]). Adolf v. Grolman behauptete, daß die eigentliche Novelle in Deutschland durch Belastung mit Problematik zertrümmert worden sei und daher längst nicht mehr existiere[6]). Mit neuen Ansichten zur Novelle trat seit 1929 Hermann Pongs

---

kurze Übersicht über die romanische Novellenproduktion, besonders hervorgehoben werden Cervantes und Boccaccio.

[2]) O. Walzel, Die Kunstform der Novelle, Zs. f. d. dt. Unterricht, 29. Jg., 1915, S. 161 bis 184. – W. Pabst betont in seinem Literaturbericht (= Anm. 51), S. 85 ff., daß Walzel mit diesem Aufsatz »die Bemühung um Erkenntnis von Strukturmerkmalen auf den breiten Sockel umfassender Gelehrsamkeit« erhoben habe und daß damit »die kurze Studie zur Plattform jener lebhaften Bemühung um den Gattungsbegriff 'Novelle' geworden« wäre. – Teilweise zehrt man bis heute, mittelbar oder unmittelbar, von Walzels Untersuchung.

[3]) H. H. Borcherdt, Geschichte des Romans und der Novelle in Deutschland. I. Teil: Vom frühen Mittelalter bis zu Wieland, Leipzig 1926. – Das Buch bietet ein Kapitel über die 'Novelle der Renaissance' (S. 67–124) und vor allem in der Einleitung (S. 5–9) den Versuch, die Wesensmerkmale der Novelle zu bestimmen.

[4]) A. Hirsch, Der Gattungsbegriff »Novelle« (= Germanische Studien, Heft 64), Berlin 1928. – Nur B. v. Wiese, Nov. I (= Anm. 235), S. 15, und Nov. (= Anm. 241), S. 23, verweist nachdrücklich darauf. – H. O. Burger (= Anm. 191), S. 89, schränkt allerdings ein, daß die Geschichte der Novellentheorie bei Hirsch eine »recht lückenhafte« sei.

[5]) B. Bruch, Novelle und Tragödie: Zwei Kunstformen und Weltanschauungen (Ein Problem aus der Geistesgeschichte des 19. und 20. Jahrhunderts), Zs. f. Ästhetik und allgemeine Kunstwissenschaft, 22. Bd., 1928, S. 292–330.

[6]) A. v. Grolman, Die strenge »Novellen«form und die Problematik ihrer Zertrümmerung, Zs. f. Deutschkunde, 1929 (= Zs. f. d. dt. Unterricht, Jg. 43), S. 609–627. – Vgl. auch

in seinen Aufsätzen hervor, die er 1939 im II. Band seines Buches 'Das Bild in der Dichtung' vereinigte; da dieses jetzt eine Neuauflage erlebt, soll es in unsere spätere Betrachtung eingeschlossen werden[7]). Schließlich ist noch Robert Petsch zu nennen, der seinen Blick bereits auf Erscheinungen richtete, wie sie die Forschung erst neuerdings zu sehen gewohnt ist: auf die sprachliche Form und auf die Erzählhaltung[8]).

Schon der flüchtige Überblick über die wichtigste Literatur zur Novelle in der ersten Hälfte des 20. Jahrhunderts zeigt, daß das Problem keineswegs vernachlässigt wurde, und obwohl er eine Reihe von Arbeiten gar nicht berücksichtigen konnte, erweist er doch eine genügende und dem Gegenstand durchaus angemessene Forschungstätigkeit[9]). Seit der Jahrhundertmitte jedoch ändert sich diese Lage überraschend: plötzlich schießen in erstaunlicher Fülle dicke und dünne Bücher, wissenschaftliche Aufsätze und Essays über die Novelle hervor. Während etwa bis zum zweiten Weltkrieg nur drei selbständige Monographien über die deutsche Novelle, davon zwei im außerdeutschen Sprachraum, erschienen waren: die Bücher von Bastier, Hirsch und Bennett[10]), können wir allein im Jahrzehnt von 1953 bis 1963 zehn solcher Monographien verzeichnen: die Bücher von Arx, Klein, Erné, Lockemann, Silz, Pongs, Wiese (der drei Publikationen vorlegte) und Himmel[11]).

Es mag dahingestellt bleiben, welche Gründe dieses Anschwellen der Literatur über die Novelle veranlaßt haben, ob sie vielleicht in der neu aufgekommenen Beschäftigung mit der dichterischen Gestalt oder in dem Versickern der im 19. Jahrhundert eine Zeit lang üblichen Novellenform zu suchen sind. Die Erscheinung an sich ist jedenfalls nicht zu übersehen. Sie erschöpft sich aber nicht in einem zahlenmäßigen Ansteigen der Literatur. Wenn vor der Mitte des Jahrhunderts die Theorie der Novelle abgehandelt wurde, blieb die Forschung in ruhigem Gleichmaß. Sobald sie sich zu extremen Ansichten verstieg (wie Bruch oder Grolman), ging sie nach deren Korrektur wieder zur Tagesordnung über, ohne sich in das Problem zu verbohren. Heute sieht die Lage auch hierin anders aus. Ein Teil der neuesten Forschung kämpft geradezu verbissen um die Novelle, proklamiert Definitionen und kreiert neue Novellisten. Dagegen wiederum wehrt sich ein

---

seinen Artikel 'Novelle' im Reallexikon der deutschen Literaturgeschichte, II. Bd, Berlin 1926/28, S. 510–515.

[7]) H. Pongs, Das Bild in der Dichtung, Bd II, Marburg 1939. – Vgl. Anm. 87.

[8]) R. Petsch, Wesen und Formen der Erzählkunst, 2. vermehrte und verbesserte Auflage (= DVjs., Buchreihe, 20. Bd), Halle/Saale 1942, bes. S. 447f.

[9]) Zwei Forschungsberichte setzen sich ausführlich damit auseinander: der von H.O. Burger (= Anm. 191) und der von W. Pabst (= Anm. 51), neuerdings das einschlägige Kapitel bei Wiese, Nov. (= Anm. 241). Hier sind genauere Angaben und Kritiken nachzulesen. Da diese Arbeiten über bloße Referate hinausgehen und eigene Forschung vortragen, werden sie unserem Bericht eingegliedert.

[10]) Paul Bastier, La Nouvelle individualiste en Allemagne de Goethe a Gottfried Keller. Essai de technique psychologique, Paris 1910. – A. Hirsch (= Anm. 4). – K. E. Bennett, A History of the German Novelle from Goethe to Thomas Mann, Cambridge 1934. Eine 2. umgearbeitete Auflage erschien 1961, vgl. Anm. 77. – Dazu könnte man eine schon im 19. Jahrhundert erschienene Voruntersuchung stellen: Rudolf Fürst, Die Vorläufer der modernen Novelle im achtzehnten Jahrhundert, Halle/ S. 1897.

[11]) Vgl. unsere Anm. 64, 36, 181, 70, 78, 90, 235, 236, 241, 75. – Dazu noch das Buch von Pabst über die romanische Novelle (= Anm. 53). – Über diese Literatur berichten B. v. Wiese, Nov. (= Anm. 241), F. Martini in seinem Forschungsbericht (= Anm. 47), ferner Richard Thieberger, La Théorie de la Nouvelle en Allemagne, Critique. Revue générale des Publications Françaises et Étrangères, Bd XIII, Nr. 122, Juli 1957, S. 579–592. Mit Ergänzungen in: Les Langues Modernes, Bd 52, 1958, S. 471, und in: Etudes Germaniques, 17. Jg., 1962, S. 505f.

anderer Teil der Forschung, der die Novelle für tot erklärt oder ihre Existenz überhaupt in Frage stellt, während ein dritter zur Mäßigung mahnt und ausgleichen will oder auch nach neuen Grundlagen sucht. So können wir von einem Streit um die Novelle sprechen, wie es ihn bisher noch nicht gegeben hat.

Als besonders hervorstechend ist festzuhalten, daß es sich bei diesem Streit vor allem um das Problem Novelle an sich handelt. Das Bestreben, die einzelnen Novellen von dieser Sicht aus als dichterische Kunstwerke zu erfassen und zu verstehen, tritt oft – natürlich nicht immer – in den Hintergrund gegenüber der Frage nach Wesen und typischer Erscheinungsform der Novelle. Damit wird eigentlich schon der Boden der allgemeinen Gattungslehre betreten, und es wären nun deren Problemstellungen und Ergebnisse auf das genaueste zu berücksichtigen. Aber wie die Einzelinterpretation nicht selten zurückgedrängt oder aber zur Hilfestellung für eine bestimmte Novellentheorie degradiert wird, so finden sich auch die grundsätzlichen Erörterungen der Gattungslehre häufig vernachlässigt. Die wenigen weiter ausblickenden Betrachter erweisen sich als rühmliche Ausnahmen.

Als Aufgabe unseres Berichtes ergibt es sich, dem vom Großteil der Forschung eingeschlagenen Weg zu folgen und daher vor allem die Erkenntnisse über das Wesen der Novelle möglichst vollständig darzustellen. Untersuchungen über einzelne Novellen oder Novellengruppen einerseits und über umfassende gattungspoetische Fragen andererseits können nur herangezogen werden, soweit sie verbunden sind mit grundsätzlichen Fragen über die Novelle und soweit aus ihnen eine Erkenntnis für die Theorie der Novelle, oder umgekehrt soweit aus der Theorie der Novelle eine Erkenntnis für die Einzelinterpretation oder für die übergreifende Gattungslehre zu gewinnen ist. Die Fülle dieser Literatur läßt freilich auch hier noch nur eine Auswahl zu.

*

Die allgemeine Problematik der Gattungslehre wird mit Vorteil an die Spitze eines Berichtes über die Novelle zu stellen sein. Um aber nicht sogleich über die unterschiedliche Terminologie zu stolpern, ist eine Vorbesinnung notwendig. Karl Viëtor schlug seinerzeit in einem grundlegenden Aufsatz vor, Lyrik – Epik – Dramatik als »Grundhaltungen« oder mit Goethe als »Naturformen«, dagegen Novelle – Ballade – Ode – u.ä. als »Gattungen« zu bezeichnen[12]). Er drang damit jedoch nicht allgemein durch. Während das, was er »Grundhaltungen« nannte, durch Staigers Buch eine neuartige Behandlung und Auslegung erfuhr[13]), werden heute wieder häufig seine Naturformen als »Gattungen«, seine Gattungen aber als »Arten« bezeichnet, daneben auch noch andere Namen verwendet. Das dadurch entstandene und entstehende Durcheinander wäre nicht so schlimm, wenn über das Verhältnis der beiden wie immer bezeichneten Gruppen zueinander eine einheitliche Auffassung herrschte. Aber auch das ist nicht der Fall. Die einen stellen die »Arten« Novelle – Ballade – Ode unter dasselbe Gesetz wie die »Naturformen« Lyrik – Epik – Dramatik (Flemming), die andern scheiden sie in ihrer Wesensart streng davon ab (Viëtor, Martini)[14]). Das aber berührt unseren Bericht, der einen klaren Ausgangspunkt beziehen muß, stark genug, soll ihm nicht von der einen

---

[12]) K. Viëtor, Probleme der literarischen Gattungsgeschichte, DVjs., 9. Jg., 1931, S.425 bis 447. – Neuerdings in: K. Viëtor, Geist und Form, Aufsätze zur deutschen Literaturgeschichte, A. Francke AG Verlag, Bern 1959, S. 292–309.
[13]) E. Staiger, Grundbegriffe der Poetik, 5. Aufl., Atlantis Verlag, Zürich 1961, 256 S.
[14]) W. Flemming, vgl. Anm. 16. – K. Viëtor, vgl. Anm. 12. – F. Martini, vgl. Anm. 19.

oder der anderen Auffassung her ein Vorwurf gemacht werden. Es sei daher in diesem Zusammenhang wiederholt, daß sich unser Bericht zunächst allein mit der Novelle beschäftigt, ohne Rücksicht darauf, wie sie sich zu der übergeordneten Gruppe der Epik verhält. Erst am Schluß bei der Zusammenfassung wird sich darauf ein Hinweis ergeben. Was im Folgenden über die »Art« Novelle erkannt wird, darf daher auf keinen Fall auf die »Naturform« Epik übertragen werden. So sind denn die Probleme der Gattungslehre nur so weit zu berücksichtigen, soweit sie sich mit der Gruppe der »Arten« befassen.

Auch hier jedoch zeichnet sich kein einheitliches Bild ab, was freilich oft wieder mittelbar abhängig ist von der zwiespältig gesehenen Beziehung zur übergeordneten Gruppe. Zwar scheinen sich übergroße Differenzen, wie sie vor unserer Berichtszeit bestanden[15]), verringert zu haben, doch gehen die Meinungen noch immer auseinander. Einige Beispiele mögen die heutige Lage deutlich machen.

Willi Flemming[16]) will, wie schon angedeutet, die »Dichtungsarten ... als Spezifikationen von den Gattungen herleiten« (S. 38) und zeigen, »daß die Gattungen und Arten keine nachträglichen Klassifikationen, sondern wesenhafte Strukturen sind« (S. 59). Die einzelne Gattung und Art besäße »also das Gewicht einer unentbehrlichen und unersetzbaren Kategorie zum Verständnis empirisch gesicherter Befunde und fungiert diesen gegenüber als tragender Grund, der relativ überdauernd und plastisch konstant bleibt, in der individuellen Gestalt des Einzelwerkes dennoch ständig variiert, aber nicht wesenhaft verändert wird und auch durch historische Entwicklungen nicht veralten kann« (S. 38).

Auch Paul Böckmann[17]) billigt den »Hauptgattungen« und den »besonderen Gattungsformen« dieselben Möglichkeiten zu, aber er sieht diese weitaus offener und elastischer. Für ihn gewinnen die Gattungen »ihr bestimmtes Gepräge immer erst im Zusammenhang mit der geschichtlich sich wandelnden Auslegung des Menschlichen. Sie bieten als solche nur sehr allgemeine Grundbedingungen, die immer nur in einem bestimmten Strukturzusammenhang zum Sprechen gebracht sein wollen und insofern auf die Stilverwirklichung angewiesen bleiben«. Und so könne auch die Novelle (oder die Ballade) »im Zusammenwirken mit einem besonderen Stilwillen sich neu verwirklichen, ohne an die bisherigen Ausprägungen gebunden zu bleiben« (S. 39 f.).

Max Wehrli[18]) findet in den Arten »die lebendig-konkrete Vielfalt der ge-

---

[15]) Vgl. etwa: Günther Müller, Bemerkungen zur Gattungspoetik, Philosophischer Anzeiger, 3. Jg., 1929, S. 129–147. – Benedetto Croce, Ästhetik als Wissenschaft vom Ausdruck u. allg. Sprachwissenschaft (= Ges. philos. Schriften in deutscher Übertragung hg. von H. Feist, R. 1, Bd 1), Tübingen 1930. – Wolfgang Kayser, Geschichte der deutschen Ballade, Berlin 1936, S. 295 f. – A. Hirsch (= Anm. 4), S. 73 ff. – Actes du 3e Congrès international d'histoire littéraire (Lyon 1939), Helicon II, 1940, S. 95 ff.

[16]) W. Flemming, Das Problem von Dichtungsgattung und -art, Studium Generale, 12. Jg., 1959, S. 38–60.

[17]) P. Böckmann, Formgeschichte der deutschen Dichtung, I. Bd: Von der Sinnbildsprache zur Ausdruckssprache, Hoffmann und Campe Verlag, Hamburg 1949, 700 S. – Ähnliches bei Böckmann, Die Lehre von Wesen und Formen der Dichtung, in: Vom Geiste der Dichtung. Gedächtnisschrift für Robert Petsch, hg. von F. Martini, Hoffmann und Campe Verlag, Hamburg 1949, S. 13–30. Hier heißt es etwa: »In den voll entwickelten dichterischen Formen spricht immer zugleich eine geistig geprägte Individualität, zu der eine volle kulturelle Situation gehört. So ist hier kein Werk nur Beispiel für einen Typus, sondern immer zuerst und vor allem ein schöpferischer Aufbruch von größerer oder geringerer Tragweite, der gerade so viel gilt, als er erschließende Kraft für das menschliche Selbstverständnis und seine Äußerungsweisen hat« (S. 29).

[18]) M. Wehrli, Allgemeine Literaturwissenschaft (= Wissenschaftliche Forschungsberichte, Geisteswissenschaftliche Reihe, Bd 3), A. Francke A. G. Verlag, Bern 1951, 168 S.

schichtlichen Erscheinungsformen«. Aber freilich überwiege nun »dieser individuell-geschichtliche Charakter so sehr, daß man nicht mehr wagt, von dauernden dichterischen Möglichkeiten zu sprechen«. Er stellt zusammenfassend fest, daß es in der Tat auch nicht üblich sei, »das Gattungs- und Artenproblem unter dem Gesichtspunkt der Typologie zu sehen; solang man induktiv, gleichsam von unten her, feste und individuelle Gebilde zu klassieren sucht, gelangt man zu keiner Idee des Typus« (S. 72). Unterdessen freilich haben sich die Fronten versteift und auch und vor allem den Typusbegriff auf ihre Fahnen geheftet. Für Wehrli stellt sich jedoch das Problem mit der Aufgabe dar, »den zwischen dem Typus und dem Einzelwerk stehenden Gruppeneinheiten, Stilganzheiten nachzugehen, ohne deren Berücksichtigung das Einzelwerk im geschichtslosen Raum bzw. einem geschichtlichen Chaos schweben würde«. Zu den Ordnungen, die über dem Einzelwerk stehen und »mit denen und aus denen die Einzelwerke leben«, rechnet er »auch die Gattungen und Arten bis hinein in ganz bestimmte Bautypen. Sie werden allerdings nicht a priori abzuleiten und nicht als 'Naturformen' zu verstehen sein, sondern in ihrem spezifisch geschichtlichen Charakter, d. h. aus der Dialektik von fester Tradition und unberechenbarem Ursprung, wobei sich das Verhältnis von Typus und Individualität immer wieder umkehrt« (S. 77).

Diese Stellungnahmen der Gattungspoetik vermögen die herrschende Verschiedenheit in der Auffassung genügend zu charakterisieren. Den Beispielen könnte eine Reihe ähnlicher zur Seite gestellt werden [19]). Wir wollen hier jedoch nur noch eine Untersuchung hervorheben, welche die allgemeine Problematik gerade mit dem Blick auf die Novelle besonders klar und deutlich aufzeigt und die uns in ihrer Prägnanz am geeignetsten erscheint, als Ausgangsbasis für unseren Bericht zu dienen: Eberhard Lämmert [20]) fordert die strenge Unterscheidung zwischen einer »Darlegung der in der Geschichte der Literatur konkret in Erscheinung getretenen Einzelformen, Formtraditionen und Formengruppen« einerseits und einer »Ermittlung der typischen Formen, die allzeitig die erzählende Dichtung als solche kennzeichnen und definieren« andererseits, – also zwischen der »Erkenntnis des historischen Formwandels« auf der einen und der »Erfassung sogenannter Urformen« auf der anderen Seite (S. 9). Die erstere manifestiere sich im literarischen Gattungs-, die letztere im Typusbegriff. Nach diesem Terminologievorschlag wollen auch wir uns künftig richten. Typenbezeichnungen beziehen sich demnach auf die »allzeitigen Möglichkeiten« der Dichtung (S. 15f.), sie weisen auf konstante Kategorien [21]). Gattungen dagegen wandeln sich mit der Zeit, sie bestehen aus veränderlichen Kategorien. So ordnet denn Lämmert hier, unter die veränderlichen Kategorien, und nur hier auch die eigentliche Gattungspoetik ein, weil sie es »außerhalb der Gattungsgeschichte überhaupt nicht geben kann« (S. 12). Er betont, daß es keinen systematischen Weg gebe, zu erklären, was »Novelle« sei – oder man müsse ständig mit der »Problematik der Zertrümmerung« ihrer Form (so nach Grolman) ringen »und das heißt nichts anderes als mit der Zertrüm-

---

[19]) Vgl. etwa: W. Kayser, Das sprachliche Kunstwerk (= Anm. 72), S. 330ff. – Fritz Martini, Poetik, in: Deutsche Philologie im Aufriß, 2. überarbeitete Auflage, Bd I, Erich Schmidt Verlag, Berlin 1957, Sp. 223 ff. – Vermittelnd H. Seidler, Die Dichtung (= Anm. 232), SS. 361ff. u. 375. Vgl. auch Anm. 56 und 287.

[20]) E. Lämmert, Bauformen des Erzählens, J.B. Metzlersche Verlagsbuchhandlung, Stuttgart 1955, 296 S. – Das vergriffene Buch ist jetzt in einem unveränderten Neudruck (1964) wieder zugänglich.

[21]) Auch wenn diese Typen »von Zeit zu Zeit mit einer Gattung in besondere Beziehung treten« (S. 16), wandeln sie sich in keiner Mischung. Als Beispiel solcher Typenbildung ist etwa die Geschehnis-, Raum- und Figuren-Epik bei W. Kayser (=Anm.72) zu nennen, oder die *view-point*-Typen, wie sie F. K. Stanzel (=Anm. 177) vorbringt.

merung der konventionellen Satzung dessen, was Novelle sei« (S. 11). Jedoch, folgert Lämmert, »diese Satzung ist etwa an Boccaccio oder Cervantes (Handlungs-N./Charakter-N.) orientiert oder schafft sich von dorther e i n Idealbild (das Falkenmotiv), an dem die historische Entfernung oder traditionelle Verpflichtung der einzelnen Erzählung dann jeweils zu ermessen ist. Solche, meist nach verschiedensten gehaltlichen oder formalen Kriterien erstellte Satzungen haben jedenfalls nie ein systematisch-objektives Urschema Novelle zum Spiegelgegenstand. Man muß sich nur in Erinnerung rufen, daß beispielsweise auch Boccaccio und Cervantes sich ihre Novellenform erst durch die Überwindung herkömmlicher Regeln geschaffen haben« (S. 11 f.).

Gegen eine solche scharfe Trennung von entwicklungsgeschichtlichem Gattungsbegriff, der allein für die Novelle zuständig wäre, und feststehendem poetologischem Typusbegriff, der aber mit der Gattung nichts zu tun habe, nehmen einige Novellenforscher leidenschaftlich Stellung. Sie tun das nicht gegen Lämmert im besonderen, sondern gegen dieses Grundproblem der Gattungslehre überhaupt. Und sie wollen auf dem Gebiet der Novelle eine Vereinigung von konstanten und veränderlichen Kategorien herstellen. So behauptet Johannes Klein, daß in seinem großen Novellenbuch »die Entwicklung neuer Typen aus der Urform ebenso betont ist wie diese Urform selbst«, daß aber, bei aller Herausarbeitung der »zeitgeschichtlich bedingten Formwandlungen«, der Nachdruck stets »bei den überzeitlichen, immer wiederkehrenden Grundformen« liege [22]). Er wiederholt diese Auffassung in seinem Artikel des Reallexikons: »... hat die Novelle früh eine klare Gestalt erreicht. Zugleich ist sie höchst wandlungsfähig«, und weiter: »Während bestimmte Grundzüge immer wieder durchblicken, sind Struktur und Organismus der Novelle je nach Völkern und Zeitaltern verschieden« [23]). Eine prinzipiell ähnliche Ansicht vertritt Fritz Lockemann. Er »will zeigen, wie ein Gattungscharakter als gleichbleibender Kern durch alle Gestaltungen eines Zeitraums hindurchgetragen wird, wie er geschichtlich und persönlich bedingte Änderungen erfährt, ohne daß sich sein Wesen wandelt« [24]). Selbst Forscher, die gegen solche Auffassungen kämpfen, können letzten Endes »allzeitige Möglichkeiten« des Erzählens für die Novelle in Anspruch nehmen und damit den Typusbegriff, wie ihn Lämmert festlegt, anwenden. Neben anderen scheint auch Manfred Schunicht am Schluß seines wertvollen Aufsatzes in diese Bahn einzulenken [25]). Darüber wird in unserem II. und IV. Abschnitt noch wiederholt die Rede sein.

Bleiben wir jedoch noch beim grundsätzlich Theoretischen und schieben wir eine Überlegung ein, die von einer etwas anderen Seite das Problem anzupacken sucht. Bei jeder Beschäftigung mit einer literarischen Gattung und ihrer Entwicklung bieten sich zwei Möglichkeiten an: das Gewicht mehr auf den Gattungsbegriff mit seinen verschiedenen Inhalten oder mehr auf den fixierten Gegenstand zu legen. Im ersten Fall wird man die Entwicklung der jeweils mit dem betreffenden Gattungsbegriff, hier also mit dem Wort Novelle, bezeichneten literarischen Erscheinungsform verfolgen, man wird also unter demselben Begriff eine Fülle von mehr oder weniger verschiedenen Formen vereinigt finden. Im andern Fall wird man sich auf eine einzige, bestimmte literarische Erscheinungsform stützen, die man als Grundlage oder »Urform« annimmt und mit dem Namen der betreffenden Gattung, hier wieder mit dem Wort Novelle, allgemeinverbindlich und teilweise rückwirkend belegt. Diese Grundlage kann aus einer bestimmten historischen Erscheinungsform, aus einer historischen Theorie, aus der Verschmelzung

---

[22]) J. Klein (= Anm. 36), S. IX f.
[24]) F. Lockemann (= Anm. 70), S. 7.
[23]) J. Klein (= Anm. 42), § 1.
[25]) M. Schunicht (= Anm. 152), S. 59 ff.

mehrerer Formen oder Theorien oder auch aus einer subjektiven neuen Erstellung der Form abgeleitet werden. Alle Veränderungen wird man dann an dieser Grundlage messen. Können wir diese zweite Möglichkeit des Vorgehens als normativ bezeichnen, so ist die erstgenannte als historisch anzusprechen. In der Praxis werden gewisse Einflüsse und Vermischungen zwischen den beiden Möglichkeiten zu beobachten sein. So versucht die normative Methode oft zugleich eine historische Schau oder eine Berücksichtigung entwicklungsgeschichtlicher Veränderungen, hält aber dennoch zumeist und vor allem an einer bestimmten Norm als Maßstab fest und bekennt sich auch dazu – man vergleiche nur die oben zitierten Ausführungen Kleins und Lockemanns. Umgekehrt verwendet die historische Methode bisweilen als Arbeitshypothese eine normative Hilfskonstruktion, aber auch sie verleugnet ihre Grundeinstellung nicht. In der Tat erscheint denn eine echte Vereinigung beider Methoden kaum möglich, immer wird die eine oder die andere Betrachtungsweise das Verfahren beherrschen.

Kehren wir nun zu Lämmerts Unterscheidung von Gattungs- und Typusbegriff zurück. Seine Problemstellung ist anders gelagert als die gerade vorgetragene, dennoch sind beide auf einen Nenner zu bringen. Die oben so bezeichnete historische Methode entspricht seiner Gattungsgeschichte und Gattungspoetik, die er beide unter den Gattungsbegriff mit seinen veränderlichen Kategorien stellt. Die oben so bezeichnete normative Methode entspricht seinem Typusbegriff mit den konstanten Kategorien, ist aber nach Lämmert für die Gattungslehre nicht anzuwenden. Es wird ein wichtiges Anliegen unseres Berichtes sein müssen, diese Erkenntnisse an Hand des tatsächlich vorhandenen wissenschaftlichen Materials zu prüfen und daraus ihre Bestätigung oder ihre Widerlegung zu gewinnen.

II

Die Trennung in historische und normative Betrachtungsweise mag eine erste Einteilungsgrundlage an die Hand geben, um die Mannigfaltigkeit, ja unübersichtliche Fülle der zu besprechenden Novellenliteratur zunächst zu gliedern. Aber schon diese so einfach erscheinende Gruppierung zeigt sogleich die Schwierigkeit auf, hier eine brauchbare Ordnung zu schaffen.

Greifen wir beispielhaft vier verschiedene Forschungsrichtungen heraus, die durch die Namen Staiger, Klein, Martini und Pabst angedeutet seien: so bildet Emil Staigers Definition von der Novelle als einer Erzählung mittlerer Länge [26] das Gegenteil zu Johannes Kleins oben erwähnter Lehre von der Novelle als genau bestimmbarer Form [27] – und doch kommen beide von einem normativen Standpunkt her. Dagegen vertritt Fritz Martini eine historische Betrachtungsweise, wenn er die deutsche Novelle des Realismus als geschichtliche Form »aus ihrer Angemessenheit zu der allgemeinen soziologischen, weltanschaulichen und literarischen Situation« betrachtet und erklärt [28]. Ebenfalls aus historischer Einsicht gelangt wiederum Walter Pabst zu einem auf ganz anderer Ebene liegenden Resultat, er findet keinerlei Gemeinsamkeiten in den Novellen durch die Jahrhunderte hindurch und erkennt daher nur die »Freiheit der Form« an [29]. Man sieht, wie

---

[26] B. v. Arx (= Anm. 64), S. 8 ff.
[27] J. Klein (= Anm. 36), S. 5–8. – Vgl. Anm. 22 f.
[28] F. Martini, Forschungsbericht (= Anm. 47), S. 617. – Seine Arbeiten vgl. Anm. 44 ff.
[29] W. Pabst, Literaturbericht (= Anm. 51), S. 119 f. – Ähnlich: Novellentheorie (= Anm. 53), S. 245.

zwar zwei normativ orientierte Auffassungen zwei historisch-genetischen gegenüberstehen, wie aber innerhalb jeder Gruppe Extreme sich bilden und wie die radikalen Richtungen aus jeder Gruppe einander begegnen mit ihrer alles einbeziehenden Definition (Staiger) oder ihrer Ablehnung jeglicher Definition (Pabst).

Mit diesen vier Forschungsrichtungen könnte man gewissermaßen in einem Quadrat das Gebiet umgrenzen, in welchem die Wissenschaft von der Novelle sich heute bewegt. Theoretisch wäre es dann möglich, den vielen anderen vorliegenden Untersuchungen innerhalb dieses Quadrates ihren Platz anzuweisen. Doch da es sich, wie natürlich, um ein ständiges Fließen der Grenzen, um verschieden gestellte Probleme, um verschieden starke Hervorkehrung der verschiedenen Gesichtspunkte, um Überschneidungen oder Zusammenfassungen handelt, so wäre das weder durchführbar noch günstig. Bei der Verschiedenartigkeit der einzelnen Untersuchungen, die zu verwirren droht, wird man nicht umhin können, die Betrachtungsebene bisweilen zu wechseln, um allen Einstellungen gerecht zu werden. Auch werden manche Arbeiten an mehreren Orten zu nennen sein, doch soll jede ihre Hauptstelle dort erhalten, wo sie am charakteristischsten erscheint [30]).

Wenn auch das bezeichnete Quadrat mit seiner Teilung in historisch und normativ eingestellte Untersuchungen ein allzu vereinfachtes Bild ergibt, so wird es doch den Stand der Novellenforschung deutlich vermitteln können. Die Auffassungen der genannten vier Forscher sollen daher zuerst besprochen werden.

Emil Staigers Definition ist nicht durch ihn selbst, sondern durch das Buch seines Schülers Bernhard v. Arx bekannt geworden [31]). In einem Seminar Staigers im Wintersemester 1946/47 sei, wie Arx berichtet, die Frage nach dem Wesen der Novelle aufgeworfen worden, aber ein wirklich allen Novellen Gemeinsames habe weder im Inhalt noch vom Aufbau her gefunden werden können. So sei die Einsicht durchgedrungen, daß mit den üblichen Definitionen nichts Befriedigendes erreicht werden könnte. Der Seminarleiter habe daher eine Formel für die Novelle geprägt, die, wenn sie auch auf den ersten Blick ihrer Einfachheit halber überraschend wirke, in Wahrheit doch so etwas wie eine salomonische Lösung sei. Die Formel laute nämlich: »Eine Novelle ist nichts anderes als eine Erzählung mittlerer Länge«. Sie wolle bewußt bloß auf die Tatsache aufmerksam machen, daß irgendwo zwischen sehr kurzen und sehr langen Erzählungen ein Raum bestehe, bei dessen Überschreitung nach unten oder nach oben von einer Novelle nicht mehr die Rede sein könne. »Innerhalb dieses Raumes aber vermag die Novelle zu 'spielen': deshalb ist dieser Raum auch schon der 'Spielraum der Novelle' genannt worden« [32]).

Staigers Formulierung von der Novelle als einer Erzählung mittlerer Länge wurde in der Folgezeit bald berühmt oder auch berüchtigt, immer wieder zitiert und oft geschmäht. Aber sie sagt mit der Bestimmung des Umfanges mehr als es den Anschein hat: denn der Umfang steht mit Inhalt und Gehalt in gewissem Zusammenhang [33]). Wie Benno v. Wiese ausführt, ist es offensichtlich, daß eine Er-

---

[30]) Damit, hoffen wir, bleibt die Übersichtlichkeit doch etwas erhalten. An dieser Hauptstelle wird die Arbeit am genauesten oder zumindest in ihrem wichtigsten Teil besprochen. Im Text erscheint dort (nur dort) der Name des Verfassers gesperrt, in der Anmerkung erfolgt das genaue Zitat. Bei wiederholter Nennung der Arbeit wird in Klammer stets auf diese Hauptstelle verwiesen.
[31]) B. v. Arx (= Anm. 64), S. 7 ff.
[32]) Arx, S. 9. – Den Begriff des »Spielraumes« verwendet Staiger in einem Vortrag von 1948: vgl. Grundbegriffe (= Anm. 13), S. 249. – Später nimmt B. v. Wiese diesen Begriff auf: Nov. II (= Anm. 236), S. 9 ff.
[33]) Vgl. Friedrich Sengle, Der Umfang als ein Problem der Dichtungswissenschaft, in:

zählung mittlerer Länge nicht mehr die Möglichkeit des epischen Erzählens im weiteren Sinne hat, also weder den Stoff auf breite Weise entfalten, noch unmittelbar nur als Handlung vergegenwärtigen kann[34]. Allerdings kann selbst diese weite Formulierung das Gebiet der Novelle nicht gänzlich umfassen, wie Arx glauben machen will. Für die Falkennovelle des Boccaccio, den Prototyp für viele Novellentheorien, kann man durch die Bezeichnung »mittlere Länge« kaum den angemessenen Umfang angeben, sie ist viel zu kurz. Andererseits geht 'Der junge Tischlermeister' von Tieck mit seinen 468 Druckseiten (in den Schriften, 28. Bd, 1854) über ein mittleres Maß weit hinaus. Dennoch nimmt Staigers Formel in der Novellenforschung einen grundsätzlichen Platz ein: sie bedeutet die Ablehnung aller Erkenntnisse der Novellentheorien im 19. und 20. Jahrhundert. So sagt Staiger selbst an anderer Stelle: »Sinnlos ist es geworden, alle Fächer beschreiben zu wollen, in denen man Dichtungen unterbringen kann«[35]. Mit seiner Resignation kehrt Staiger gewissermaßen zu Wielands Definition zurück, die wir an den Anfang stellten. Es ist immerhin bezeichnend, daß Staiger mit dieser Rückkehr keinen Schlußstrich unter die Diskussion um die Novelle ziehen konnte, sondern daß er damit vielmehr eine neue Periode der Forschung einleitet, in der alle bisherigen und manche neue Möglichkeiten und Versuche, die Novelle in ihrem Wesen zu erfassen, mit frischer Energie, starr oder elastisch, durchgeprobt und aufgezeigt werden.

In seiner umfangreichen 'Geschichte der deutschen Novelle' betont Johannes Klein[36] gleich eingangs programmatisch: »Die Novelle ist eine Urform des Erzählens, aber sie hat sich geschichtlich herausgebildet ... Ich gehe von der markanten Grundgestalt der Novelle aus, beziehe aber die geschichtlichen Abwandlungen und die Eigengestaltung bei den verschiedenen Novellisten ein« (S. VII). Dergestalt will Klein also die oben abgelehnte Synthese von normativer und historischer Betrachtungsweise erreichen, mit besonderem Gewicht auf der ersten. Wie ist dieses Vorhaben durchgeführt und wie ist es gelungen?

Zunächst wird, ohne weitere Voruntersuchung oder Begründung, als »Modell einer echten Novelle« die Falkennovelle des Boccaccio gesehen (mit ausdrücklichem Bezug auf Heyse), sie sei »eines der wenigen Beispiele im 'Decamerone', in denen die Grundformen der Novelle ganz rein erscheinen« (S. 2). Dann wird auch eine »innere Form« festgestellt, die zu der Erkenntnis führt: »So ist die Urform der Novelle das Leben selbst« (S. 5). Von hier aus – »wo höchste Kunst und tiefstes Leben einander begegnen«[37]) – wird die »äußere Form« begründet: »Wie mancher kennt in seinem Leben ein Mittelpunktsereignis, – wer schaute in seinem Dasein nicht unwillkürlich nach Leitmotiven hin? Und wehe, wenn seinem Leben die Idee fehlt! Diese drei Elemente sind zugleich die Grundformen der Novelle« (S. 5). Terminologisch ergibt sich keine Klarheit: die Begriffe »Urform« – wobei

---

Gestaltprobleme der Dichtung (Günther Müller zu seinem 65. Geburtstag), hg. von R. Alewyn, H. E. Hass, Cl. Heselhaus, H. Bouvier u. Co. Verlag, Bonn 1957, S. 299–306.

[34]) B. v. Wiese, Nov. II (= Anm. 236), S. 12.
[35]) E. Staiger, Grundbegriffe (= Anm. 13), S. 237.
[36]) J. Klein, Geschichte der deutschen Novelle von Goethe bis zur Gegenwart, 4., verbesserte und erweiterte Auflage, Franz Steiner Verlag GmbH, Wiesbaden 1960, XX + 674 S. (1. Aufl. 1954). – Der Aufsatz von J. Klein, Die Formelemente der Novelle, Welt und Wort (Literarische Monatsschrift, Heliopolis-Verlag, Tübingen), 9. Jg., 1954, S. 373–374, ist ein Abdruck aus dem genannten Buch, Einleitung, 4. Kapitel: 'Äußere Form' (in der 4. Aufl. S. 5–8).
[37]) Diese Feststellung rückt J. Klein auch in den Mittelpunkt seiner Besprechung über das I. Novellenbuch von Wiese: Streit um die Novelle, Welt und Wort, 14. Jg., 1959, S. 169–171. Vgl. auch Anm. 104.

einerseits das Leben die Urform der Novelle ist, andererseits die Novelle eine Urform des Erzählens –, »Grundformen« (Plural!) und »markante Grundgestalt« überschneiden und verwirren sich. Jedenfalls stellt Klein als wesentlich für die Novelle das »Mittelpunktsereignis« oder »zentrale Geschehnis«, das »Leitmotiv« und die »Novellen-Idee« heraus. Er gewinnt seine Vorstellung von der typischen Novelle aus den Ausführungen früherer Theoretiker, vor allem aus der Aussage Paul Heyses[38]), findet sie aber auch im wirklichen »Leben« wieder. Schon dieser Hinweis läßt fragen: können bestimmte Vorgänge des Lebens wirklich nur in der Novelle ihre entsprechende dichterische Gestalt finden? Und weiter: sind in der Dichtung die von Klein genannten Merkmale wirklich nur auf die Novelle eingeschränkt? Von einer »Idee« etwa darf, wenn überhaupt, dann keineswegs nur bei der Novelle allein gesprochen werden. Ebenso kann das »Leitmotiv«, mit und ohne Symbolwert, überall in der epischen Dichtung (um nur dabei zu bleiben) angetroffen werden – und andererseits muß Klein selbst zugeben, daß es bei der Novelle fehlen kann, »so ziemlich oft bei Cervantes und häufig bei Tieck« (S. 6). So bliebe nur noch das »zentrale Geschehnis« als typisches Novellenmerkmal über, und auch dieses kann ein bestimmendes Kennzeichen anderer epischer Werke sein, man denke nur an den Kriminalroman. Andererseits räumt Klein auch hier ein, das Ereignis könne »nach innen verlegt werden, so daß an seine Stelle eine Haltung tritt« (S. 5). Schon diese kurzen Überlegungen vermögen die Gültigkeit der aufgezeigten typischen »Grundformen« für die Novelle fragwürdig zu machen. Wir werden im letzten Abschnitt unseres Berichtes darauf zurückkommen müssen.

Doch folgen wir Klein in seinem Untersuchungsgang weiter. Er unterscheidet eine große Zahl von »Strukturtypen« oder »Urtypen« und von »Aufbautypen«. Zu den ersten zählt er die »episch gebändigte, die dramatisch gespannte und die lyrische Novelle« (S. 30), ferner die tragische und humoristische, die Charakter- und die Schicksalsnovelle, die Typennovelle und die »sozial betonte« Novelle, die geschlossene und offene Novelle. Zu den Aufbautypen zählt er verschiedene Möglichkeiten der Rahmennovelle und der Einzelnovelle mit ihren Überschneidungen und Sonderformen (Briefnovelle usw.). Trotz dieser Vielzahl ist für Klein die »Urform« überall vorhanden, bei der lyrischen Novelle etwa folgendermaßen: »Das zentrale Ereignis wird nach innen verlegt; die größten Ereignisse sind hier, mit Nietzsche zu reden, unsere stillsten Stunden« (S. 30). Solche Auslegungen der festgesetzten Grundformen enthält auch der (in der 4. Auflage neu hinzugekommene) 'Überblick über die Formgeschichte der deutschen Novelle' (S. 36–59). Kleist sei »der eigentliche Verwandler des Novellentyps; die Grundformen dieser Erzählgattung bekommen ganz neue Gewichte« (S. 40). In der späteren Romantik werde die Novellenform, »bei Wahrung ihrer charakteristischen Grund-Erscheinungen, zum Gleichnis oder Spiegel musikalischer Formen ... oder sie geht in lyrischen Schmelz über« (S. 41). Für Grillparzer, die Droste, Otto Ludwig, Gotthelf, Riehl, Stifter heißt es zusammenfassend: »Die Grundformen bleiben auch jetzt noch dieselben, aber der gesamte Gestaltungs-Typ hat mit dem eines Boccaccio, Cervantes und noch Goethes nichts mehr gemeinsam. Der Begriff der Begebenheit hatte eine nicht mehr zu übersehende Verfeinerung durchgemacht« (S. 45). Heyse habe dann vor allem »die Möglichkeiten, die im Realismus lagen«, erkannt: »Bei der Klarheit, mit der auch in den strukturell verschiedensten Novellenformen die Urformen immer wieder durchgeblickt hatten, sah Heyse keinen Grund, die ältere

---

[38]) Über die Bedeutung dieser Theoretiker und Kleins Verhältnis dazu vgl. unseren Teil III.

Gestaltungsweise mit der jüngsten nicht zu verbinden« (S. 46). So habe Heyse, der als »der fruchtbarste deutsche Novellist« bezeichnet wird, »die ursprünglichen Gegebenheiten, die durch die eigenartige und reizvolle Entwicklung etwa bei Grillparzer und Stifter so sehr vergessen schienen«, wieder hergestellt, er stehe »dem Wesen des Novellistischen tatsächlich näher« als Gottfried Keller, er sei »nicht zufällig der erste große Theoretiker der Novelle seit Tieck« (S. 47). Auch hier wird also, wie im theoretischen Teil vorhin, Heyse besonders geschätzt und als Vorbild gesehen [39]).

Auf solche, hier nur in Beispielen angedeutete Weise vermag Klein fast die gesamte Erzählkunst des 19. und einen Teil des 20. Jahrhunderts in seine Darstellung einzubeziehen und überall seine Grundformen wiederzufinden. Dasselbe auf breiterer Basis tut er dann im Hauptteil seines Buches, in 28 Abschnitten von Goethe bis Friedrich Franz v. Unruh [40]). Erschien die Geltung der »Grundformen« an sich schon, vom Theoretischen her, fraglich, so verschwimmen diese jetzt durch ihre immer neue Modifizierung bald ganz. Die normative Betrachtungsweise wird in ihrer Konsequenz, damit aber in ihrer Geltung aufgegeben. Auch die gleichzeitig angestrebte historische Darstellung vermag so wenig zu überzeugen, daß ein Kritiker fragen konnte, »ob diese angebliche Geschichte der deutschen Novelle auch nur als Prolegomena zu einer solchen Geschichte hingestellt werden kann« [41]). Die von uns oben behandelte Erkenntnis von der Unzuständigkeit des Typusbegriffes und der Unvereinbarkeit von konstanten und veränderlichen Kategorien findet hier eine Bestätigung.

Im Artikel 'Novelle' in der zweiten Auflage des Reallexikons [42]) beharrt Johannes Klein bei seiner Auffassung: »Es gibt eine novellistische Urform des Erzählens, die die Grundzüge bestimmt. Aber literarisch wurde sie erst durch besondere kultur- und gesellschaftsgeschichtliche Voraussetzungen« (§ 1). Die reine Form der Novelle wird wieder in Boccaccios Falkennovelle gefunden, doch wird diesmal auch auf das deutsche Mittelalter zurückgegriffen. Die drei »typischen Grundformen« der Novelle werden wie im Buch erörtert, oft mit denselben Worten, bisweilen ausführlicher. Die dritte Grundform, die Novellenidee, ist stärker als bisher mit der »Silhouette« Heyses und neuerdings mit dem Begriff des Symbols zusammengebracht, mithin bis zur Vermischung der zweiten Grundform genähert (§6) [43]). Die Norm Kleins wird dadurch unschärfer, aber nicht tragfähiger. Auch im übrigen verfolgt der Aufsatz Kleins genau die Linie des Buches: die Abgrenzungen, die verschiedenen Struktur- und Aufbautypen, schließlich die Darstellung der Geschichte der Novelle selbst.

Wir wenden uns nun der anderen Forschungsrichtung zu, die durchaus histo-

---

[39]) Im Gegensatz zu Klein wird Heyse als Novellist oft ausdrücklich abgelehnt. So von L. Mackensen (= Anm. 116), S. 757: »Novellistik ist eine literarische Grenzsituation (darum konnte Heyse z. B. keine Novellen schreiben!)«. – Ebenso von A. Mulot (= Anm. 180), S. 8. – F. Martini betont in seinem Novellenaufsatz (= Anm. 45), S. 260: »Je bedeutender ein Dichter war, umso eigengeprägter wurde seine Formgestaltung. Nicht zufällig war Heyse, der einen normierten Formtypus stabilisieren wollte, der künstlerisch geringere Erzähler.« Ähnlich in seinem Realismus-Buch (= Anm. 48), S. 611ff.

[40]) Wie Klein seine Methode am Einzelwerk entwickelt, wird unser V. Teil zeigen.

[41]) Erik Lunding, Anz. f. dt. Altertum, Bd 69, S. 171.

[42]) J. Klein, Novelle, in: Reallexikon der deutschen Literaturgeschichte, begründet von P. Merker u. W. Stammler, zweite Aufl., neu bearb. u. unter redaktioneller Mitarb. von K. Kanzog sowie Mitwirkung zahlreicher Fachgelehrter hg. von W. Kohlschmidt u. W. Mohr, Bd II, W. de Gruyter, Berlin 1959ff.; 8. Lieferung, 1963, S. 685–701.

[43]) Schon bei der Besprechung des Buches wies Walther Killy, Orbis Litterarum, Bd XI, 1956, S. 245ff., darauf hin, daß Klein Leitmotiv und Symbol verwechsle.

risch eingestellt ist. Fritz Martini hat an mehreren Stellen aus neuer Sicht über die Novelle gehandelt und die Ergebnisse schließlich in seinem umfangreichen, nicht nur für die Erforschung der Novelle grundlegenden Buch über ʽDie deutsche Literatur im bürgerlichen Realismus. 1848–1898ʼ zusammengefaßt. Das Problem, das er aufreißt und dem er nachgeht, wird schon in einer früheren Arbeit[44]) bestimmt: »Denn offensichtlich muß die Literaturgeschichte weit mehr als bisher auch als eine Geschichte der Darbietungsformen verstanden werden. Es ist offenbar, daß ihnen, wie z. B. der Tragödie, dem Roman, ... der Novelle, damit sie zu ihrer vollen Integration, zu ihrer eigentümlichen dichterischen Verwirklichung kommen, jeweils eine bestimmte, sich auch im Laufe der Zeiten und Kulturbewegungen wiederholende, geschichtliche Situation entsprechen muß. Sie verweist diese Verwirklichungen auf das gesetzlich Kollektive äußerer und innerer Geschichtszusammenhänge zurück. Dies würde bedeuten, daß die Darbietungsformen nicht nur in ihren Inhalten, in ihrem Ausdrucksgehalt und in ihrer individuellen, spezifischen Durchformung, sondern überhaupt in der Möglichkeit ihrer Existenz, ihres Gedeihens und Verdorrens von bestimmbaren Voraussetzungen innerhalb des allgemeinen Geschichtsprozesses abhängig sind und daß die Dichter, trotz der individuellen Freiheit ihrer schöpferischen Spontaneität, an diese Voraussetzungen gebunden sind, gleichgültig nun, ob ihnen diese Bindung zu Bewußtsein dringe oder nicht« (S. 208 f.). Hier ist in der Tat auf eine Sichtweise der Literaturwissenschaft hingewiesen, um die man sich bisher kaum gekümmert hat. Martini gibt zu, daß damit eine gewisse Determinierung durch den kollektiven Geschichtsprozeß behauptet werde, aber er weist auf die neuen Zusammenhänge, die sich daraus zu ergeben vermögen. Speziell für die Novelle kann er in diesem Sinn feststellen: »Die Gründe, warum sie gerade im 19. Jahrhundert zu dieser Fruchtbarkeit des Ausdrucks und der Formen kam, so intensiv wie repräsentativ das Lebensgefühl des Menschen dieses Jahrhunderts zu spiegeln vermochte, sind bisher nirgends erörtert worden« (S. 210).

Diesen Gründen geht Martini in seinem Aufsatz über ʽDie deutsche Novelle im bürgerlichen Realismusʼ nach[45]). Er vertritt die historische Einsicht, »daß die Form der Novelle nicht als eine idealtypisch aufgegebene zeitlose Form, sondern als eine jeweils zeitbedingte, im Wandel der geschichtlichen Stilformen bewegte Form betrachtet werden muß, die, davon abhängig, wieweit sie diesen historischen Stilen entspricht, bald zurücktritt, bald eine auffällige Geltung erhält« (S. 260). Eine solche habe sie in der zweiten Hälfte des 19. Jahrhunderts errungen, sie sei hier »zu der spezifischen und ausgezeichneten Form des dichterischen Erzählens geworden« (S.259). Allerdings sei ihre Ausformung, selbst in diesen wenigen Jahrzehnten, so vielgestaltig, daß »eine feste Definition der ʽrealistischen Novelleʼ ... angesichts dieser Vielstimmigkeit zum Scheitern verurteilt« sei. Dagegen sei es möglich und notwendig, »nach der historischen Begründung der Bevorzugung des Erzähltyps, den wir Novelle nennen«, zu fragen[46]) und »mit Annäherung eine geschichtlich-kollektive Grundsituation zu umreißen, die in diesen Jahrzehnten die

---

[44]) F. Martini, Drama und Roman im 19. Jahrhundert. Perspektiven auf ein Thema der Formengeschichte, in: Gestaltprobleme der Dichtung (= Anm. 33), S. 207–237.
[45]) F. Martini, Die deutsche Novelle im »bürgerlichen Realismus«. Überlegungen zur geschichtlichen Bestimmung des Formtypus, Wirkendes Wort, Jg. 10, 1960, S. 257–278.
[46]) Martini unterscheidet nämlich zwischen Erzählung und Novelle, er billigt dieser »eine eigene innere Form« zu, die »allerdings beständigen geschichtlichen Variationen ausgesetzt ist und deshalb starre formalästhetische Begriffe sprengt« (S. 259). Vgl. Anm. 55. – Über seine Unterscheidung von Erzählung und Novelle vgl. Anm. 221.

Novelle zur beherrschenden Form werden ließ« (S. 260). So zeigt denn Martini, wie das Denken und Wollen dieser Zeit im literarischen Bezirk immer wieder zur Form der Novelle dränge, wie die aktuellen, weltanschaulichen, sozialen und künstlerischen Probleme der Zeit gerade in der Novelle ihren gültigen dichterischen Ausdruck zu finden vermöchten. Das trifft für die literarischen Publikationsformen ebenso zu wie für die Nötigung zum Partikularen und Individuellen, für die Verschränkung von objektiver Lebensabbildung und artistischer Stilisierung ebenso wie für die Suche nach der vielschichtigen Zusammenhangsverwobenheit des Lebens, das gilt für das zunehmende Bewußtsein einer psychologischen und gesellschaftlichen Determination des Menschen ebenso wie für die Umbildung des Tragischen als etwas Zuständlichen, das mit dem Dasein der Welt schlechthin mitgegeben sei. Durch diese Betrachtungsweise werden von Martini freilich gemeinsame thematische und formale Strukturelemente in der Novelle hervorgehoben, aber es handelt sich dabei, wie er selbst betont, »um eine Gemeinsamkeit, die weltanschaulich und soziologisch wie stilgeschichtlich begründet ist und die Einzelformungen einem umfassenden historischen Bedingungsgrunde einfügt«. So sei damit keineswegs etwas über die »Urform« der Novelle ausgesagt, die Novelle werde vielmehr »als ein geschichtliches Formgebilde verstanden, das sich in einer bestimmten Phase des literaturgeschichtlichen Prozesses, eben zur Zeit des 'bürgerlichen Realismus' herausgebildet« habe (S. 278).

In seinem Forschungsbericht zur deutschen Literatur des Realismus[47]) bespricht Martini nicht nur Arbeiten zur Novellenforschung (besonders unter seinen Anm. 46–52), sondern er ergreift auch selbst das Wort und sieht in der Novelle wiederum die Ausprägung der geistes- und dichtungsgeschichtlichen Lage der Zeit (SS. 589f., 608, 612–617).

Abschluß und Höhepunkt dieser Forschungen bildet Fritz Martinis Literaturgeschichte der zweiten Hälfte des 19. Jahrhunderts[48]). Der Novelle kann hier natürlich nur ein Bruchteil der Betrachtung gewidmet werden. Dennoch ist, von unserem Standpunkt aus, zu fragen, was das Buch für die Novellenforschung leistet. – Im I. Abschnitt über die 'Grundlagen und Grundformen' wird die Wendung der Epoche von den Formen des Epos und der Tragödie weg zu den Formen der Lyrik und der Erzählprosa, vornehmlich der Novelle, begründet. Dabei arbeitet Martini die herrschende, schwer zu fassende Spannung zwischen Subjektivierung und Objektivierung in den Gattungsformen heraus. »Die Form mußte zusammenfassen, zur sinnhaltigen ästhetischen Einheit bilden, was in der realen Welt, die immer komplizierter wurde, im nur Subjektiven, nur Psychologischen zerstreut auseinanderstrebte, zum Zufälligen und Ungelösten offen war. Dies stellte neue Ansprüche an ihre ästhetische Gestaltung, in der eine Sinndeutung durch die Symbolbezüge, durch die Formordnung und die Sprachordnung verwirklicht werden mußte« (S. 69). Solche Formkonzentration mit ihrer künstlerischen Bindungskraft, ihrem Zwang zur objektivierten Form habe dazu beigetragen, »daß die Novelle jetzt in der deutschen Literatur zur bevorzugten und geglückten dichterischen Erzählform wurde. In ihr konnte der isolierte, außergewöhnliche und deshalb 'poetisch'

---

[47]) F. Martini, Deutsche Literatur in der Zeit des »bürgerlichen Realismus«. Ein Literaturbericht, DVjs., Jg. 34, 1960, S. 581–666. – In den 'Referaten aus der Deutschen Vierteljahrsschrift' erschienen unter dem Titel: Forschungsbericht zur deutschen Literatur in der Zeit des Realismus, J.B. Metzlersche Verlagsbuchhandlung, Stuttgart 1962, 91 S.

[48]) F. Martini, Deutsche Literatur im bürgerlichen Realismus. 1848–1898 (= Epochen der deutschen Literatur, Geschichtliche Darstellungen, Bd V/2), J.B.MetzlerscheVerlagsbuchhandlung, Stuttgart 1962, XVI + 32 + 908 S.

bedeutsame Fall, in die Erfahrungswelt eingesenkt, mittels der übersichtlichen, auswählenden, eine bestimmte Ablaufgesetzlichkeit manifestierenden Form so erzählt werden, daß in dieser Ablaufgesetzlichkeit, ihrer immanenten Konsequenz wie ihrer Irrationalität, etwas Typisches, Symbolhaftes ausgesagt wurde« (S. 70). Diese Symbolsprache zeigt nun Wandlungen, denn allmählich wurde das Symbol »auf seine Wirksamkeit in dem einzelnen Erzählgewebe reduziert und wies nicht mehr darüber hinaus. Die Spannungen zwischen Erscheinung und Wesen, dem Subjektiven und Objektiven, dem Einzelsein und einem Gesetzlichen, das sich ins Unfaßbare entrückte, wurde zunehmend größer« (S. 71). In dieser Polarität »zwischen dem Subjektivierten und dem intendierten Objektivismus der Wirklichkeitsspiegelung« sieht Martini überhaupt »das ästhetische Grundproblem der Dichtung dieser Jahrzehnte« (S. 74). Ist es in der Novelle am deutlichsten und reinsten ausgeprägt, so beherrscht es auch die anderen Formen der Erzählkunst, mit denen die Novelle im lebendigen Zusammenhang gezeigt wird.

Was solcher Art im allgemeinen umrissen ist, wird in den folgenden Kapiteln im einzelnen aufgewiesen. Es ist unmöglich, den Reichtum dieser Beobachtungen und Untersuchungen aufzuzeigen. Es muß festzustellen genügen, daß Martini nicht nur die Längsentwicklung der einzelnen Gattungen und Dichter, sondern stets auch die Querverbindungen zu anderen Gattungen und Dichtern, schließlich ebenso die Beziehungen zur Zeit und Umwelt verfolgt, – ohne dabei die Dichtung als Kunstwerk aus dem Auge zu lassen. Auf diese Weise kommt Martini, mittel- oder unmittelbar, auch ständig auf die Novelle zu sprechen. In einem eigenen Kapitel über die Novelle (S. 611 ff.) wird noch einmal die Summe gezogen und gezeigt, wie die soziologisch, weltanschaulich und psychologisch begründete geschichtliche Situation gerade in der Novelle den angemessenen thematischen und formalen Ausdruck finden konnte. Wenn dadurch dieser Formtypus zur Vorherrschaft gelangte, so war er »formalästhetisch wiederum nicht so eindeutig festgelegt, daß der persönlichen Gestaltungsweise, der subjektivierten Ausdrucksgestaltung der Form nicht genügend Spielraum gelassen wurde« (S. 611). Martini betont immer wieder, daß nur geringere Erzähler wie Heyse und Riehl zu einer Theorie von Formregeln sich bekannt und ihre Erzählpraxis deren Schematik untergeordnet hätten, während die bedeutenden Erzähler gerade ihre Abneigung gegen eine Dogmatisierung der Form und gegen eine Festlegung auf formalästhetische Prinzipien bezeugten. Dennoch kann er gewisse gemeinsame Züge der Novelle feststellen, so vor allem die Verknüpfung eines bis ins Detail getreuen Abbildens mit einer gestrafften Aufbauform, was beides zusammen etwas sonst nicht mehr Erreichbares ermöglichte: »eine symbolische, zur Einheit verwebende Durchformung des Erzählgefüges und eine Differenzierung des Erzählstils, die das Verborgene, fast kaum Faßbare in Andeutungen und Abbreviaturen, im Symbolbezug der Bilder sichtbar werden ließ« (S. 614).

Mit der Herausarbeitung dieser Situation der Novelle in der Zeit des bürgerlichen Realismus stellt das Buch Martinis einen der bedeutendsten Beiträge zur neuen Novellenforschung dar. In der grundsätzlichen Fragestellung unseres Berichtes ist festzuhalten, daß Martini eine streng historische Methode verfolgt, durch die er grundlegend die Zusammenhänge der Dichtungsgattung mit Zeit und Umwelt aufdeckt. Wenn er dabei auf bestimmte gemeinsame Gattungsmerkmale stößt, so haben diese, wie er selbst immer betont, doch nur für den behandelten engen Zeitraum eine gewisse Geltung, auch hier nicht unbedingt, während ihnen eine bleibende normativ-typische Gültigkeit auf keinen Fall zugesprochen werden darf.

Streng historisch geht auch der Romanist Walter Pabst vor, jedoch auf anderen Wegen. Er verbleibt auf dem Gebiete der Dichtung und ihrer Theorie und untersucht das Verhältnis von Gattungsbegriff, wirklich vorhandener und theoretisch geforderter Kunstform in den romanischen Literaturen. Wenn seine Ergebnisse zumeist nur mittelbar und seltener unmittelbar [49]) für die deutsche Literatur in Frage kommen, so sind sie doch so wesentlich, daß sie notwendig zu berücksichtigen sind. Freilich ergeben sich Schwierigkeiten, wenn man über die Grenzen seiner eigenen Disziplin hinausblickt. Dem berichtenden Germanisten ist es unmöglich, Fakten und Gang jener Untersuchung im einzelnen nachzuprüfen, er muß sich mit der Feststellung der Resultate und ihrer Auswertung für die eigene Wissenschaft begnügen. Andererseits ist es immer besonders aufschlußreich zu hören, was die andere Disziplin zu sagen hat, besonders bei unserem Thema, da die deutsche Novelle ja immer wieder von der romanischen hergeleitet wird [50]).

Pabst hat zunächst einen Forschungsbericht vorgelegt [51]), in dem er bereits eine äußerst ablehnende Haltung gegenüber jener Betrachtungsweise einnimmt, die er als die formalkritische bezeichnet und als deren Inaugurator er Oskar Walzel nennt, aber wohl zu scharf und einseitig beurteilt [52]). In dessen Nachfolge unterscheidet er in der Novellenforschung extreme und gemäßigte Meinungen. Während die germanistische Diskussion um die Theorie der Novelle einen, wir müssen heute sagen: vorläufigen, Höhepunkt erreicht habe und »sich von starr doktrinären Gesichtspunkten bis zur Erkenntnis einer das Gesetz sprengenden Vielfalt moderner Typen entwickelte«, gebe es »keine romanistische Studie, die der Untersuchung oder Definition einer universalen Novellistik, der Aufstellung eines allgemeinen Gattungsgesetzes, der Suche nach einer ästhetischen Norm oder nach Strukturmerkmalen 'der Novelle' schlechthin gewidmet wäre« (S. 105). Diese bedeutungsvolle Feststellung betrifft zwar die Literatur vor unserer Berichtszeit, doch zeigt sie uns zusammenfassend jene Arbeitsweise der romanistischen Forschung, die, soweit wir sehen, bis in die Gegenwart beibehalten wurde: »Zwar bedienen sich auch die deutschen Romanisten des nun einmal in der Literaturwissenschaft üblichen Gattungsnamens, aber sie trachten seine Geltung doch jeweils auf einen kulturell oder zeitlich genau umschriebenen Bereich zu beschränken. Dabei pflegt sich jede auf einen solchen Abschnitt bezügliche Erkenntnis gegen Grenzüberschreitungen seitens anderer und damit gegen die Verwischung der novellistischen Sonderarten zu verwahren. Das heißt: das Wort 'Novelle' hat von Fall zu Fall einen anderen Inhalt«. Es lägen jedoch die Dinge viel komplizierter, »als es bei dem naheliegenden Versuch einer groben Gruppierung nach dem Vokabular (altprovenzalisch *novas, novelas;* italienisch *novella;* französisch *nouvelle;* spanisch *novela*) den Anschein haben könnte. Eine zusammenfassende Darstellung der Geschichte dieser literarischen Termini ... muß ihre Funktion aus der schillernden Vielfalt der Bedeutungen und aus dem Bedeutungswandel erschließen« (S. 105). Aus der Musterung der romanistischen Spezialuntersuchungen ergibt sich für Pabst das Resultat, »daß eine Theorie 'der Novelle', eine Definition ihrer 'Gattung' in diesem Zweig

---

[49]) Etwa die gesellschaftliche Grundlage der Novelle und die Funktion des Rahmens (vgl. unten Anm. 123 u. 133) oder das Verhältnis Goethes zu Boccaccio (vgl. unten Anm. 114) betreffend.
[50]) Vgl. in unserem Bericht auch die Romanisten Auerbach (=Anm. 106), Friedrich (= Anm. 230), Krauss (= Anm. 275) und Vossler (=Anm. 107).
[51]) W. Pabst, Die Theorie der Novelle in Deutschland (1920–1940), Romanistisches Jahrbuch, II. Bd, 1949, S. 81–124.
[52]) Zu Walzels Novellenaufsatz vgl. Anm. 2 und 123.

der Literaturwissenschaft heute nicht existiert«. Vielmehr findet er dort überall »die Feststellung von unumstößlichen, für den Nachweis individuellen Ausdrucks entscheidenden Tatsachen«, und so faßt er zusammen: »Individualität der Form, auch wenn sie über das Werk eines Einzelnen hinauswächst und den Erzeugnissen einer begrenzten Epoche gemeinsame Züge aufprägt, ist (im Vergleich zur theoretisch unterstellten Starrheit autoritärer Gattungsgesetze) Freiheit der Form. Und 'Freiheit der Form' heißt letzten Endes das Forschungsergebnis, das die moderne Romanistik der germanistischen Theorie 'der Novelle' entgegenhält« (S. 119f.).

Was Pabst in seinem Forschungsbericht an Erkenntnis gewinnt: »Jede Epoche, jede wirklich schöpferische Generation hat den Novellen ein eigenes Gepräge gegeben, das durch keine noch so scharfsinnige und geistreiche Gattungs-Definition ausgedrückt werden kann« (S. 120) – das führt er radikal in seinem Buch über die Antinomie von Novellentheorie und Novellendichtung weiter[53]). Auch da ist es uns unmöglich, die Einzelforschungen, welche die italienische, spanische, portugiesische und französische Literatur einbeziehen, nachzuprüfen. Auf Grund dieser ausgedehnten Untersuchungen weist Pabst jedenfalls den ständigen Kampf zwischen der Novellendichtung und der Theorie nach, ja die »offene Auflehnung von Novellisten gegen theoretische Zumutungen und gegen den Zwang der literarästhetischen Tradition« (S. 1). Nicht nur als Rebellion mache sich dieser Kampf bemerkbar, er stecke auch in der auf literarische Konstanten, Traditionen und ästhetische Dogmen Rücksicht nehmenden Tarnung, hinter welcher die ehrliche, und der Theorie widersprechende, Aussage des Dichters verborgen werde. So sei es ein zweites Anliegen des Buches, »die theoretische 'Maske' unzerstört vom dichterischen Werk zu lösen und mit ihm zu konfrontieren«. Ein drittes Anliegen sei es, »die Funktion des Rahmens und die Möglichkeiten einrahmender Verklammerung bis in die bloße Präsenz eines fiktiven Unterredners hinein unter den Aspekten der Antinomie zu erhellen« (S. 2). Pabst zeigt auf der einen Seite die seit der Antike nicht unterbrochene literarästhetische Tradition und Doktrin, doch mit dem Hinweis: »Nirgends freilich begegnet in jenen Jahrhunderten eine Theorie, die auch nur annähernd der modernen germanistischen Novellendoktrin, den Theorien des Wendepunkts, der Situation, der Distanz, der offenen oder geschlossenen und der inneren 'Form' ähnlich wäre. Bei aller Kompliziertheit war die literarästhetische Tradition wesentlich naiver als die neuzeitlichen Abstraktionen, die im Grunde nach naturwissenschaftlichem Vorbild Wachstumsgesetze für Schöpfungen der Phantasie aufstellen wollen, wobei die handwerklichen Poetikregeln der Cicero, Quintilian, Horaz und Aristoteles gleichsam im Bereiche des Mythos zurückprojiziert werden« (S. 73). Pabst weist nach, daß die Autorität des Dogmas zwar so groß gewesen sei, »daß die Novellisten nicht stillschweigend an ihm vorübergehen konnten und daß viele von ihnen, meist in Vorworten, Einleitungen, Rahmenberichten, zur Theorie Stellung nahmen«. Jedoch, und das ist nun die andere Seite, »stehen diese theoretischen Äußerungen häufig im Gegensatz zur dichterischen Praxis. Der späte Betrachter gewinnt den Eindruck, daß starke künstlerische Potenzen es meist mit geistreicher Dialektik und liebenswürdiger Verbeugung vor der Kritik so darzustellen verstanden, als ob sie genau nach den Vorschriften der Doktrin gearbeitet hätten –, was in Wirklichkeit nur die Vertreter des Mittelmaßes, die *novellatori minori* taten. So läßt sich aus den Prooemien und *Préfaces* eine Novel-

---

[53]) W. Pabst, Novellentheorie und Novellendichtung. Zur Geschichte ihrer Antinomie in den romanischen Literaturen (= Universität Hamburg. Abhandlungen aus dem Gebiet der Auslandskunde, Bd 58 – Reihe B. Völkerkunde, Kulturgeschichte und Sprachen, Bd 32), Cram, de Gruyter & Co., Hamburg 1953, 254 S.

lendoktrin erschließen, die im Grunde nichts anderes ist als eine raffinierte oder ironische Replik der Dichtung auf das Kommando der Kritik« (S. 6f.). Dies erweist Pabst im folgenden an vielen Beispielen, auch, was für uns vor allem wichtig ist, an der Novellistik Boccaccios, die »unabhängig von Regeln und Gesetzen, ja meist im Kampf mit ihnen entstanden« sei (S. 93). Ebenso gelte das für Cervantes, der in seinen 'Novelas ejemplares' mit theoretischen Erläuterungen »von der wahren Natur dieser Kunstwerke ablenken und den Leser, vor allem den Theoretiker, auf die falsche Fährte vorgeblicher Erzählkategorien setzen« wollte, »während aus einer Mischung vielfältiger Traditionen hier tatsächlich eine nicht wiederholte und nie wiederholbare Synthese von Wirklichkeitsbewußtsein und Irrationalität entstanden ist« (S. 162). Auch in Frankreich habe solche Antinomie geherrscht, doch »seit La Fontaine mit der fröhlichen Liberalität Boccaccios die Worte *conte* und *nouvelle* als grenzverwischende Synonyma gebrauchte, nannten alle französischen Erzähler ihre kürzeren epischen Produkte einmal Contes, ein andermal Nouvelles oder gleichzeitig Contes und Nouvelles, und keinem Franzosen, nicht einmal den Theoretikern, fällt es ein, aus solchen Unterschieden der Betitelung 'Formgesetze' herzuleiten« (S. 234)[54]. Bei aller Herausarbeitung der Antinomie betont Pabst jedoch, daß diese Antinomie kein Gesetz sei. »Das Verhältnis der Novellenautoren zu den literarästhetischen Lehren präsentiert sich nicht als einheitliches, klar überschaubares Phänomen, sondern in mancherlei Schattierungen, so daß die Reaktion der Dichter wenigstens drei Tendenzen erkennen läßt und zur Scheidung von drei Gruppen drängt: des Ja, des Nein und des Als ob« (S. 237). So kann schließlich Pabst eine Vielfalt von Novellenformen feststellen, schon bei Boccaccio im 'Decameron', und diese Vielfalt des Ausdrucks habe sich im Laufe der Entwicklung nicht nur verwandelt und neu entwickelt, sondern sie habe gleichzeitig auch nebeneinander weiterbestanden. »Ist aber diese Gleichzeitigkeit einmal erkannt, ... so muß sie sich jedem Versuch einer gattungsgeschichtlichen Darstellung... in den Weg stellen«. Es existierten aber nicht nur die verschiedenen Darbietungsschemata zur gleichen Zeit nebeneinander, sondern es stünden die verschiedensten Novellen-Individualitäten, deren einheitliche Definition nie gelingen würde, auch innerhalb von Werken nebeneinander, die nur eine Erzählhaltung zur Einheit fügte. Pabst kommt zu dem Schluß: »Denn es gibt weder die 'romanische Urform' der Novelle noch 'die Novelle' überhaupt. Es gibt nur Novellen« (S. 245).

Der Blick, den uns Pabst über den Zaun des engeren Fachgebietes gewährt, erweist sich als außerordentlich aufschlußreich. Zwar liegen die Verhältnisse in Deutschland anders. Die erst mit dem 19. Jahrhundert in größerem Maß einsetzende deutsche Novellistik hatte natürlich nicht mehr mit den Ansprüchen und Forderungen einer Tradition zu kämpfen, wie sie im Mittelalter, in der Renaissance oder im Barock mit doktrinärer Geltung bestand. Die Dichter des 19. Jahrhunderts fühlten sich nicht mehr durch irgendeine Theorie so sehr gebunden und herausgefordert, daß sie in offener oder verschleierter Abwehr dagegen Stellung nehmen mußten. Pabst hat am Beispiel Frankreichs ähnliches aufgezeigt. Aber wenn auch keine bindende Tradition, so hatten die deutschen Dichter und Kritiker seit Goethe und Friedrich Schlegel doch Beispiele vor Augen: Boccaccio und Cervantes, und es ist dabei gleichgültig, wie sich diese selbst zur Theorie und Tradition verhalten hatten und ob sie im deutschen 19. Jahrhundert richtig oder falsch verstanden wurden. Es waren also gewisse, bewußte oder unbewußte, Einflüsse wirksam,

---

[54]) Anders jedoch die Ausführungen und Vorschläge von Koskimies (= Anm. 195), S. 71f. – Vgl. Anm. 196.

aber diese Einflüsse walteten mehr als Anstoß denn als verpflichtendes Vorbild. So ist nicht die Methode, die Pabst für sein Gebiet anwendet, in Analogie zu wiederholen, wohl aber sind seine Erkenntnisse von der Unbeständigkeit der Novellenform und von der geringen Geltung der Theorie überhaupt zu berücksichtigen und zu verwerten. Wir werden seine Ausführungen noch öfters, besonders bei der Frage nach der Verbindung der deutschen zur romanischen Novelle, heranzuziehen haben.

Kehren wir zur eingangs aufgezeigten prinzipiellen Problematik der Gattungslehre zurück. Pabst räumt zwar ein, daß dem Terminus Novelle »höchstens innerhalb abgegrenzter Entwicklungsphasen ein befristetes Dasein als Gattungsname zugebilligt werden kann« (Forschungsbericht, S. 106), lehnt aber sonst jegliche Gemeinsamkeit innerhalb der Novellendichtung entschieden ab. Wenn er dergestalt die Existenz »der Novelle« leugnet, so spricht er doch von »Novellen«. Und irgendeine Vorstellung muß er mit diesem Namen, auch wenn er jetzt im Plural steht, verbinden, ebenso wie die Dichter und Theoretiker damit bestimmte Vorstellungen verbunden haben. Denn keinem wäre es beigefallen – die romantische Theorie der Universalpoesie etwa ausgenommen –, ein Drama oder ein Gedicht so zu bezeichnen. So muß denn auch bei Pabsts Einstellung eine, von ihm in seiner zitierten Schlußformulierung stillschweigend vorausgesetze, allgemeine Vorstellung angenommen werden [55]), selbst wenn sie sich, noch weiter als Staigers Definition, auf die Erzählkunst überhaupt bezieht. Diese Überlegung mag selbstverständlich erscheinen und von Pabst daher gar nicht zur Sprache gebracht worden sein, sie ist aber innerhalb dieses Berichtes aus Gründen der methodischen Sauberkeit notwendig und wird in unserer Zusammenfassung noch einmal angeschnitten werden müssen [56]).

Mit Pabst, der zu einer ganz unverbindlichen Auffassung von der Novelle im Sinne Staigers oder zu einer noch allgemeineren zurückleitet, schließt sich der Kreis oder vielmehr unser fiktives Quadrat. Dieses bezeichnet, wie schon gesagt, allgemein von der Gattungslehre aus gesehen, die äußeren Grenzen der heutigen Forschung. Alle anderen Arbeiten liegen, zumindest von diesem Blickpunkt aus, innerhalb dieser Grenzen. Ein Stellenwert wäre freilich nicht genauer anzugeben, weil die Beziehungen äußerst verzweigt, die einzelnen Untersuchungsebenen oft getrennt sind. Streng historische Untersuchungen können unterschiedlichen Leitlinien folgen: geistesgeschichtlich-soziologischen oder formalkritischen oder problem- und ideengeschichtlichen, und dasselbe gilt für die im Grunde normativ eingestellten Untersuchungen. Umgekehrt können dieselben Leitlinien sowohl historisch verfolgt als auch normativ gefordert werden. Dann wieder gibt es Arbeiten, die im Verlauf ihrer Untersuchung vom einen Lager in das andere überwechseln. Wer wollte hier, ohne zu pressen und dadurch zu verfälschen, eine scharfe Gliederung wagen?

*

---

[55]) Auch Martini in seiner historischen Betrachtungsweise hat eine allgemeine Vorstellung von der Novelle. Er begreift sie als »innere Form«. Vgl. Anm. 46 und den Text zu Anm. 289.

[56]) H. Seidler (=Anm. 232), S. 364f., zieht einen anderen Schluß aus Pabsts wie selbstverständlich gebrauchtem Novellenbegriff. Er »kann nicht annehmen, daß der Forscher, der diesen Ausdruck Novellistik verwendet, ihn bloß als Sammelnamen für kurze Erzählungen nimmt.« Das aber sei nicht gemeint. »An diesem Punkt spüren wir die theoretisch nie völlig auflösbare Verstricktheit geschichtlich bedingter und geregelter Formen und dichterischer Schöpfungsarten, die aus – wagen wir den Ausdruck – ewigen Grundrich-

Es mögen daher unter Vermeidung einer starren Zuordnung einzelne Arbeiten besprochen werden, die noch charakteristisch sind für die historische oder normative Gruppe im allgemeinen.

Unter den normativ eingestellten Arbeiten finden wir weitaus am häufigsten jene Auffassung von der Novelle, die auch die allgemein herrschende, man möchte sagen: volkstümliche, ist; Goethes »unerhörte Begebenheit«, Tiecks »Wendepunkt« und Heyses »Falke« sind ihre Hauptkriterien. Wir werden später sehen, wie es sich mit diesen Merkmalen und ihrer Bedeutung wirklich verhält (vgl. unseren Teil III). Hier ist jedenfalls festzustellen, daß sie in beinahe toposhafter Geltung die gängige Novellendefinition bilden. Johannes Klein hat diese Novellendefinition variiert und erweitert. Sie kehrt, in dieser oder jener Form, in einer Reihe von Artikeln und Feuilletons wieder. Auf dem Buche Kleins fußt Helmut M. Braem[57]), der jedoch für die moderne Novelle zu einem entgegengesetzten, negativen Resultat gelangt. Es ist erstaunlich, mit welcher Unbekümmertheit hier schwerwiegende Schlußfolgerungen gezogen werden. Georg Hermanowski[58]) stimmt einen ganz dem Klischee verbundenen Lobgesang auf die Novelle an und findet gerade in der Gegenwart (bei Gerd Gaiser) ihre Form erfüllt. Der Konvention verhaftet bleibt auch Franz Hammer[59]), der auf dreieinhalb Seiten »die Formgesetze der Novelle grundlegend zu erörtern« sucht. Er fügt den schematisch zusammengefaßten Eigenschaften der Novelle, nach dem Vorbild von Hermann Pongs wohl, die Forderung nach Gleichnishaftigkeit des geschilderten Vorgangs bei.

Haben diese Aufsätze für die Forschung keinen Wert – sie können lediglich als Beispiele für die verbreitete Meinung von der bestimmten Norm der Novelle dienen –, so finden wir dieselben Vorstellungen auch in der wissenschaftlichen Literatur, freilich viel flüchtiger als bei Klein behandelt. Das Literaturlexikon von Wilhelm Kosch[60]) gelangt derart nicht nur über die übliche Definition nicht hinaus, sondern es verzerrt diese noch durch die Einschränkung: »prosaepisches Dichtwerk, das eine einzelne Begebenheit in knapper Form nacherzählt, und zwar wie der Name sagt, eine neue Geschichte oder eine alte zumindest mit neuen Gesichtspunkten«. Daß daran eine Aufreihung deutscher erzählender Dichter und ein langes Zitat Tiecks gefügt ist, trägt keineswegs zur Klarheit bei.

In seinem zusammenfassenden Versuch über Epik und Dramatik geht Willi Flemming[61]) kurz auf die Novelle ein. Er charakterisiert sie in der üblichen Weise, modifiziert aber die Begriffe Wendepunkt und unerhörte Begebenheit, indem er ausführt, daß in der Novelle das Schicksal dem Helden jählings entgegentrete, wodurch auch für die Leser eine solche Wendung etwas Überraschendes habe: »Es war eine storia novella, eine Geschichte mit dem Reiz des Neuen, Ungewöhnlichen, ja Unerhörten« (S. 137). Später habe sich die humane Substanz vertieft (Charakter-Novelle)', doch »stets handelt es sich für die Hauptperson um die ent-

---

tungen sprachkünstlerischen Antworten auf die Welt hervorgehen.« – Vgl. weiters den Text zu Anm. 287.

[57]) H. M. Braem, Die Novelle im 20. Jahrhundert – ein Paradoxon, Deutsche Rundschau, 80. Jg., 1954, S. 574–576.

[58]) G. Hermanowski, Stiefkind Novelle, Begegnung (Zeitschrift für Kultur und Geistesleben, Verlag der Begegnung, Köln), 12. Jg., 1957, S. 54–55.

[59]) F. Hammer, Die Kunst der Novelle, Aufbau (Kulturpolitische Monatsschrift, Aufbau-Verlag, Berlin W 8), 4. Jg., 1948, Heft 4, S. 330–333.

[60]) W. Kosch, Deutsches Literatur-Lexikon, Zweite, vollständig neubearbeitete und stark erweiterte Auflage, III. Bd, Francke Verlag, Bern 1951, S. 1907.

[61]) W. Flemming, Epik und Dramatik. Versuch ihrer Wesensdeutung (= Dalp-Taschenbücher, Bd 311), Francke Verlag, Bern 1955, 144 S. – Ähnlich im Aufsatz: Das Problem von Dichtungsgattung und -art (= Anm. 16), S. 44.

scheidende Wende ihres Schicksals, um den Drehpunkt ihres Lebens« (S.138). Als weitere Kennzeichen werden angeführt: Konzentration im Gesamtgefüge, Spannung, Prägnanz, Intensität, Leitmotiv, das sich zu einem Sinnbild auszukristallisieren vermöge. Dieses wird als »die berechtigte und brauchbare Funktion des viel umstrittenen 'Falken' bei Paul Heyse« gesehen, womit Ansichten von Hermann Pongs übernommen werden[62]).

Die verbreitete fixe Vorstellung von der Novelle kann ihrerseits zu schiefen Schlußfolgerungen verleiten. In seinem Büchlein über die Kurzgeschichte geht Klaus Doderer[63]) davon aus, daß »die Erfassung der Novelle als klar umrissene Form in der Poetik vorhanden ist« (S. 66). Er verstellt sich dadurch den Blick auf die Problematik. Seine Abgrenzung der Novelle gegenüber der Kurzgeschichte hat dergestalt nur relativen Wert, ebenso der von ihm dargestellte Kampf zwischen beiden Gattungen im 19. und 20. Jahrhundert.

Die normative Auffassung von der Novelle erschöpft sich nicht mit der Herausstellung der bisher genannten, üblichen, Merkmale. Man hat auch nach anderen Kennzeichen Ausschau gehalten und neue typische Kriterien zu finden versucht. Bernhard v. Arx[64]) tut das an Hand der Novelle der Goethezeit. Er geht von Staigers Definition aus und wendet sich gegen jede Messung an einem fremden Vorbild, gegen jede starre Norm. Aber der Weg, den er einschlägt, um an die Novelle heranzukommen, führt ihn schließlich doch zu einer normativen Betrachtungsweise, wenn sie auch neuartig ist. Arx geht von der Frage aus, warum der eine Dichter »in der Novelle die ihm adäquateste Gattung sieht«, während dies bei einem anderen nicht der Fall sei (S. 11). Mit dieser Betrachtungsweise fußt er, wie er selbst betont, auf Staigers Arbeit über die Grundbegriffe der Poetik: »Was dort im großen an den Begriffen lyrisch, episch und dramatisch gezeigt worden ist, soll hier in einem viel bescheideneren Rahmen in einem kleinen Sektor in ähnlicher Weise fortgeführt werden« (S. 12). Arx benützt seinerseits den Begriff des Novellistischen, um zum Verständnis jenes Menschen zu gelangen, welcher »die Novelle als adäquatesten Ausdruck seiner Welt erfährt«. Andererseits will er aus den Fragen, »was nun der Novellist für ein Mensch sei; wer Novellist sei und wer nicht«, eine Antwort darauf gewinnen, was eine Novelle ist. Um es gleich zu sagen: diese Bemühungen sind nicht gelungen. Staigers bekanntes Resultat von den »Grundbegriffen« lyrisch, episch und dramatisch scheint auf die Untergattungen (oder wie man sie immer nennen will) nicht anwendbar zu sein, eine Projektion ins Kleinere und Engere nicht möglich. Staiger selbst hält im Nachwort zu seinem Buch es zwar für »grundsätzlich erlaubt, den Grundbegriffen eine lange Musterpoetik anzuschließen und die Fragen aufzuwerfen: Was ist im Raum der Ode, der Elegie, des Romans, der Komödie möglich?« Aber er setzt sogleich hinzu: »Nur möchte ich mich selber weigern, dieses Geschäft zu übernehmen. Denn die Verhältnisse scheinen mir hier so kompliziert und schwierig zu sein, so groß ist mein Glaube an neue, ganz unerwartete Möglichkeiten der Dichter, daß ich von den Grundbegriffen lieber gleich zur Interpretation des einzelnen Kunstwerks übergehe«[65]). Dadurch aber, daß es, zumindest bei Arx, nicht gelungen ist, dieselben Maßstäbe

---

[62]) Vgl. dazu unten Anm. 87.
[63]) K. Doderer, Die Kurzgeschichte in Deutschland. Ihre Form und ihre Entwicklung, Metopen-Verlag, Wiesbaden 1953, 103 S.
[64]) B. v. Arx, Novellistisches Dasein. Spielraum einer Gattung in der Goethezeit (= Zürcher Beiträge zur deutschen Literatur- und Geistesgeschichte, hg. von E. Staiger, Nr. 5), Atlantis Verlag, Zürich 1953, 184 S.
[65]) E. Staiger (= Anm. 13), S. 249.

von den Grundbegriffen auf die Untergattung zu übertragen, ergibt sich ein vorsichtiger Hinweis darauf, daß beide Kategorien wesensmäßig nicht gleich sind[66]). Während Staiger die Begriffe »Epik« und »episch« zu scheiden vermag, kommen bei Arx schon die Begriffe »Novelle« und »novellistisch« durcheinander. Völlig mißglücken mußte ihm die Konstruktion des novellistischen Menschen, der gemäß den ʿSchlußbetrachtungenʾ zu einem, man möchte fast sagen, Zerrbild wird[67]). Es ergibt sich folgendes Resultat: »Und so ist die Novelle der adäquate Ausdruck des Schwachen, dem die Kraft mangelt, eine erfüllte Welt, einen Kosmos aufzubauen« (S. 175). Die daraus gefolgerten Merkmale der Novelle sehen entsprechend aus[68]), es sind aber jedenfalls genauer bestimmte Merkmale. Damit gibt Arx die eingangs festgelegte Staigersche Formel auf, die »als Wahlspruch über der ganzen folgenden Untersuchung« stehen sollte (S. 9). Er beschränkt sich auf einen gewissen Typ von Erzählungen mittlerer Länge. Daß er dabei nur die Goethezeit berücksichtigt, könnte nicht als Entschuldigung gelten. Vielmehr geht es nicht an, aus einem so eingegrenzten Zeitraum so allgemeine Schlüsse ziehen zu wollen.

In den Einzeluntersuchungen schimmert immer wieder das Leitmotiv vom novellistischen Menschen durch. Aufschlußreich sind die Untersuchungen zu Goethe – aber darum, weil Goethe aus dem Novellistenschema herausgenommen ist. Indem Arx hier in der Novelle typische, auf Erfahrung beruhende, allgemeingültige Züge anerkennt, rettet er zwar die Novelle für den Klassiker und diesen vor dem Vorwurf des »Schwachen«, aber er macht selbst seine Grundthese zunichte, welche bei eingeschränkter Geltung sinnlos werden muß. Die anderen Einzeluntersuchungen über Kleist, Tieck, Brentano, Arnim und E. T. A. Hoffmann stehen im Banne der Grundthese. Wir werden sie an einem Beispiel (in unserem V. Teil) aufzeigen und besprechen. Die Grundthese wirft ihr Licht auch auf die grundsätzlichen Ausführungen über das Verhältnis der Romantik zu Roman und Novelle. Beide Gattungen müßten sich nach Arx ausschließen, »als Aufrollung von Welt und als Abblendung auf ein Einzelnes« (S. 90). Arx kommt zu dem Schluß, »daß der Roman nur der ständige Wunschtraum der Romantiker sei« (S. 93), der gar nicht gelingen könne: »Die meisten romantischen Romane erweisen sich so als gar keine echten Romane«, weil wir »weder volle Menschen noch weite Welt« kennenlernten. So meint Arx, »der Romantiker finde gerade im Roman, den er so sehr liebt, nicht das ihm gemäße Ausdrucksmittel« (S. 95). Vielmehr seien »die Novel-

---

[66]) Vgl. den Text zu den Anm. 14 u. 288.
[67]) Der novellistische Mensch zeige etwa folgende Eigenschaften: »Neigung zum unbesehenen Glauben statt zum erarbeiteten Wissen, Vermutung statt Erkenntnis.« – »Überschätzung des Einzelnen, Einmaligen« – »Un-vorsichtig, indem er nicht voraus-schaut und nicht mit der Möglichkeit einer völlig anders gearteten Zukunft rechnet, als die ist, welche er aus dem augenblicklichen Stand der Dinge ableitet. Darf man den Novellisten nun nicht geradezu unverantwortlich nennen...?« (S. 173 f.) – Hier läßt es Arx auf eine Gegenprobe ankommen: neige die Novelle »zu voreiliger Verallgemeinerung« und sei sie damit »vielleicht sogar die menschlichste aller Dichtungsarten«, so müsse der Roman »als die Verwirklichung einer beinahe nicht zu erwartenden, seltenen Objektivität und Zurückhaltung erscheinen« (S. 174). Es liegt auf der Hand, daß auch dieses Urteil nur in wenigen Fällen zutrifft. Den ergiebigeren Versuch, in Analogie zu Staiger etwa von einem novellistischen Roman zu sprechen, hat Arx jedoch nicht unternommen.
[68]) Etwa so: »Orakelhaftes« – »Ein einmaliges, oft zufälliges Geschehen wird gedeutet ... als vermutlicher Beweis oder als Beispiel eines – bloß vermuteten – Lebensgesetzes« – »... dramatisch, spannungsgeladen« – »Dürftigkeit der gedanklichen Grundelemente« – Rahmen als Verhüllung der »Angst vor dem Eingeständnis der eigenen Unsicherheit« – »Da der novellistische Mensch die Welt gerade nicht wahrhaft kennt, haben seine Werke, die Novellen, so oft etwas Beängstigendes, Verstörendes oder doch zumindest Fragendes an sich, worauf eine Antwort zu geben uns oft schwer fällt« (S. 173 ff.).

len ... für den Romantiker die gegebenen Gucklöcher oder Fernrohre in die Unendlichkeit« (S. 97). Dieses sonderbare Ergebnis kommt zustande, weil Arx seine vorgefaßten Begriffe von Roman und Novelle an die Romantik, besonders an die Frühromantik anlegt, ohne im geringsten zu beachten, daß damals ganz andere Vorstellungen von Roman und Novelle herrschten. Im ganzen steht er dem Streben der Romantik verständnislos gegenüber[69]). Nach dem vielversprechenden Eingang, der auf Staigers Ausführungen aufbaut, und nach nützlichen Untersuchungen über Goethe bleibt die Arbeit dergestalt leider in fehlerhaften Auffassungen und schiefen Meinungen, die auch vor beckmesserischen Urteilen nicht zurückscheuen, stecken.

Um das Wesen der Novelle zu ergründen, geht Fritz Lockemann[70]) wiederum anders vor. Er will nicht nur, wie wir das schon im Eingang unseres Berichtes auseinandersetzten, konstante und veränderliche Kategorien verschmelzen, sondern er wirft auch allen bisherigen Gattungsgeschichten vor, »daß ihr Weg nicht zur Klärung der Gattungsbegriffe geführt hat, daß die Darstellungen alle unter der unscharfen Grenzziehung zu den Nachbargattungen leiden« (S. 8). Seinerseits sieht Lockemann die Aufgabe der Gattungsgeschichte darin, das Gesetz einer literarischen Gattung »als Strukturgesetz in jedem Individuum der Gattung« nachzuweisen (S. 11). Um dieses Gattungsgesetz für die deutsche Novelle des 19. und 20. Jahrhunderts festzustellen, setzt er bei Goethes 'Unterhaltungen deutscher Ausgewanderten' an und findet hier als »Merkmal..., das geschichtlich wirksam geworden ist«, den Rahmen (S. 11)[71]). Er spricht von einer Ordnungsfunktion, »die das Erzählen der Novellen in einer mehr oder weniger chaotischen Rahmensituation hat« (S. 13). Diese Novellen, gerahmt oder nicht, verwirklichen ihrerseits »die Ordnung im dichterischen Symbol«, aber auch inhaltlich setze sich »in der Pointe, die die Erzählung der Form nach ordnet, indem sie sie auf ein einheitliches Ereignis konzentriert« die Ordnung durch (S. 14). Damit springt Lockemann vom Verhältnis Rahmen – Einzelnovelle zur Pointe, die er mit dem Wendepunkt Tiecks gleichsetzt und mit der unerhörten Begebenheit verbindet. Sein Resultat lautet: »Wie in der Rahmensituation die Tatsache des Erzählens einen Kristallisationspunkt der Ordnung schafft, so gibt die Pointe als Wendepunkt einem chaotischen Geschehen die Wende zur Ordnung. Also ergibt sich aus der Ordnungsfunktion der Novelle innerhalb einer chaotischen Rahmensituation die Pointierung, die Konzentrierung und Formung des Stoffes. Die Vertiefung dieser Funktion, ihre Wandlung vom Zweckhaften zum Sinnhaften führt nun die inhaltliche Wendung zur Ordnung herbei, die dann als Punkt, also als einfacher oder mehrfacher Ein-

---

[69]) Es ergeben sich daraus seine Urteile über den romantischen Roman, wie: »Das ist Spekulation« (S. 94), »Gefühl der Langeweile« (S. 95), »Schwäle von Reflexionen und Gesprächen« (S. 95), »Es fehlt die Gründlichkeit« (S. 96). – F. Schlegels Äußerungen zur Novelle im Boccaccio-Aufsatz sind überhaupt nicht berücksichtigt. – Zur Bedeutung der romantischen Begriffe Roman und Novelle (die näher verwandt sind, als es den heutigen Vorstellungen entspricht), vgl. Hans Eichner, F. Schlegel's Theory of Romantic Poetry, PLMA, Bd 71, 1956, S. 1018 ff.; Ernst Behler, Kommentar zum XI. Bd der Kritischen Friedrich-Schlegel-Ausgabe, München-Paderborn-Wien 1958.

[70]) F. Lockemann, Gestalt und Wandlungen der deutschen Novelle. Geschichte einer literarischen Gattung im neunzehnten und zwanzigsten Jahrhundert, Max Hueber Verlag, München 1957, 391 S. – Nur eine Besprechung, die über die Ergebnisse Lockemanns nicht hinauskommt, bietet G. Brunet, Une Contribution à l'Histoire de la 'Nouvelle' Allemande, Etudes Germaniques, 13. Jg., 1958, S. 135–139. Das ist hier zu erwähnen, weil diese Publikation in manchen Bibliographien zur Novelle als selbständige Arbeit angeführt ist.

[71]) Über die Berechtigung dieses Ansatzpunktes sowie über die prinzipielle Gültigkeit des Rahmens als Novellenmerkmal wird später zu handeln sein, vgl. den Text zu Anm. 128.

tritt eines wendenden Ereignisses erscheint. Die Wendepunkte stehen demnach formal und inhaltlich mit der Rahmensituation in Beziehung« (S. 14). Auf diese Weise an die Merkmale der oben aufgezeigten gängigen Novellendefinition anknüpfend, gelangt Lockemann zu jener Erkenntnis, die seine Untersuchung in allem leitet: »Das Menschenleben in der Spannung von Kosmos und Chaos ist also der Gegenstand der Novellendichtung, die verschiedenen Bewältigungen dieser Spannung in den novellistischen Wendepunkten bezeichnen ihre geschichtlichen Wandlungen.« So sei die Geschichte der Novelle die Geschichte ihrer Wendepunkte, und »nicht darin äußert sich das Leben der Gattung, daß sie, wie Wolfgang Kayser das von der Geschichte der Ballade feststellt, immer neue Unterarten herausbildet, sondern darin, daß sie das Wirken der Mächte der Ordnung und des Chaos in den Wendepunkten immer neu und für die jeweilige Rahmensituation im weitesten Sinne gültig gestaltet« (S. 20). Vom grundsätzlich Gattungstheoretischen aus wagt Lockemann schließlich die Behauptung – und er bestätigt damit die Stellung, die wir ihm gleich eingangs in unserem Bericht zuwiesen –, daß solchermaßen die gattungsgeschichtliche Betrachtung das »scheinbar Unvereinbare« vereinen könne: »die relativierende historische und die absolutierende ästhetische Betrachtungsweise« (S. 20). Die kritische Betrachtung des methodischen Verfahrens Lockemanns läßt daran zweifeln, daß er eine solche Synthese überzeugend durchführen könne. Selbst wenn wir von dem willkürlich gewählten Ansatz bei Goethes 'Unterhaltungen' absehen, zeigt sich alsbald, daß Lockemann dauernd sich in einem Zirkel bewegt: will er einerseits das Gattungsgesetz »nicht aus einem hypothetischen Novellenbegriff, sondern ... aus der Geschichte« – und das kann nur heißen aus den vorhandenen Einzelnovellen – ableiten, so stellt er sich andererseits die Aufgabe »zu zeigen, wie weit das Gesetz der Gattung die Gestalt der Einzelnovelle bestimmt und organisiert« (S. 22)[72]).

Auf solche Weise vermag die Verknüpfung von normativer und historischer Methode nicht zu gelingen. Es bleibt die Frage offen, wie es sich mit Lockemanns normativ-typischem Merkmal, seinem novellistischen Grundgesetz der Spannung von Ordnung und Chaos, verhält. Daß die »Bewältigung des Chaos durch ordnende Kräfte ... gewiß Antrieb nicht nur des novellistischen und balladischen, sondern alles künstlerischen, ja alles menschlichen Wirkens und Schaffens« sei, gibt Lockemann selbst zu (SS. 18, 22 u.ö.). Ebenso, daß diese »Grundspannung menschlichen Daseins« als »Gegenstand der Gestaltung« ein besonderes Merkmal mehrerer Gattungen sei. Neben der Novelle nennt er die Ballade und vor allem das Drama. Warum soll dann gerade die Novelle hier ihr typisches Kennzeichen erhalten? Lockemann beruft sich auf die »spezifisch novellistische Art«: »Die enge und notwendige Verquickung der oft in einem Rahmen fixierten epischen Grundsituation mit der Spannung von Ordnung und Chaos kennzeichnet die Novelle« (S. 18). Damit werden jedoch nur verschiedene Ebenen vermischt und allgemeingültige Merkmale in einem extremen Maß auf die Novelle eingeengt[73]). – Wir sind mit der Beurteilung von Lockemanns novellistischem Strukturgesetz noch nicht zu Ende.

---

[72]) Dieses Vorgehen Lockemanns ist aber etwas anderes als der für jede Gattungsgeschichte notwendige Zirkel, wie ihn Dilthey im allgemeinen erfaßt und Viëtor (= Anm. 12), S. 441, auf die Gattungsgeschichte angewendet hat. Denn dort ist der erste Schritt ein ganz allgemeines »divinatorisches Erfassen des Gattungshaften« ohne besonderen Anspruch, der dann zu einer Darstellung des »Wachstumsvorgangs« führt (Viëtor, S. 444). Lockemann aber wendet sich ausdrücklich gegen dieses Verfahren (S. 7ff.), das ihm nicht »zur Klärung der Gattungsbegriffe« dienlich scheint, und so will er eben seinen Novellenbegriff gleich »aus der Geschichte« deduzieren.

[73]) Schon bei Klein trafen wir Ähnliches. Vgl. allgemein den Text zu Anm. 281f.

Bei der Anwendung seiner Spannung von Ordnung und Chaos auf die einzelnen Novellen führt er schließlich so viele Möglichkeiten auf, daß er jede Novelle unterbringen kann. Da stellt er etwa fest: den Einbruch des Chaos als ersten Wendepunkt, den Einbruch der Ordnungsmacht als zweiten eigentlichen; oder umgekehrt den Eintritt der Ordnung in einem ersten Wendepunkt, den Eintritt des Chaos in einem zweiten endgültigen. Es könne auch sein, »daß in Gegennovellen die Ordnungswelt überhaupt nicht sichtbar wird, daß das Chaos einbricht und jede Wende tiefer hineinführt« (S. 16 f.), oder aber daß diese »Gegenwelt fehlt..., weil sich der Held ... der göttlichen Ordnung unbeschränkt öffnet« (S. 104). So gibt es, um nur die drei Hauptepochen nach Lockemann zu nennen, »Transzendenz der Mächte des Kosmos und des Chaos«, »Ordnung und Chaos als menschliche Seelenkräfte« und »Auflösung der Formspannung durch Aufgeben des Ordnungspols. Suchen nach einer neuen Ordnung« (S. 25 ff.). Wir müssen feststellen, daß Lockemann den Beweis für ein typisches unveränderliches Grundgesetz der Novelle nicht erbringen konnte. Gilt seine Spannung von Ordnung und Chaos einerseits überall und nicht nur in der Novelle, so läßt er andererseits diesem Grundgesetz innerhalb der Novelle so weiten Raum, daß es sich als solches verflüchtigt. Die eingangs erhobene Forderung nach Trennung von veränderlichen und konstanten Kategorien, die Ablehnung der typischen Kennzeichen für die Gattungsgeschichte konnte auch jetzt nicht erschüttert werden, obwohl Lockemann dies ausdrücklich anstrebte.

Es gibt noch andere Versuche, neuartige bestimmende Merkmale für die Novelle festzustellen. Da sie aber – anders als Lockemann, der in seiner unbedingten Zielsetzung geradezu ein Schulbeispiel für eine strenge normative Auffassung darstellt – weitaus elastischer vorgehen und auch historische Einsichten bringen, so sollen sie später und unter anderen Gesichtspunkten besprochen werden. Denn während sie zu den hier behandelten prinzipiellen Fragen nach normativer und historischer Auffassung nur am Rande antworten und, gerade durch ihre vorsichtigere Haltung, nichts Neues beisteuern können, vermögen sie auf einer anderen Ebene der Novellenforschung manch wichtige Richtung zu weisen und manches Einzelproblem zu lösen.

*

Nehmen wir die historische Gruppe vor, aus der wir zwei Vertreter als typische Beispiele, Martini und Pabst, vorangestellt haben. Auch hier gibt es natürlich verschiedene Möglichkeiten der Betrachtung.

Josef Kunz[74]) arbeitet in seiner Darstellung die großen geistes- und ideengeschichtlichen Zusammenhänge heraus. Dabei bleibt er mit seinem Novellenbegriff so unverbindlich, daß er alle künstlerisch gestalteten Erzählungen des 19. und 20. Jahrhunderts zwanglos umfassen kann. Nur so ist es ihm möglich, die historischen Entwicklungslinien in ihrer lebendigen Vielfalt angemessen und ohne starre Einengung zu verfolgen. Vorwürfe, welche die Kritik gegen diese freie Auffassung von Kunz erhoben hat, scheinen uns ungerechtfertigt, umso mehr, als selbst die normativ eingestellten Geschichtsdarstellungen, die einen fixierten Novellenbegriff vorausschicken, später ebenfalls alles Erzählgut einbeziehen. Dieses

---

[74]) J. Kunz, Geschichte der deutschen Novelle vom 18. Jahrhundert bis auf die Gegenwart, in: Deutsche Philologie im Aufriß, 2. überarbeitete Auflage, hg. von W. Stammler, Bd II, Erich Schmid Verlag, Berlin 1960, Sp. 1795–1896. – (1. Auflage 1954).

Dilemma vermeidet Kunz durch sein Verfahren, dessen theoretische Begründung schon Viëtor geliefert hat und dessen praktische Durchführung wir in den Gattungsgeschichten von Viëtor, Müller, Beißner oder Kayser finden.

Wie die meisten geschichtlichen Darstellungen der deutschen Novelle setzt Kunz bei Goethe an, aber er untersucht zuerst eindringend die so häufig genannten und so selten wirklich betrachteten Beziehungen Goethes zu Boccaccio, neben dem Gemeinsamen vor allem das Unterscheidende (worauf wir in unserem III. Teil noch zurückkommen werden). Genau werden ferner die Grundlagen der Novellenkunst des späten Goethe erörtert, schließlich die 'Novelle' besprochen, welche in die Legende einmünde, denn »die Gattungsform der Novelle als solche, mag sie in ihrer inneren Bewegung noch so sehr auf den transzendenten Ausgleich bezogen sein, steht und fällt mit einer letzten Unaufhebbarkeit der Gegensätze« (Sp. 1808). Solche behutsame Umgrenzungen werden ohne dogmatischen Anspruch vorgebracht, sie dienen eher als Richtungsweiser denn als Maßstab. So kann Kunz die Entwicklung der Novelle seit Goethe über die Romantik, Kleist und den Realismus bis in die Gegenwart in großen zusammenfassenden Züge, aber ohne Anspruch auf eine Norm klar aufzeigen. Er berücksichtigt mehr das Gehaltliche als die Form, bezieht aber diese immer wieder ein. Der neuen Novellenkunst, vor allem der Goethes, wird zunächst die Funktion der Auflockerung des Gesetzlichen zugesprochen, es wird gezeigt, daß hier »einmal die Begegnung mit den Mächten gesucht wird, ebenso aber schon eine neue Ordnung in Sicht kommt, weit genug, über die nivellierende Gesetzlichkeit der bürgerlichen Welt hinaus das Außerordentliche, damit aber auch die Drohung des Nichts miteinzubegreifen und zu umfassen« (Sp. 1829). Die romantische Novellendichtung sei bestimmt durch den »Umstand, daß die Begegnung mit den Mächten ohne jeden Vorbehalt und ohne den Schutz des Gesetzlichen vollzogen wird« (Sp. 1819). Durch Kleist erfolge eine Verlagerung des Schwerpunktes in der Entwicklung der deutschen Novelle, die sich nicht nur auf den Gehalt als Hinwendung zum Existenziellen, sondern ebenso auf die Formgebung auswirke. Dergestalt zeige sich »schon an der Ausdehnung des Kleistschen Novellenwerkes, wie sich Aufbau und Erzählungsweise gewandelt haben« (Sp. 1836). Die meisten dieser Novellen gingen weit über den Umfang der klassischen Novelle hinaus, ja Kunz scheut nicht vor der Aussage zurück, daß die Kleistsche Novelle ein vielfältiges Gebilde sei, »das manchmal wie im 'Michael Kohlhaas' in der Neigung zur Episodenbildung an das Gefüge des Romans angrenzt« (Sp. 1837). Kleists Novelle sei »vorerst ohne Nachfolge geblieben. Die Geschichte der Novelle geht in den folgenden Jahrzehnten andere Wege. Es ist nicht einfach, diese auf einen Nenner zu bringen« (Sp. 1838). Als Antriebsfaktor für die Entwicklung der Novelle in der ersten Hälfte des 19. Jahrhunderts wird die Vorliebe für das Realistische gesehen, wobei die Problematik dieses Begriffes herausgestellt wird. Für die »Zeit des Hochrealismus« ist Kunz mit Recht noch vorsichtiger, er will den Begriff des Realismus tiefer fassen, »vor allem weniger im Sinn des äußeren Gegenwartsbezuges, als vielmehr in dem einer menschlichen Haltung« (Sp. 1847). In der realistischen Novelle – wiewohl ihre Verbindung zur Romantik aufgezeigt wird – verlagerten sich wiederum die Gewichte, im Gehaltlichen wie im Formalen. »So geht es auch in dieser Novellenkunst des Hochrealismus um eine echte Auseinandersetzung mit dem Unbedingten, wenngleich um eine solche, die im allgemeinen mit einer vorläufigen Abwendung und mit der Einsicht abschließt, daß es nötig ist, um des Bleibenden und um des Maßes willen sich gegen diese Möglichkeit abzuschirmen« (Sp. 1848). Formal bedeute diese realistische Novellenart eine Stärkung der im engeren Sinn epischen Elemente, eine Hinneigung des Erzählstiles zum Romanhaften. Die weitere Entwicklung der deutschen Novelle nach dem Realismus unter einem einheitlichen Gesichtspunkt zusammenzufassen, hält Kunz mit guten Gründen für kaum möglich. Er sieht vor allem den »unmittelbaren Bezug zur Problematik der Zeit und der Gegenwart« als leitenden Gesichtspunkt an, der ihm zeigt, »daß es in diesen Jahrzehnten nur wenige Werke novellistischer Art sind, die in die Darstellung der Geschichte der Novelle einzubeziehen sind«. Die formale Beziehung hingegen stellt Kunz hier zurück, denn das Werk vieler solcher Erzähler »verfängt sich weithin in Artistischem und verliert damit den Anspruch auf ein gesteigertes Interesse« (Sp. 1882). Im ganzen vermag Kunz aus einer bestimmten Sicht, die besonders auf den Gehalt und die Idee der Dichtung gerichtet ist, eine echte historische Darstellung zu bieten. Sein wandelbarer Novellenbegriff erweist sich dabei als durchaus nützlich.

Ganz anders wiederum geht Hellmuth Himmel[75]) vor, der die jüngste Gesamtdarstellung schrieb. Er vertritt den Standpunkt: »Wenn Gattungsgeschichte überhaupt möglich sein soll, muß der Idealtyp etwas sein, dem sich die Gattung auf verschiedenen, zeitbedingten Wegen zu nähern vermag. Form ist dann nicht etwas Starres, sondern ein organisch wirkendes Prinzip, das den Umgestaltungen der Gattung zugrunde liegt« (S. 6). Aus dieser Auffassung stellt Himmel seiner Darstellung der Novelle seit Goethe ein Kapitel voraus, mit dem er ein doppeltes Ziel anstrebt: einmal die Vorgeschichte der deutschen Novelle in großen Zügen zu verfolgen, um das Hervortreten jenes Prinzipes erkennen zu lassen; zum andernmal die Definitionen der Novelle nach ihren verschiedenen Theorien darzulegen, um die Versuche zur Feststellung des Idealtyps zu zeigen. Das Hauptgewicht legt er dabei auf die Äußerungen der Brüder Schlegel, Tiecks und Theodor Mundts, ohne sich selbst enger daran zu binden. Dadurch erreicht er für die nun folgende Untersuchung eine solche Freiheit des Novellenbegriffes, daß er den gesamten Bestand des 19. und 20. Jahrhunderts in seiner Breite und in seiner vielfältigen Verwandlung einzubeziehen vermag. Es ist bewunderswert, was Himmel alles gelesen hat und bespricht. Er greift auf vergessene Novellisten und unbekannte Novellen, auf seltene Almanache und vergriffene Publikationen zurück und zeichnet daraus das Bild der Novelle in den einzelnen Epochen. Die gebotene Fülle verbietet die Ausrichtung nach einheitlichen Leitlinien, das Festhalten an einer einzigen Sehweise. Die Novellen werden unter den verschiedensten Gesichtspunkten behandelt, wie sich das Charakteristische der Epoche oder des Einzelwerkes gerade am deutlichsten herausarbeiten läßt. Die Zusammenhänge treten dergestalt vor der lebendigen Buntheit der Novellen mit ihren mannigfachen Formen, Stoffen und Absichten zurück und ergeben sich daraus.

Gibt Himmel in seiner Vorgeschichte einen Überblick der Entwicklung vom Mittelalter an, so beginnt er seine eigentliche Darstellung mit der klassischen Novelle, unter der er Goethes »morphogenetische« und Kleists »dialektische« Novellengestaltung versteht. »Aus dem Gegeneinanderwirken und wechselnden Überwiegen der beiden Prinzipien entstehen mancherlei Formwandlungen in der Novellistik des 19. Jahrhunderts« (S. 82). Auf Goethes 'Unterhaltungen' gehe die romantische Novelle zurück, deren unterschiedliche Motive und Probleme aufgezeigt werden. Die von Tieck begründete »Diskussionsnovelle« leite weiter zu den ersten Auseinandersetzungen mit der Romantik oder mit Ideen der Zeit, »sie bereitet der echten Biedermeiernovelle das Feld« (S. 135). Daneben komme es

---

[75]) H. Himmel, Geschichte der deutschen Novelle (= Sammlung Dalp, Bd 94), Francke Verlag, Bern u. München 1963, 547 S.

zu »Rückbesinnungen auf die Novelle als knappen Bericht über eine ungewöhnliche Begebenheit« (S. 181). Die »eigentliche Biedermeiernovelle« wird in ihrer charakteristischen Thematik dargestellt, ihr Ziel im Grunde darin erblickt, »die beruhigendste sittliche Auflösung und eine lohnende Erhebung« (wie es Stifter sagt) zu erreichen (S. 231). Hierüber hatte Himmel auch eine Spezialuntersuchung veröffentlicht [76]). Die Novelle des poetischen Realismus verlasse mit dem Weltbild des Biedermeiers eine einheitliche Stilgemeinschaft und entwickle einzelne Individualstile. Erst im Spätrealismus ließen sich allmählich wieder zwei Haupt äste der Entwicklung unterscheiden: »das konsequente Streben nach unmittelbarer Erfassung des Lebens als Wirklichkeit im materialistischen Sinne« (S. 282), das zum Naturalismus führe, und das Festhalten an der Novelle als Form mit symbolischer Spiegelung der Lebensproblematik. Die Zeit um 1900 bedeute eine schwere Krise für die Novelle, sie weiche bald in »neue irrationale Bereiche« aus (S. 343). Die verschlungenen Wege der weiteren Entwicklung verfolgt Himmel über den Expressionismus bis zur unmittelbaren Gegenwart, hier sieht er die bedeutendste innere Gefährdung der deutschen Novelle im »Vorwiegen der Massenschicksale« (S. 491). So gelingt es Himmel, die (im weitesten Sinn verstandene) deutsche Novellenproduktion seit der Klassik in ihrer verwirrenden Fülle eindrucksvoll aufzuzeigen.

Unter die historisch orientierten Darstellungen kann auch das Buch von E. K. Bennett gereiht werden. Es erschien zuerst 1934 als erste Gesamtdarstellung einer Geschichte der deutschen Novelle, wurde 1949 wiederabgedruckt und 1961 in zweiter Auflage herausgegeben, durch H. M. Waidson überarbeitet und ergänzt [77]). Bennett stellt seiner Darstellung als Basis *a minimum of definition* voraus, in der er an die zumeist gesehenen Merkmale anknüpft (S. 1). Er greift zu einem Bild, um die Form der Novelle festzuhalten: *The Novelle is a circular line moving round a fixed point, of which centre it must not lose sight until the circle is completed* (S. 6). Das entspricht der Auffassung von Theodor Mundt, auf die wir in unserem III. Teil noch zu sprechen kommen werden. Bennett führt seine Novellengeschichte *from its Romance origins to a specifically German form which finds its most effective expression in a group of writers in the middle of the century of whom Gottfried Keller is the most eminent* (S. XI). Spätere Dichter nach Keller hätten diese spezifische Form untergraben. Daß die deutsche Novelle damit wirklich am Ende ihrer Entwicklung angelangt sei, sieht Bennett erwiesen *by the fact that a definite attempt has been made in various quarters to revert to the original Romance form* (S. XI). Waidson setzt nun die Betrachtung bis in die Gegenwart fort. Er verzichtet darauf, den Begriff Novelle streng zu umreißen und als Maßstab zu gebrauchen: *The survey of the Novelle in the first half of the twentieth century ... has been drawn up with this fluidity of the term Novelle, as it is often used today, in mind* (S. 246). So nimmt er einen unverbindlichen Standpunkt ein und greift auch zur Kurzgeschichte über. Zur heute gebräuchlichen Benennung durch die Dichter selbst vermutet er: *For many authors the word 'Erzählung' is used for both short story and Novelle, perhaps deliberately in order to avoid raising issues of theoretical definition in the minds of readers and critics* (S. 299). Und für Wort und Begriff Novelle in der Gegenwart: *The word 'Novelle' itself has its associations with the idea of*

---

[76]) H. Himmel, Probleme der österreichischen Biedermeiernovellistik. Ein Beitrag zur Erkenntnis der historischen Stellung Adalbert Stifters, Adalbert-Stifter-Institut des Landes Oberösterreich, Vierteljahrsschrift, Jg. 12, 1963, S. 36–59.

[77]) E. K. Bennett, A History of the German Novelle. Revised and continued by H. M. Waidson, Cambridge, At the University Press, 1961, 315 S. – Zur ersten Auflage vgl. Anm. 10.

'*Bürgertum*', *and may find itself open to being looked at askance in a similar way by some people. But there have been a number of good Novellen written in recent times, and the experiences of the midtwentieth century can be given convincing imaginative form in this medium* (S. 300).

Einen begrenzten Zeitraum und ein spezielles Problem behandelt Walter Silz in seinen Novellenstudien[78]). *My purpose has been simply to present analyses of certain Novellen that have impressed me as significant examples of Poetic Realism and of the art of Novelle-writing.* Seinen Ansatzpunkt sieht er darin, *that the Novelle seems to me the most successful embodiment of the new realism.* Über diese Ankündigungen des Vorwortes gehen die Untersuchungen von Silz durch ihre doppelte Blickrichtung auf die Novelle einerseits und auf den allgemeinen Zeitstil andererseits hinaus. Nach einem kritischen Überblick über die Novellentheorien kommt Silz zu dem Ergebnis: *on closer examination, not one of the traditional criteria evolved by successive theorists appears strictly indispensable* (S. 9). Er erkennt, daß diese einzelnen Kriterien weder in allen Novellen noch ausschließlich in Novellen vorkommen und stellt fest: *The 'frame', though often an aid to the objectivation, isolation, and distancing characteristic of the Novelle, is not invariably found* (S. 9). Das Hauptthema des Buches ist die Beziehung und Verwandtschaft von Novelle und Realismus. Dazu heißt es: *The matter of the Novelle, with its bias toward particular cases of human experience, tends toward realism; at the same time its form, as we have seen, calls for a high degree of conscious art. The combination is precisely the ideal of the socalled Poetic Realism, and this, I believe, is the reason why the finest flowering of the Novelle coincides with the period of that literary movement* (S. 10). Damit stößt Silz, von einem andern Standpunkt aus, in dieselbe Richtung vor wie Martini (vgl. unter den Anm. 44 ff.). Die Ausführungen von Silz über den Begriff des Realismus sind hier nicht zu besprechen[79]). Im deutschen Poetischen Realismus jedenfalls sieht er einen Ausgleich zwischen Idealem und Realem. *And so the Novellen we are about to consider demonstrate, each in its own way, both literature's increased awareness of the realities of life and the fact that the only real realities are the persuasions of the human mind* (S. 16). Aus den Einzelinterpretationen werden wir im V. Teil ein Beispiel bringen.

In einem späteren Aufsatz richtet Silz sein Augenmerk mehr auf die deutsche realistische Novelle des 19. Jahrhunderts[80]). Er sieht darin eine neue, eigene Kunstform. Ihre Entstehung setzt er nicht bei Goethe, sondern bei Kleist an, ihren Höhepunkt findet er um die Mitte und in der zweiten Hälfte des 19. Jahrhunderts (vgl. den Text zu Anm. 115). Diese Erscheinungsform der Novelle, die also zeitlich und räumlich genau festgelegt ist, habe nun »deutliche Grenzen und Kennzeichen, die sie von anderen Gattungen der Prosaerzählung unterscheiden« (S. 86), vor allem die »Welt der Wirklichkeit«, ferner die Zentrierung um einen Konflikt, die Beschränkung auf eine kritische Wendung im Leben des Helden, die Vorführung eines Zeitalters nur auf dem Wege der Andeutung oder der Symbolik. Silz stützt sich hier auf die von den Novellentheorien herausgearbeiteten Merkmale und betont: »In den letzten Jahren hat eine Neigung zu unterschiedsarmer Einbeziehung die künstlerischen Umrisse der Novelle eher verwischt als geklärt« (S. 90). Nach einem Blick auf die einzelnen Novellentheorien greift er die Beziehung der Novelle zum Realis-

---

[78]) W. Silz, Realism and Reality. Studies in the German Novelle of Poetic Realism (= University of North Carolina, Studies in the Germanic Languages and Literatures, Nr. 11), The University of North Carolina Press, Chapel Hill 1956, XI + 168 S. – (1. Druck 1954).
[79]) Vgl. F. Martini, Forschungsbericht (= Anm. 47), S. 612 f.
[80]) W. Silz, Geschichte, Theorie und Kunst der deutschen Novelle, Der Deutschunterricht, Jg. 11, 1959, Heft 5, S. 82–100.

mus auf und faßt als »das Kredo des poetischen Realisten« zusammen, »die Gegebenheiten von Charakter, Situation und Ereignis also genau zu beobachten und zu verzeichnen, aber sie durch ein Künstlerbewußtsein hindurch zu filtrieren, einer künstlerischen Bestimmung unterzuordnen, ihnen einen Kunstwert abzugewinnen«. Er nennt dies einen stilisierenden Realismus, »denn die Außendinge sind nicht souverän, sondern müssen sich gewissen Stil- und Schönheitsnormen fügen« (S. 97). Dieses »auf Kompromiß beruhende Kunstideal« werde am erfolgreichsten in der Novelle ausgedrückt. So sei sie »die modernste und lebensnaheste von allen Formen der deutschen Literatur im 19. Jahrhundert« geworden (S. 98). Mit dem Beginn des Impressionismus und Naturalismus sei die »höchste Blüte der Novelle und zugleich des poetischen Realismus« zu Ende gegangen und heute sei sie »unserem Zustande nicht mehr angemessen« (S. 100). Auch die Auffassung des Wirklichen habe sich gewandelt, in der Formulierung von Silz: »Und wir, in der Mitte des 20. Jahrhunderts, sind uns schon längst nicht mehr so sicher wie noch das 19. Jahrhundert, zu wissen, was Wirklichkeit ist. Wir argwöhnen darin eine bloße Projektion unseres Bewußtseins« (S. 99). Reihen wir die durch Silz vertretene Forschungsrichtung in unsere prinzipielle Fragestellung ein, so können wir sie als historische Darstellung bezeichnen, die eine ganz bestimmte Zeit und ein ganz bestimmtes Problem ins Auge faßt und dafür, aber eben nur dafür, eine bestimmte, definierbare Form der Novelle feststellt. Die Bestimmung dieser Form läßt sich freilich, sobald sie über das eigentliche Problem des Realismus hinausgeht, von der hergebrachten Novellendefinition leiten, im Aufsatz stärker als im Buch.

Hier angeschlossen werden kann eine Princetoner Dissertation von W. A. R. Leppman[81]) über die deutsche Novelle als Spiegel sozialer Zustände. Er will vor allem zeigen, *that the German Novelle is capable of transmitting to the reader a historically exact, if not exhaustive, picture of the social condition or 'milieu' prevailing in the period in which the story is set* (S. 552). Er will jedoch auch in *the representation of social conditions* ein wesentliches Merkmal der Novelle sehen. So sei die Novelle seit Goethe zu einer literarischen Form geworden, *it has increased its ability to describe social conditions*. Aus Einzeluntersuchungen behauptet Leppman herauszufinden, *that the straight description of a social phenomenon in the body of a Novelle is almost incompatible with formal perfection*. Wieweit er auf die künstlerische Gestaltung der Novelle selbst eingeht, ist aus der vorliegenden Zusammenfassung nicht zu entnehmen[82]).

Von größter Bedeutung für eine historische Erfassung des Phänomens Novelle sind Anregungen, die aus den Arbeiten Friedrich Sengles zu gewinnen sind. In einem Aufsatz über die deutsche Restaurationsliteratur[83]) zeigt er, daß es damals eine Menge von Novellen gab, die aber einen solchen Tiefstand erreicht hatten, daß sie jeden besseren Dichter abschreckten. Der Geist dieser Zeit hätte zur kleinen Form gedrängt. »Die formale Unbekümmertheit der Epoche durfte sich hier ohne Widerstand ausleben, denn was Goethe und Tieck über die Novelle geäußert hatten, blieb ziemlich unbestimmt, und in der offiziellen Poetik gab es die Gattung überhaupt nicht.« So waren Novellen damals »keine klar geformten Dichtungen,

---

[81]) Wolfgang Arthur Robert Leppmann, Die deutsche Novelle als Spiegel sozialer Zustände, Dissertation Princeton, 1952. Zusammenfassung in: Dissertation Abstracts (University Microfilms, Ann Arbor, Michigan), Vol. XIII, 1953, S. 552f.

[82]) Ein Gegenstück zu dieser Untersuchung bildet übrigens das Buch von Hans Richter, Gottfried Kellers frühe Novellen, Berlin 1960, das von einem extrem marxistischen Standpunkt aus in Kellers Novellen die sozialen Zustände der Schweiz dargestellt sieht. Vgl. meine Besprechung in: Germanistik, 2. Jg., 1961, Nr. 989.

[83]) F. Sengle, Voraussetzungen und Erscheinungsformen der deutschen Restaurationsliteratur, DVjs., Jg. 30, 1956, S. 268–294.

sondern Berichte, Gespräche, Skizzen und, wie noch Stifter sagte, 'Studien'. Die Form war unfest, aber eben deshalb in einem hohen Maße entwicklungsfähig« (S. 284). Die Unbestimmtheit des Novellenbegriffes arbeitet Sengle auch aus der Betrachtung des Romanbegriffes dieser Zeit an anderer Stelle heraus[84]). Der heute geltende Novellenbegriff, der eine besonders strenge konservative Form meine, »beginnt sich erst in der späten Biedermeierzeit herauszubilden und ist vor den ausgefeilten Kunstnovellen der zweiten Jahrhunderthälfte (Keller, Storm, C.F. Meyer, Heyse usw.) keineswegs herrschend« (S. 224). In der frühen Biedermeierzeit wurden, wie Sengle zeigt, Roman und Novelle kaum von einander getrennt, ihr gemeinsamer Charakter als Prosa sei stärker empfunden worden als ihr Unterschied. Solche aus dem historischen Verständnis erwachsende Feststellungen, wie Sengle sie bietet, erweisen nicht nur die Wandelbarkeit in Inhalt und Bewertung des Novellenbegriffes, sie müßten auch bei jeder Novellendefinition berücksichtigt werden. Wir kommen darauf im letzten Teil unseres Berichtes noch zurück.

Eine andere Untersuchung über den gleichen Zeitraum zeigt jedoch, daß man bei anscheinend streng historischem Vorgehen in eine normative Beurteilung verfallen kann. Jost Hermand[85]) ist es zunächst nicht um allgemeingültige poetologische Theorien zu tun, er will die literarischen Formen innerhalb einer bestimmten Stilepoche, im Biedermeier, charakterisieren. Er betont, daß »man von der Empfindsamkeit ab kaum noch von prägnanten Dichtungstypen sprechen« könne, daß vielmehr »die literarischen Gattungen immer stärker von der Persönlichkeit des Dichters und dem Stil der einzelnen Epochen durchdrungen« würden. So sei das Wichtige nicht mehr die Gattungserfülltheit, sondern die persönliche und historische Abwandlung der einzelnen Formen. Man müsse »stets den geschichtlichen Wandel der einzelnen Gattungen im Auge behalten, um keiner formalästhetischen Verabsolutierung zu verfallen«. In diesem Sinne lehnt Hermand es ab, »die Novellentheorie Heyses auch auf die Erzählungen der Biedermeierzeit anzuwenden« (S. 18). So weit, so gut. Im folgenden verfällt Hermand jedoch demselben Fehler der »Verabsolutierung«, gegen den er sich gerade gewendet hat, nur daß er nicht von gattungspoetologischen ästhetischen, sondern von epochenbestimmenden historischen Kriterien ausgeht. Das heißt, daß er seine Biedermeier-Charakteristik bestimmend über jede Novellenform dieser Zeit setzt, ja gerade über die Novellenform, denn die Novelle sei »zum künstlerischen Sammelbecken aller kleinepischen Gattungen« geworden (S. 50), sie sei vielleicht jene Gattung, die dem Wesen der Biedermeierzeit »besonders entspricht« (S. 88). Dergestalt wird die Biedermeiernovelle durch eine »Verharmlosung der Novellenform« gekennzeichnet, denn »den meisten Autoren kommt es nur auf das Plaudern und bloße Erzählen an, das sich hier einmal unbekümmert ausströmen kann«. Es wird gesagt, »daß die Biedermeiernovelle oft weiter nichts sein will als ein Sittengemälde, eine Charakterstudie oder eine Reisebeschreibung, und sich daher weder um einen strengen Aufbau noch um Leitmotive kümmert« (S. 89). Idyllisches Milieu, der isolierte Einzelfall, der Versuch, alle Spannungen in Harmonie aufzulösen, das Fehlen von markanten Ereignissen, die Detailschilderung – das sind Kennzeichen der Biedermeiernovelle nach Hermand. Zweifellos treffen sie auf die Masse der Novellistik zu, wie uns das Sengle bestätigt. Nach diesen Kennzeichen richtet Her-

---

[84]) F. Sengle, Der Romanbegriff in der ersten Hälfte des 19. Jahrhunderts, in: Festschrift für Franz Rolf Schröder, hrsg. v. W. Rasch, C. Winter Univ. verl., Heidelberg 1959, S. 214–228.

[85]) J. Hermand, Die literarische Formenwelt des Biedermeiers (= Beiträge zur deutschen Philologie, Neue Folge der Gießener Beiträge zur deutschen Philologie, Bd 27), Wilhelm Schmitz Verlag, Gießen 1958, 228 S.

mand aber nun auch seine Interpretation der künstlerisch überragenden Novellen von Tieck, Grillparzer, Mörike, Stifter und Gotthelf aus, obwohl diese, als große Kunstwerke, dem vorhin gezeichneten Bild keineswegs immer oder in allem entsprechen. Bei Grillparzer oder Gotthelf kann Hermand selbst dieses Bild der unbekümmerten, skizzenhaften biedermeierlichen Novelle nicht ganz durchsetzen, bei Mörike prägt er es der Mozartnovelle gewaltsam und ohne Rücksicht auf die Struktur auf[86]).

*

Das letzte Beispiel zeigt bereits, daß manche Untersuchungen nicht ohne Schwierigkeiten der normativen oder der historischen Gruppe zugeordnet werden können. Es gibt Arbeiten, die zunächst in eine andere Richtung zu weisen scheinen und erst bei genauer Prüfung ihre wahre Einstellung zu erkennen geben, eine Einstellung, die dem Verfasser gar nicht bewußt geworden sein muß.

Hier sind die Forschungen von Hermann Pongs zu nennen, die – vor unserer Berichtszeit schon – einen entscheidenden Einschnitt in der deutschen Novellenforschung darstellten. Sie bedeuteten den Einbruch der geisteswissenschaftlichen Betrachtungsweise in unser Gebiet. Pongs faßte seine Arbeiten über die Novelle seinerzeit im II. Band seines Buches ʿDas Bild in der Dichtungʾ, 1939, zusammen. Da er dieses jetzt in zweiter Auflage vorlegt – wobei die Aufsätze zur Novelle fotomechanisch wiedergegeben, die Anmerkungen neu geschrieben sind –, so haben wir es in unseren Bericht einzugliedern und vom heutigen Standpunkt aus sowohl die schon historisch gewordene Leistung Pongs' als auch seine Ergänzungen zu besprechen[87]).

Im ersten Aufsatz 'Über die Novelle' zieht Pongs seine Grundlinien. Einerseits macht er aus dem Heyseschen Falken ein Dingsymbol: »Insofern« – sagt er über die Falkennovelle Boccaccios – »kann man mit Paul Heyse sagen, die Novelle sei 'um den Falken gebaut'. Nur ist das Entscheidende nicht die 'starke, deutliche Silhouette', sondern die Erfüllung mit Symbol-Kraft. Im Falken vollzieht sich die Verwandlung vom Zufälligen der Begebenheit in ein sinnhaltiges Geschehen, und sie vollzieht sich als Zusammenfall im Symbol. Das ist die Bedeutung des Falken von der inneren Formgebung her« (S. 100f.). Andererseits zeigt Pongs die Entwicklung der Novelle »aus der Gebundenheit der Gesellschaftsform Boccaccios in die individuelle Freiheit der psychologischen Novelle« und stellt fest, »daß sich in Deutschland im 19. Jahrhundert eine Großform der Schicksalsnovelle herausbildet ... Jetzt ist die Novelle nicht mehr Gesellschaftskunst, die einer kulturvollen Unterhaltung dient, sondern vom Einzelnen geschaffen und im Innersten des Einzelnen allein voll zur Wirkung zu bringen. Das kommt vor allem der Eigenbewegung des Stoffes zugute, die ohne Rücksicht auf das typische Meinen der Gesellschaft sich jetzt dem Unerforschbaren der Menschenseele öffnet bis zur Unbedingtheit des Tragischen« (S. 104f.). In den folgenden Aufsätzen führt Pongs dies weiter aus. Er zeigt, wie die Entwicklung von Boccacio über Cervantes zu Goethe und weiter in »zwei sich beeinflussenden Richtungen« laufe: »Einmal erhält sich der Grundriß der romanischen Gesellschaftsnovelle in der geschlossenen Form; radikal abgestreift aber wird die innere Gesellschaftsbindung, um aus dem einzig-

---

[86]) Vgl. K. K. Polheim, Der künstlerische Aufbau von Mörikes Mozartnovelle, Euphorion, Bd 48, 1954, S. 41–70.
[87]) H. Pongs, Das Bild in der Dichtung, II. Bd: Voruntersuchungen zum Symbol, 2. Auflage, N. G. Elwert'sche Verlagsbuchhandlung, Marburg 1963, VIII +750 S. – (Zur 1. Aufl. vgl. unsere Anm. 7).

artigen Fall, aus den Spannungen, in die das vereinzelte Individuum vom Schicksal hineingezwungen wird, einen letzten Sinn des Weltgeschehens herauszuholen. So entsteht die große Einzelnovelle Kleists ... Die andere Entwicklungsrichtung geht aus vom romantischen Erlebnis des Wunderbaren, als Erweiterung des Individuellen ins Universelle« (S. 134). Auf die Frage, ob die von Kleist begründete deutsche Novelle eine Entartung der romanischen Urform, eine Zerstörung der reinen Novellenform sei, antwortet Pongs, gerade Kleist habe »den Grundriß der romanischen Bauform trotz des umstürzend neuen Inhalts in der großartig geschlossenen Gesetzlichkeit seiner Novellenform bewahrt und zu seinen höchsten Möglichkeiten entfaltet. So wird man eine Erweiterung der Gattungsform anerkennen müssen, die eine Vertiefung ihrer symbolischen Wirkungsmöglichkeiten bedeutet« (S. 184). Schwerer allerdings fällt es Pongs, »gegenüber der ausschweifenden psychologischen Novelle des 19. Jahrhunderts in der Nachfolge Kleists bestimmte Grundgesetze der Novellenform maßgebend festzuhalten« (S. 184). Er findet sie aber in der Auseinandersetzung mit dem Tragischen und Dämonischen: »Was hier Gestaltung fordert, sind Stoffe neuer Art, in denen jetzt der Einzelne und seine Entscheidungen symbolisch wichtig werden für ein Zeitalter des vereinsamten Ich und sein tragisches Weltgefühl« (S. 188). Und er betont: »Auf ein Formgesetz der deutschen Novelle wird darum nicht verzichtet« (S. 249). Er verfolgt überall »das Wesen des Symbols, auf das die Novelle mit bewußtem Kunstwillen immer hinstrebt« (S. 251) und erkennt dabei zwei verschiedene Aufgaben. Die Technik der Novelle ziele einerseits »auf ein Symbol als konstruktives Element, das Handlung und tieferen Sinn in einem bedeutsamen Zeichen zusammenschließt«. Andererseits wolle Symbol aber auch »Existenzerhellung sein, doch nicht um zu erklären, sondern um zu offenbaren, und zwar verhüllend zu offenbaren ... Das Ziel der guten Novelle wird immer sein, beide Aufgaben zu vereinen« (S. 295 f.)

Diese Untersuchungen von Pongs haben zu ihrer Zeit außerordentlich anregend und fruchtbar gewirkt. Der in ihnen waltende Gesamtzug, die geisteswissenschaftliche Zusammenschau der Novellenentwicklung von Boccaccio bis in die Gegenwart, die Herausarbeitung der beherrschenden Stellung des Symbols galten als grundlegende und wohl auch endgültige Erkenntnis. Selbst der so kritische Josef Körner bezeichnete noch 1949 in seinem bibliographischen Handbuch (S. 28) die Arbeiten von Pongs als »das Wertvollste, was bisher über die deutsche Novelle des 19. und 29. Jahrhunderts erarbeitet worden ist«, und auch in der neueren Novellenliteratur begegnen wir ihren Ergebnissen und Formulierungen immer wieder. Dennoch müssen wir, nach fast einem Menschenalter nun und nach dem Wechsel mancher Methoden in der Literaturwissenschaft, die Frage nach ihrer Bedeutung und ihrer Gültigkeit neu stellen.

Die Untersuchungen von Pongs scheinen rein historisch orientiert zu sein. Prüfen wir aber seinen Ansatzpunkt: Boccaccio und die Novellen des 'Decameron', an den philologischen Spezialarbeiten von Auerbach (zuerst schon 1921), Vossler oder Pabst (vgl. unten Anm. 106 ff.), so ergibt sich ein völlig anderes Bild, das nicht mehr in die Pongssche Gesamtschau paßt. Es stellt sich heraus, daß Pongs bei seiner Interpretation der Novellen Boccaccios zu wenig die historisch-literarische Situation, die herrschenden Denkkategorien, das Anliegen des Dichters, die Ausdrucksformen der damaligen Dichtung und ihre Möglichkeiten und Grenzen berücksichtigte. Wenn er zum Beispiel eine »bei Boccaccio herausgehobene Form der symbolischen Novelle« verstehen will, »deren Geschlossenheit um ein Symbol als Gestaltungsmitte zugleich Wiederspiegelung einer geschlossenen Weltanschauung ist, in deren Mitte die freie Selbstbestimmung des Menschen als Persönlichkeit steht« (S. 114) - so heißt das vom Standpunkt des 20. Jahrhunderts aus sehen und entspricht in keiner Weise der geistesgeschichtlichen Stellung Boccaccios, wie sie von der romanistischen Forschung aufgewiesen wurde. Dasselbe gilt von der Beziehung der Renaissancenovelle zum deutschen 19. Jahrhundert. Ähnliches findet sich aber auch in der Beurteilung der dichterischen Texte des 19. Jahrhunderts. Sie werden bisweilen in ihrer Eigenständigkeit vernachlässigt zugunsten der großen Entwicklungslinie, die verfolgt wird. So gibt Pongs seine Urteile über die Form der einzelnen Werke viel zu flüchtig und ohne eine genaue Untersuchung ab, so daß er oft schief, wenn nicht unrichtig wird. Anderseits stellt er, auf der Suche nach dem Symbol, mitunter gewaltsam Symbolgehalte fest, die aus dem Kunstwerk selbst nicht abzuleiten sind. Wir haben das an anderer Stelle nachgewiesen (vgl. Anm. 86 und Abschnitt V). Ein solches Vorgehen, sowohl auf dem historischen als auch auf dem ästhetischen Gebiet, erwächst letztlich aus einer normativen Grundeinstellung, die eben wieder jene Gesamtschau ermöglicht. Eine Vielfalt an festgestellten Formen (Charakter-, Schicksals-, Ideen-, Stimmungsnovelle und viele andere) kann daran nichts ändern[88]). Pongs' Untersuchungen erweisen sich als ausgesprochen normativ - und in der Tat bezeichnet er in seinen neuesten Arbeiten die Novelle als eine »Urform des Erzählens«[89]) und stellt sie dem Sinne nach Goethes Urpflanze gleich (s. unten).

Diese Kritik an den Pongsschen Untersuchungen berührt ihre anerkannten Verdienste und ihre grundsätzliche Bedeutung nicht, aber sie will darauf hinweisen, daß man nicht ohne Vorbesinnung daran anknüpfen darf. In seinen neugeschriebenen Anmerkungen setzt sich Pongs mit der neuesten Literatur über die Novelle auseinander, und er kennt sie zur Gänze, er weicht jedoch von dem ehemaligen Standpunkt kein Haar breit ab. Die Anmerkungen zeigen die Befangenheit der Pongsschen Methode nicht nur schärfer als der Haupttext, sie machen die Befangenheit auch für diesen, jene früheren Aufsätze, noch deutlicher.

Dasselbe gilt von einer neuen Studie, die Pongs über die Novelle der Gegenwart schrieb[90]). Hier zeichnet er ausdrücklich folgende Entwicklung: die «Großform der deutschen Schicksalsnovelle« bei Kleist habe sich über Romantik und Biedermeier weg zur psychologischen Charakternovelle des Realismus entwickelt, mit der Verschiebung der Gewichte aber »einen Keim der Zersetzung in sich aufgenommen«. Durch die Verflüchtigung der Symbole habe sie sich im Impressionismus ganz aufgelöst. Noch schlimmer steht es nach Pongs um die Gegenwart: »Die Terrorwelle des 'Manierismus' mit dem Triumph alles Labyrinthischen, Dissonierenden, Gespaltenen führt mit der Zertrümmerung des Symbols folgerecht zur Zertrümmerung der strengen Novellenform und ihrer symbolischen Spitze« (S. 7)[91]). Man sieht, wie für Pongs die Symbolhaftigkeit im Mittelpunkt steht. Nun

---

[88]) So vermochte auch W. Pabst hinter dieser vielfältigen Unterteilung »immer wieder ein nur durch Abstraktion bestimmbares, perennierendes Ideal« festzustellen: Literaturber. (= Anm. 51), S. 103, ja das Fortleben der antiken Zwei-Gattungs-These darin zu erblicken: Novellentheorie (= Anm. 53), S. 237. - Wir fanden ähnliche Katalogisierungen bei J. Klein und F. Lockemann.

[89]) H. Pongs, Das kleine Lexikon der Weltliteratur, 3. Aufl., Union Verlag, Stuttgart 1958, Sp. 1141 (5. Aufl. 1963). - Ders., Novelle heute (= Anm. 90), S. 36.

[90]) H. Pongs, Ist die Novelle heute tot? Untersuchungen zur Novellen-Kunst Friedrich Franz von Unruhs, Silberburg-Verlag Werner Jäckh, Stuttgart [1961], 44 S.

[91]) Pongs wendet sich wiederholt und heftig gegen den »Manierismus«, den er als Gegenwelt zu seinen Ordnungsmächten, als mephistophelisches Prinzip sieht. Er tut dies sowohl in der Studie über die Novelle (S. 36), als auch in den Anmerkungen zu seinem Buch (SS. 685, 687, 693). Schließlich faßt er dort in einem neugeschriebenen Schlußkapitel die Tendenz des modernen Manierismus als »Entstellung« zusammen (S. 618ff.).

zeigt er die Gegenentwicklung auf: »Aber so wenig wie der Impressionismus dauernd die Novellenform zerstören konnte, die ihr unbeirrbares Gesetz hat, so wenig auch der Manierismus«. Es sei »ein Umschlag um 180 Grad eingetreten«: in der Zeit des Impressionismus durch den »Rückgriff auf die strenge Form der Boccaccio-Novelle« bei Heyse, Paul Ernst und später Bergengruen [92]), in der Gegenwart noch nachhaltiger durch »die Erneuerung der Schicksalsnovelle aus dem Geist und der Zeugenschaft Kleists« (S. 6f.). Hier wird Friedrich Franz v. Unruh eingereiht, dem die Studie vor allem gewidmet ist. An ihren Schluß stellt Pongs sein eigenes Bekenntnis zur Novelle: »Die so leidenschaftlich angezweifelte 'Urform' der Novelle ist nicht als ein starres Schema anzusehen, das man mit Begriffen wie 'Falke' oder 'Wendepunkt' in eine technische Schablone hineinzwingen könnte, sondern im Sinne der Goetheschen Urpflanze, die eine ungezählte Vielfalt der Formen hervorbringt und doch Goethes Wort rechtfertigt: alles ist Blatt«. Keine Novelle sei der andern gleich. »Und doch geht es immer um eins: daß der Blitz einer Schicksalsbegegnung in den Baum des Lebens fährt und die unerhörte Begebenheit zur Begegnung von Charakter und Schicksal vertieft« (S. 36f.)[93]). Der Versuch, eine Urform in eine Vielfalt aufzulösen, kann über die normative Grundeinstellung nicht hinwegtäuschen. Die praktische Durchführung erweist diese sogleich.

Noch ist eine Fragestellung zu besprechen, welche in allen Novellenarbeiten von Pongs wiederkehrt und unser Problem wesentlich berührt. Es ist die Frage nach der geschlossenen und offenen Form der Novelle, die auch sonst in der Literatur bisweilen aufgeworfen wird. Im Novellenaufsatz von 1930 weist Pongs auf »eine Geschlossenheit der symbolischen Novelle, in der sich deutlich die tiefere Geschlossenheit des ganzen Weltbildes spiegelt«, und er betont: »Dies tiefere Gesetz der geschlossenen Form beherrscht den Bau der Boccaccionovelle« (S. 113). Daneben aber »öffnet sich die Novellenform bereits den Möglichkeiten eines den größeren Mächten aufgeschlossenen Weltbildes und damit zugleich einer offenen Form, die ihrer Art nach auf die Legende zurückweist und Irrationales einbezieht« (S. 116). Beide Arten stünden auch bei Cervantes nebeneinander (S. 123), ebenso im 19. Jahrhundert. Die eine wird durch Kleist vertreten: »In dieser Verdichtungskraft übertrifft Kleists Novelle in der Geschlossenheit der Form alle romanischen Vorbilder«. Die andere »erwächst aus der neuen Lebenshaltung, die sich durchsetzt: nicht mehr die Welt auf den Menschen bezogen, sondern der Mensch als Ort im Universum, offen den Begegnungen mit einer anderen als der rationalen Welt... Was hier entsteht als romantische Novelle, von Tieck über E. T. A. Hoffmann zu Brentano, Arnim, Eichendorff ist der Struktur nach der Boccaccionovelle entgegengesetzt, eine neue offene Novellenform...« (S. 134). Schließlich will Pongs die beiden Möglichkeiten in den Novellentheorien von Tieck und Heyse verkörpert finden. Diese Gegenüberstellung von geschlossener und offener Form läßt jedoch, so einprägsam sie erscheinen mag, wiederum sowohl eine gewisse Willkür gegenüber den Einzelwerken erkennen als auch Unstimmigkeiten in der Pongsschen Darstellung selbst. So wäre etwa die romantische offene Form, nach Pongs, schon bei Boccaccio vorhanden und daher gar nicht so neu. Die ihr zugeschriebene Lebenshaltung trifft aber wohl vor allem auf Kleist zu, und in der Tat wird Kleists

---

[92]) Gerade in der Tatsache dieses Rückgriffes sah schon Bennet (= Anm. 77), S. XI, den Beweis für das Ende der Entwicklung der deutschen Novelle.

[93]) Das Bild vom Blitz, der in den Stamm des Baumes fährt, hat der österreichische Novellist Oskar Jellinek für die Novelle gebraucht. Es wird zitiert von N. Erné (= Anm. 181), S. 16, und R. Thieberger (= Anm. 11), S. 592.

Novelle dann »als ein Zusammenfassen der Pointenkunst des Boccaccio und der Gestaltgeschlossenheit des Cervantes mit dem neuen metaphysisch vertieften Weltbild der Romantik« erklärt (S. 151). So wird den späteren Novellen Kleists eine »größere Offenheit« im Gehaltlichen zugesprochen, doch gleichzeitig von der »Geschlossenheit der inneren Form bei verändertem äußeren Bau« geredet (S. 163 f.). Mit solchen Formulierungen ist freilich jede These aufrecht zu erhalten. Durch die neuen Anmerkungen werden diese Unstimmigkeiten wiederum noch deutlicher gemacht. Pongs weist den Einwand Wieses, wonach ein zentrales Ereignis immer eine geschlossene Form verlange, zurück und behauptet, es sei eben »das zentrale Ereignis in der Struktur verschieden, und das spiegelt sich in der Art der geschlossenen oder offenen Form, ohne daß die Novellenform selbst dadurch völlig aufgesprengt würde« (S. 686). Ähnliches bringt Pongs in seiner Studie über die heutige Novelle vor. Mit Berufung auf Wölfflins Grundbegriffe hält er an den »polaren Spannungsbegriffen« der geschlossenen und offenen Form in der Novelle als Grundlage fest, formuliert jedoch dann: »Keinesfalls aber verzichtet die Novelle, auch die romantische, auf die Geschlossenheit, die zum Kunstwerk gehört« (S. 31 f.)[94]). Diese Verwirrung der Terminologie und ihre offenbare Widersprüchlichkeit erwächst aus dem Bemühen, eine Zweiteilung der Formen allen Möglichkeiten anzupassen und alle Gegebenheiten darin aufzunehmen. Prinzipiell betrachtet, haben wir es ebenfalls mit dem Versuch zu tun, eine normative Grundeinstellung historisch abzuwandeln – und das ist, soweit wir gesehen haben, bisher immer noch mißlungen.

Methodisch erweist sich noch etwas anderes: daß nämlich die Aufstellung von Normen oder die historische Betrachtung oder die Vermischung beider letzten Endes auf das innigste mit der Interpretation des Einzelkunstwerkes zusammenhängt. Erst eine von allen Seiten gesicherte Interpretation des Dichtwerkes vermag einen tragfähigen Grund für eine geschichtliche Darstellung zu legen, eine Interpretation, die aus dem Kunstwerk selbst und seiner historischen und geistigen Umwelt herauswächst, nicht eine, die fremdes Gedankengut an das Werk heranbringt. Das ist gewiß keine neue Erkenntnis, aber es wird gut sein, sie an dieser Stelle wieder ins Gedächtnis zu rufen. Daß dabei die persönliche Einstellung des Forschers nicht auszuschalten ist, gehört zu den methodischen Erkenntnissen der Geisteswissenschaft und ist kein Gegenargument. Eine Frage der Interpretation ist es auch, wieweit verschiedene Einflüsse in der historischen Entwicklung (etwa Boccaccios auf Goethe) oder bestimmte Merkmale des Werkes (Wendepunkt, Geschlossenheit) anerkannt werden. Nur die asketische Versenkung in die Welt der geschichtlichen Wirklichkeit oder in das Ideengebäude einer Persönlichkeit und das Wesen eines Einzelkunstwerkes darf die Untersuchung leiten. Damit werden wir auf ein anderes Gebiet gelenkt, das wir nun betreten wollen: auf die Literatur über derartige Einzelprobleme der Novellentheorie und über die einzelnen Phasen der Entwicklung. Die bisherige Aufgliederung in normative und historische Untersuchungen stellen wir zunächst zurück, wir behandeln beide, lassen aber auch dieses Problem nicht aus den Augen.

---

[94]) Aus der Betrachtung der letzten Novellen Friedrich Franz von Unruhs will Pongs Klärung der verworrenen Lage gewinnen. Er findet dort »eine durch den Umbruch der Werte bedingte offene Form der Novelle als elliptische Bewegung, nur auf eine Schein-Spitze hin geschlossen« (S. 31), und er will damit durch Unruh »ein Novum auch der Form erschlossen« haben (S. 33). – Vgl. auch den Text zu Anm. 294.

III

Die verschiedenen, auf historische Erscheinungen bezogenen Einzelfragen der Novellenforschung stehen keineswegs isoliert da, sie können stets auch von allgemeingültiger Bedeutung werden. Denn viele Forscher wählten und wählen gerade ein solches Problem aus, um es als Grundlage oder als Ansatzpunkt für ihre eigene Theorie zu verwenden. So werden wir immer wieder auf grundsätzliche Fragen zu sprechen kommen.

Die durchzumusternden Probleme sind am besten nach ihrer historischen Bezogenheit zu gliedern. Wir heben aus der Entwicklung der Novelle jene Stationen hervor, an welche die wissenschaftliche Literatur immer wieder anknüpft und aus denen sie ihre Kenntnisse schöpft oder ihre Anregungen zum Weiterdenken des Problems gewinnt. Diese Stationen sind an Hand der Spezialliteratur auf ihren Quellenwert und ihre Stichhaltigkeit zu prüfen. Dabei ergeben sich Überschneidungen, so daß wir nicht zu pedantisch vorgehen dürfen. Die verschiedenen Merkmale, welche die verschiedenen Theorien der Novelle zusprechen, werden wir dort behandeln, wo sie am deutlichsten aus der Dichtung abgeleitet oder von der damaligen Theorie gefordert werden. Es spiegelt sich dergestalt, natürlich nur grob, in der Sekundärliteratur die Entwicklung der Novellentheorie. Gesamtdarstellungen können dabei, soweit sie nicht ausführlicher auf eine Spezialfrage eingehen, nicht berücksichtigt werden, jedoch sei darauf hingewiesen, daß außer den schon behandelten Geschichten der Novelle die Lexikonartikel von Heinz Kindermann, Gero v. Wilpert, Hugo Friedrich, Herbert Seidler, und die Zusammenfassungen von Heinz Otto Burger und Benno v. Wiese einprägsame Überblicke über die Gesamtentwicklung der Novelle und ihrer Theorie geben [95]).

Die meisten Darstellungen und Abhandlungen beginnen mit Boccaccio und der romanischen Renaissancenovelle. Es scheint uns aber erforderlich zu sein, weiter auszuholen und auch das deutsche Mittelalter auf unser Thema hin zu befragen. Hat es schon im Mittelalter Novellen gegeben? Diese Frage, so gestellt, führt uns sogleich das Problem des Themas vor Augen. Denn man kann darauf nicht antworten, ohne vorher rückzufragen: was soll unter »Novellen« verstanden sein? Die verschiedensten Möglichkeiten ergeben sich, – und schon das ist schuld an den verschiedenen Auffassungen, denen wir über die Novelle im Mittelalter begegnen.

Die Wissenschaft von der älteren deutschen Dichtung pflegt, zumindest seit Hans Lambel 1872 mittelhochdeutsche ʽErzählungen und Schwänkeʼ herausgab und in der Einleitung »mit dem gemeinsamen Namen Novellen« bezeichnete, diesen Begriff zu verwenden. Sie meint damit eine mehr oder minder genau bestimmte Form der Kleinepik, wohl auch die mittelalterliche Kleinepik in ihrer Gesamtheit. Die Grenzen verfließen stark. So findet Helmut de Boor – um die jüngste umfangreiche Darstellung als Beispiel anzuführen [96]) – zwar schon in der Kaiserchronik »solche in sich abgeschlossenen Kleinerzählungen novellistischen oder legendären Charakters« (S. 221), aber er lehnt es ab, sie schon der eigentlichen späteren novellistischen Kleinepik zuzuzählen. Ebenso klammert er Hartmanns ʽArmen Heinrichʼ aus, der wohl nach Stoff und Umfang entspräche, nach Wesen und Absicht ihr aber sehr fern stünde und so auch keine Nachfolge gefunden habe. Die einzige Versnovelle von ʽMoriz von Craûnʼ nähme wesentliche Merkmale vor-

---

[95]) Vgl. unter den Anm. 228, 229, 230, 233; 191, 235, 241.
[96]) H. de Boor, Die deutsche Literatur im späten Mittelalter. Zerfall und Neubeginn, I. Teil: 1250–1350 (= H. de Boor u. R. Newald, Gesch. d. dt. Lit., III. Bd / I. Teil), C. H. Beck'sche Verlagsbuchhandlung, München 1962, S. 221–297.

weg. »Die Stunde der kurzen, unterhaltenden und belehrenden Verserzählung kommt in Deutschland erst in und nach der späten Stauferzeit« (S. 221 ff.). De Boor unterscheidet dabei Schwank und Novelle, als Stilvorbild für die letzte nennt er Konrad von Würzburg. Für die gesamte Gattung stellt er fest, daß man sie wohl als realistisch bezeichnen könne. Sicher hätten »die bloß geschickten Literaten dieser Gattung« am realistischen Detail ihr Genüge gefunden. Die wirklichen Dichter jedoch hätten die neuentdeckte »reale« Welt wieder zur Idee gesteigert, hinter dem Zufälligen das Gültige gesehen und dergestalt den inneren Zusammenhang mit der großen Dichtung der klassischen Zeit bewahrt (S. 286f.). Seit der Mitte des 14. Jahrhunderts verarme und verrohe diese Kleinepik so wie die große Epik. Weil de Boors Darstellung bisher nur bis 1350 reicht, ist nicht zu sagen, wie der Anschluß an die Neuzeit gesehen wird.

Was hier als Schwank oder Novelle bezeichnet ist, wird von anderen mit dem Namen *maere* belegt und seinerseits wiederum vom *bîspel* unterschieden. De Boor wendet sich gegen solche Grenzziehungen, die »der sorglosen mittelalterlichen Gepflogenheit« nicht entsprächen. »Das Mittelalter kannte denn auch keine festen Gattungsbestimmungen, wie wir sie anstreben« (S. 224).

Dagegen vertritt Hanns Fischer im Reallexikon[97]) die Meinung, daß die »bedeutende selbständige Kleinepik, die den eigentlichen novellistischen Beitrag der mhd. Lit. darstellt«, mit dem Gattungsnamen *maere* zu umfassen sei. Er definiert das *maere* »als selbständige, eigenzweckliche Erzählung fiktiver, diesseitig-profaner und unter weltlichem Aspekt betrachteter Vorgänge mit ausschließlich (oder vorwiegend) menschlichem Personal und einer bestimmten (etwa durch die Verszahlen 150 und 2000 äußerlich umschriebenen) epischen Größe« (§ 1) und er unternimmt »im Prinzipiellen eine Grenzziehung gegenüber den Märenverwandten«, unter die er *rede*, Legende, fromme Welterzählung ('Der arme Heinrich'), Fabel, *bîspel* reiht. Für das *maere* selbst versucht er eine Typologie aufzustellen, wobei besonders die Kennzeichen für das schwankhafte *maere*, das als zentraler Typ der Gattung gesehen ist, weitgehend dem entsprechen, was man im allgemeinen von der Novelle fordert. Es zeige in Tektonik und Technik »Einfachheit des Baugrundrisses, Akzentuierung des Vorgangs unter Verzicht auf disgressorisches Beiwerk, Sparsamkeit im Personal« (§ 2). Fischer jedoch betont: »Zur Prosanovelle der neueren Zeit führt keine Brücke hinüber, wie es ja auch mit, soweit wir sehen, nur einer einzigen Ausnahme (Schondochs 'Königin von Frankreich') nirgends zu Prosaauflösungen von Mären gekommen ist. Mit dem Ende des MA.s war im ganzen genommen auch für das Märe die Zeit erfüllt. Als zukunftsträchtig sollten sich nur die wenigen frühhumanistischen Prosaübersetzungen romanischer Novellistik ... erweisen« (§ 5).

Wolfgang Stammler nennt in seinem Aufsatz über mittelalterliche Prosa[98]) einen Unterabschnitt 'Novelle'. Er stellt fest, daß »der Kleinroman, die 'Novelle' ... einzeln sehr selten prosaisiert« wurden (Sp. 1058). Doch kann er z. B. Konrad von Würzburgs 'Engelhard' als kurze Prosanovelle nachweisen. Wichtig ist Stammlers Hinweis auf die große Rahmenerzählung 'Von den sieben weisen Mei-

---

[97]) Hanns Fischer, Novellistik, mittelhochdeutsche, in: Reallexikon der deutschen Literaturgeschichte, 2. Aufl., II. Bd (= Anm. 42), 8. Lieferung, 1963, S. 701–705. – Den Artikel 'Maere' schrieb Heinrich Niewöhner, Reallexikon, 2. Aufl., II. Bd, 3. Lieferung, 1960, S. 271. Er gibt dort die verschiedenen Bedeutungen des Wortes an: gleichbedeutend mit Novelle oder etwas Wesenverschiedenes bezeichnend.

[98]) W. Stammler, Mittelalterliche Prosa in deutscher Sprache, in: Deutsche Philologie im Aufriß (= Anm. 74), Sp. 749–1102.

stern', die im 14. Jahrhundert ihre erste deutsche Prosaübersetzung erhält und im 15. Jahrhundert zum beliebten deutschen Volksbuch wird. So finden wir immerhin Ansätze, aber »erst als im 15. Jahrhundert aus dem Süden die italienischen Novellen über die Alpen gebracht wurden, begann der Deutsche nach diesem Vorgang Novellen zu übersetzen und zu bearbeiten« (Sp. 1059). Stammler zeigt nun eine rege, nach romanischen Vorbildern strebende deutsche Novellenliteratur auf, die bis nach 1500 reicht. »Die weitere Entwicklung der Novelle erfolgte erst im Zeichen des Barock, allerdings auch unter spanischer Einwirkung, mit der sie hundert Jahre vorher aufgehört hatte« (Sp. 1062).

Obwohl ungedruckte Dissertationen in diesem Bericht im allgemeinen nicht berücksichtigt werden, ist hier eine heranzuziehen, da sie von einem anderen Ansatzpunkt ausgeht und manche neue Überlegung beizusteuern vermag. Elfriede Stutz[99]) will zeigen, »daß mhd. Dichter vollgültige Novellen geschaffen haben« (S. 2), und untersucht zu diesem Zwecke die Crescentia- und die Lucretiadichtung, den 'Armen Heinrich', den 'Moriz von Craon', den 'Meier Helmbrecht', das 'Herzmaere' und zwei Epigonenstücke. Diese Dichtungen werden an Hand der modernen Novellentheorien nach Form und Gehalt durchgeprüft. Es stellt sich heraus, daß auch die mittelalterliche Novelle »von der Einheit des Ereignisses erfüllt« sei (S. 92), daß sie einen »Wendepunkt« besitze (S. 94), daß sie dem Vergleich mit dem Drama standhalte (S. 95 ff.), ja daß sie den novellistischen Realitätsbegriff erfülle (S. 104ff.). So faßt Stutz zusammen: »Zu den Novellen der neuesten Zeit passen die oben behandelten mhd. Novellen nicht weniger als die des 'Decameron', sie passen in mancher Hinsicht sogar besser: denn sie sind nicht geplaudert, 'novelliert', sie sind voller Probleme und Hintergründe, sie sind Individualitäten« (S. 145). Die Verfasserin will damit keinem allgemeingültigen Typusbegriff das Wort reden. Sie betont immer wieder, daß Anfangs- und Endglieder der Novellengenealogie wesensmäßig so weit auseinander liegen, »daß man das Gemeinsame vielleicht nur deshalb noch sieht, weil man durch die herrschende historische Methode daran gewöhnt ist, die Literaturgeschichte als ein Gefüge von Entwicklungsreihen und Abhängigkeiten zu beurteilen«. Aber sie wendet sich mit guten Gründen gegen den Ansatz bei Boccaccio, weist auf das komplizierte Bild der romanischen Novelle im Mittelalter und betont: »Die italienische *novella* ist nicht das Urbild der Novelle, wennschon sie den Namen geliefert hat. Sie ist nur eine Verwirklichung, nicht die früheste und nicht die für unsere Begriffe wertvollste. Sie ist eben diejenige Verwirklichung, durch deren Bekanntschaft die moderne deutsche Novelle zu sich gekommen ist. Längst jedoch, bevor die südromanische Prosanovelle nach Norden wirkte, hat man dort aus Mythos, Sage und Legende zu einer 'Kunstform Novelle' gefunden« (S. 145).

Das also sind Stimmen aus dem älteren Fach. Sie zeigen, daß dort dieselbe Uneinheitlichkeit besteht wie im neueren, eine Uneinheitlichkeit, die sich auf alle möglichen Gebiete erstreckt: auf die Terminologie, auf die Abgrenzungen, ja sogar auf die verschieden gesehene historische Entwicklung. Während de Boor keine feste Gattungsbestimmung vornimmt und »unsere geläufigen Gattungsbegriffe der Novelle, des Schwankes, der Fabel« als unverbindliche Einordnungshilfe sieht (S.222), trägt Fischer eine zwar »elastische«, aber doch »prinzipielle« Abgrenzungs- und Typenlehre vor. Und während Fischer jede Verbindung mit der neueren Zeit ablehnt, findet Stammler Ansätze dazu. Im ganzen ist zu erkennen – und das betonen auch die einzelnen Forscher immer wieder –, daß das Gebiet noch viel zu

---

[99]) E. Stutz, Frühe deutsche Novellenkunst, Diss. [Msch.], Heidelberg 1950.

wenig durchforscht ist, als daß man zu endgültigen Resultaten gelangen könnte[100]). Es ist klar, daß bei dieser Lage der Spezialforschung die neuzeitliche Forschung über die Novelle nicht zu einheitlicheren Ergebnissen kommen kann. Sie wird freilich bei ihren Versuchen, die Frage nach der Novelle im Mittelalter zu beantworten, weniger von der Fülle der historischen Einzelfakten, als von allgemeinen Überlegungen ausgehen. Wesentlich dabei wird immer sein, was sich die einzelnen Forscher unter »Novelle« vorstellen, welche Stellung sie dem 'Decameron' einräumen und wie sie das Verhältnis Boccaccios zu Goethe und dem 19. Jahrhundert sehen. Das alles hängt unzertrennlich zusammen und entscheidet auch die Anerkennung oder Ablehnung der mittelalterlichen Novelle.

Wer bei Boccaccio die »reine Form« der Novelle (J.Klein) findet, kann es als Fehlgriff bezeichnen, nach »früheren Artentsprechungen« zu fragen. Das tut Lutz Mackensen, der jede Parallele zu den mhd. Reimnovellen ablehnt[101]). Aber selbst Johannes Klein läßt in seiner neuen Darstellung den 'Armen Heinrich' und das 'Herzmäre' als Sonderfälle gelten[102]). Walter Silz sagt nach einer Musterung der Novellentheorien über den 'Armen Heinrich', wenn auch in einem Klein entgegengesetzten Sinn: *His little story fulfills a surprising number of the criteria of the Novelle which we have noted*[103]). Man sieht, daß die normativen Kennzeichen ohne weiteres im Mittelalter zu finden sind, und von einem anderen Standpunkt aus hat Elfriede Stutz (s. oben) das bestätigt. Auch könnte man fragen: Wenn die Novelle wirklich eine »Urform« ist, warum sollte sie dann erst seit der Renaissance auftreten?[104]). Das alles gilt, wohlgemerkt, für die normative Einstellung. Sie gerät mit der historisch eingestellten Spezialforschung alsbald in Konflikt, wenn etwa Klein den 'Armen Heinrich' und das 'Herzmäre' zusammen gegen die von ihm abgelehnten Versnovellen des späten Mittelalters stellt, während de Boor gerade den 'Armen Heinrich' abhebt und nur Konrad von Würzburg als Vorbild jener späteren Versnovellen gelten läßt.

Wer mit einem unverbindlicheren Novellenbegriff an die Sache herangeht, wird bei Boccaccio nur eine der möglichen Erscheinungsformen der Novelle sehen und daher das Mittelalter nicht von vornherein ablehnen. Sucht er aber nach der historischen Entwicklung, so wird er auf die unterschiedlichen Resultate der mittelalterlichen Spezialforschung treffen, die sich nun auswirken werden. So gibt es auch hier verschiedene Ansichten[105]). Während es für Heinz Otto Burger selbstverständlich ist, daß im Mittelalter »Ansätze zur Novelle nicht fehlten«, Benno v.Wiese von einer »Vorgeschichte« spricht und Friedrich Sengle (leider an versteckter Stelle) interessante geistesgeschichtliche Beobachtungen zur Novelle des späteren

---

[100]) Vgl. auch Hanns Fischer, Neue Forschungen zur deutschen Dichtung des Spätmittelalters (1230–1500), DVjs. 31, 1957, S. 303–345. – Ders., Probleme und Aufgaben der Literaturforschung zum deutschen Spätmittelalter, GRM 40 (= N.F. 9), 1959, S. 217–227
[101]) L.Mackensen (= Anm. 116), S. 753.
[102]) J.Klein im Reallexikon (= Anm. 42), § 5.
[103]) W.Silz, Realism (= Anm. 78), S. 10.
[104]) J.Klein muß selbst zugestehen, daß es »höchst schwierig« sei, die These von der »Urform des Erzählens« zu vereinigen mit der anderen These, »daß die Novelle mit der langsamen Emanzipation des Bürgertums hochkommt«. Streit um die Novelle (= Anm. 37), S. 169.
[105]) H.O.Burger (= Anm. 191), S. 83. – B.v.Wiese, Nov. (= Anm. 241), S. 37f. – F.Sengle, Umfang (= Anm. 33), S. 301. – H.Himmel (= Anm. 75), S. 12. Den entscheidenden wesensmäßigen Unterschied zur modernen Novelle findet Himmel im novellistischen Erzählen: »Der geringe Umfang gegenüber den romanhaften Epen kommt nicht durch komprimiertes Erzählen oder durch Episodenauswahl zustande, sondern bloß durch die geringe Stoffmenge« (S. 13).

Mittelalters beisteuert, stellt Hellmuth Himmel fest, daß die mhd. Novelle historisch keineswegs als Vorform der eigentlichen deutschen Novellistik gelten könne, weil sie keine Tradition begründet hätte.

Dennoch scheint sich die deutsche Novelle des Mittelalters mit der der Neuzeit vom historischen Standpunkt aus verbinden zu lassen. Abgesehen davon, daß eine fehlende Kontinuität noch nicht sicher ausgemacht und daß auch eine nur mehr schwach fließende als Überleitung in eine neue Epoche genügen würde – abgesehen davon könnte man selbst beim gänzlichen Versiegen der Tradition eine Zusammenschau rechtfertigen. Denn wenn der breite Strom der mittelalterlichen Kleinepik verschwunden wäre, so hätten doch die neuen Formen aus dem Süden und ihre Nachbildungen alsbald diese Lücke ausgefüllt und dergestalt in derselben Funktion weitergewirkt wie die ehemalige Kleinepik. Ist es aber nicht eher möglich, ja wahrscheinlich, daß diese neue Art der Literatur noch auf Reste der alten traf und sich mit ihnen, die auch nicht ohne Wandlungen geblieben sein mochten, vermengte? Schließlich bietet uns auch die weitere Entwicklung der Novelle in der Neuzeit keineswegs eine so glatte kontinuierliche Entwicklung, wie man sie gerne annehmen möchte. Bedenklich erscheint es – wir greifen jetzt etwas vor –, wenn man mit kühnem Sprung von Boccaccio zu Goethe setzt und beide unter denselben Gesichtspunkten behandelt. Ist es nicht so, daß die Novelle Goethes von der Boccaccios sicher weiter weg war, als die Novelle Boccaccios von der des Mittelalters? Das wird zu besprechen sein, aber schon jetzt sei darauf aufmerksam gemacht. Denn alle diese Überlegungen zusammen können warnen, zu leicht die mittelalterliche Entwicklung auszuklammern.

*

So gelangen wir denn zu Boccaccio, dem seit Goethe und der Romantik gefeierten Novellendichter, der vielen Kritikern und Forschern heute wie damals nicht nur als Ursprung, sondern zugleich als leuchtendes Vorbild und Ziel jeder Novellendichtung erscheint. Wir aber wollen ihn zunächst nicht als den Vater der Novelle, sondern als den Sohn seiner Zeit sehen. Vor und um Boccaccio liegt das romanische Mittelalter, und es entwickelte eine Fülle von Formen: *exempla, novas, narratio,* und eine Vielfalt von Theorien, die auf die mannigfaltigste Art miteinander zusammenhängen. Walter Pabst hat dies in seinem Novellenbuch behandelt, und in seinem Forschungsbericht sind die Auffassungen anderer Romanisten nachzulesen (vgl. Anm. 51 ff.). Das verwirrende Bild der romanischen mittelalterlichen Novelle wäre sowohl für die Beurteilung der Novelle des deutschen Mittelalters als auch für Boccaccio zu berücksichtigen. Denn es ist klar, daß Boccaccio in einer literarischen Tradition stand, die in ihrer Verbindung zu ihm oder aber in ihrem Gegensatz beachtet werden muß. Hier haben die Romanisten das Wort.

Erich Auerbach[106]) legt eine Untersuchung der 2. Novelle des 4. Tages aus dem 'Decameron' vor und geht von da aus auf Stil und Anlage der Novellen des Boccaccio im Vergleich zu den älteren Novellen ein. Er zeigt, daß der frühe Humanismus, der Wirklichkeit des Lebens gegenüber, keine konstruktiv ethische Kraft besitze, »er senkt die Realistik wieder in die mittlere, unproblematische und

---

[106]) E. Auerbach, Frate Alberto, in: E. Auerbach, Mimesis. Dargestellte Wirklichkeit in der abendländischen Literatur, 2. verbesserte und erweiterte Auflage (= Sammlung Dalp, Bd 90), Francke Verlag, Bern 1959, S. 195–221. – (1. Aufl. 1946). – Vgl. schon Ders., Zur Technik der Frührenaissancenovelle in Italien und Frankreich, Greifswalder Diss., Heidelberg 1921.

untragische Stillage ... und setzt ... als ihr Hauptthema, ja fast als einziges, die Erotik« (S. 218). Boccaccio verzichte, wie Auerbach weiter ausführt, »auf Einheit des Ganzen: er schreibt ein Novellenbuch, in dem vieles nebeneinander steht, zusammengehalten nur durch den gemeinsamen Zweck der gebildeten Unterhaltung« (S. 218). Das Abenteuerliche und Sentimentale überwiege, wobei das Abenteuer »nur das Zufällige, fortdauernd Unerwartete des schnellen und heftigen Ereigniswechsels« sei (S. 220). Seine Novellen hätten keine entschiedene Stileinheit, »seine Realistik, frei, reich und meisterhaft in der Beherrschung der Erscheinungen, vollkommen natürlich in den Grenzen des mittleren Stils, wird flau und oberflächlich, sobald Problematik oder Tragik gestreift werden« (S. 221). Schon diese Untersuchung zeigt uns Boccaccio in einem neuen Licht. Was sagen andere romanistische Forscher?

Aus dem Nachlaß Karl Vosslers wurden in unserer Berichtszeit seine Vorlesungen über ʿdie Dichtungsformen der Romanenʾ herausgegeben und durch Äußerungen aus anderen Schriften ergänzt[107]). Wesentliches wird hier über die Novelle gesagt. Wie Vossler zeigt, bezeichnet *novela* »zunächst eine beliebige volkssprachliche Äußerung, aber – im Unterschied von *romanz* – eine mündliche, keine aus dem Latein übermittelte und umgeschriebene« (S. 306). Im Laufe des 13. Jahrhunderts sei die Novelle »zu einem Ausbund schöner Rede« gediehen. So habe schon die älteste italienische Novellensammlung, das ʿNovellinoʾ »den ausgesprochenen Zweck, das *bel parlare*, das bon mot in der Gesellschaft zu züchten«. Boccaccio habe diese Entwicklung vollendet und die Kunstform der Novelle gerundet – »als einer kurzen plaudernden und geselligen Erzählung von angenehm unterhaltenden Dingen«. Vossler betont immer wieder, daß Boccaccio in seinem ʿDecameronʾ lediglich unterhalten wollte. »Boccaccio schreibt, wie er selbst sagt: *per cacciar la malinconía delle femmine,* und ist sich, so gut wie jedermann, der Minderwertigkeit dieses Unternehmens bewußt. Das ʿDecameronʾ war der Gewissensbiß seines Alters« (S. 307). Seine Genialität sei, »wenn man will, nur eine wesentlich sprachliche«: »Wie etwas Neugeborenes kriecht in diesem Sprachstil das Leben aus der Schale und wundert und freut sich an seinem Körper...« (S. 309). Diese »beschauliche Wunderstimmung« jedoch sei nicht nur die Stimmung des Boccaccio gewesen, »es war ein geistiger Zustand des schwindenden Mittelalters« (S. 310). Auf diese Weise entwirft auch Vossler ein ganz anderes Bild, als es von der germanistischen Novellenforschung gemeinhin gesehen wird. Ebenso abweichend sind die Folgen, die Vossler sieht: »Diese Formkunst und Kleinkunst der Erzählung, deren Vater Boccaccio ist, krankt nun aber seit ihrem Anfang an einer gewissen ästhetenhaften Indifferenz dem Inhalt gegenüber, an einem Formalismus ... Daher eine gewisse formalistische Kälte, Gemütlosigkeit, Frostigkeit der ganzen Renaissance-Novelle anhaftet« (S. 310f.).

Ausführlich geht Walter Pabst auf Boccaccio ein[108]). Er zeigt den Dichter in der Auseinandersetzung mit der Tradition der älteren Novellistik, der er scheinbar folgte, um sie in Wahrheit zu verspotten. Wenn Pabst dergestalt das ʿDecameronʾ Boccaccios als »revolutionäres Unternehmen« hinstellt, das keine Gemeinsamkeit mit den Regeln des Mittelalters habe, so könnte man darin also doch den Beginn einer neuen Theorie und Tradition erblicken? Aber gerade gegen eine solche Auffassung nimmt Pabst energisch Stellung. Er betont, daß das ʿDecameronʾ eben

---

[107]) K. Vossler, Die Dichtungsformen der Romanen, hg. von A. Bauer, K. F. Koehler Verlag, Stuttgart 1951, 336 S.
[108]) W. Pabst, Novellentheorie (= Anm. 53), S. 27ff. u. ö.

isoliert dastehe, »ohne einen Umsturz der geltenden Kunsttheorien herbeizuführen« (S. 40). Der Dichter habe für sich geschaffen und »nie daran gedacht, das Vielfältige und Unterschiedliche als Gattung oder Norm aufzufassen«, wie es Forscher der jüngeren Zeit unter dem Begriff der »romanischen Urform« täten. Im Gegenteil: Boccaccio sei es gerade »auf Vielfalt der *qualità*, auf *licenze* moralischer, stofflicher und formaler Art« angekommen, er habe »nein zu jeder Theorie« gesagt und sich eindeutig zur dichterischen Freiheit bekannt (S. 41).

Wir begnügen uns mit diesen drei Beispielen aus der romanistischen Forschung. Der Germanist trifft auf eine Charakteristik des Boccaccio, die bis ins Gegenteil von der abweicht, die ihm aus seiner eigenen Disziplin so oft entgegentritt. Man vergleiche die schon besprochenen Ausführungen von Johannes Klein oder Hermann Pongs. Es wäre der Einwand möglich, daß Boccaccio wohl auf die von den Romanisten dargestellte Weise geschaffen und für sich selbst keinerlei theoretische Geltung beansprucht haben könnte, daß aber die nachfolgenden Dichter und Theoretiker in seinen Novellen oder nur in einem Teil davon die gültige Norm erblickt und sich danach gerichtet hätten, so daß Boccaccio nun doch den Beginn einer Tradition bilde, daß er die »reine« Novellenform, wenn auch ohne Absicht oder gar wider Willen, geliefert habe. Was antwortet die Forschung auf diesen Einwand?

Daß Boccaccio in der romanischen Literatur keine Schule begründete, hat Pabst deutlich und mit Nachdruck herausgearbeitet. Wie steht es mit der deutschen Literatur? Es ist eine verbreitete Ansicht, daß die deutsche Novellenproduktion mit Goethes 'Unterhaltungen deutscher Ausgewanderten' anhebe, die ihrerseits dem 'Decameron' nachgeahmt worden seien. So sagt Willi Flemming über die deutsche Novelle: »Sie ist erst recht ein unserer Dichtung aufgepfropfter Ast. Goethe und die Romantiker okulierten das Reis. Durch Boccaccio als Vorbild wurde...«[109]). Oder Hermann Pongs mißt Goethes 'Unterhaltungen' lediglich am 'Decameron' und führt dazu aus, daß Goethe damit »die Novelle des Boccaccio als vorbildliche Kunstform in Deutschland« eingeführt habe[110]). Es scheint uns für die Beurteilung der 'Unterhaltungen' jedoch wichtig zu sein, daß Goethe nicht im luftleeren Raum stand. Auch er wirkte in lebendiger Wechselbeziehung mit dem literarischen Schaffen seiner Zeit und konnte es nicht verlassen. So wäre zunächst nach den bestehenden Formen der Erzählung mittlerer Länge zu fragen, die Goethe vorfand, und damit wären die 'Unterhaltungen' zu vergleichen. Hier mangelt es noch weitgehend an Vorarbeiten. Es läge hier ein reiches Arbeitsfeld bereit, das sich von der Entstehungszeit der 'Unterhaltungen' an immer weiter zurück ausdehnen könnte und müßte, in die Barockzeit und schließlich in die Renaissance hinein, bis zum Anschluß an die mittelalterliche Spezialforschung. Dieses Programm fordert also nicht weniger als die bisher so vernachlässigte Geschichte der deutschen Erzählung vom 15. und 16. bis ins 18. Jahrhundert. Bis auf Hellmuth Himmel, der auf die barocken Gesprächsspiele, die moralischen Wochenschriften, auf Schnabel und Lessing, auf Wieland, Wezel u. a. hinweist[111]), hat in der neueren Novellenforschung niemand diese Zwischenzeit berücksichtigt[112]). Auf dieser Grundlage erst

---

[109]) W. Flemming, Dichtungsgattung (= Anm. 16), S. 44.
[110]) H. Pongs, Bild (= Anm. 86), S. 131. In diesem Sinn nennt er Goethe den »Vater der deutschen Novelle«. – Und selbst B. v. Arx, der gegen jedes verbindliche Vorbild Stellung nimmt, stimmt diesem Titel zu, »sofern damit die Übernahme und die Neubelebung der italienischen Renaissance-Erzählung, wie sie vor allem Boccaccio in seinem 'Decamerone' gepflegt hat, gemeint ist« (S. 15).
[111]) H. Himmel (= Anm. 75), S. 18 ff.
[112]) Vgl. die ältere Arbeit von R. Fürst (= Anm. 10) und die Dissertation von Hugo Beyer, Die moralische Erzählung in Deutschland bis zu Heinrich v. Kleist (= Frankfurter

wären Goethes 'Unterhaltungen' zu betrachten, von hier aus sein Verhältnis zu Boccaccio zu prüfen. Denn es ist klar, daß Goethe seiner Zeit viel näher stand als jener fernen fremden und daß also andererseits – wir wiederholen das nun in umgekehrter Richtung – Boccaccio näher dem Mittelalter als zu Goethe stand.

Freilich stellte auch Hermann Pongs schon gewisse Unterschiede zwischen Boccaccio und Goethe heraus. Aber da er ein Bild von Boccaccio entworfen hatte, das den Ergebnissen der romanistischen Spezialforschung nicht entspricht, kann dieser Unterscheidung kaum ein Erkenntniswert zugesprochen werden. Viel tiefer greift Josef Kunz, der bei Goethe das Neue in Schicksalsbewältigung, Erzählhaltung, Motivgestaltung und soziologischer Voraussetzung eindringlich aufzeigt[113]). Radikal geht Walter Pabst vor. Für ihn ist die Nachahmung Boccaccios durch Goethe kein Beweis einer Kontinuität der Entwicklung. Er lehnt es ab, von der Wiederbelebung des Rahmenschemas auf die Existenz einer von ihm umschlossenen festen Erzählform zu schließen. Vielmehr hätte man lediglich einen historischen Fund gemacht, und was auf Grund dieser literarhistorischen Entdeckung entstanden sei, »war eine ihrer Künstlichkeit bewußte Restauration und ein Formexperiment zur Einkleidung völlig neuer Aussagen«. Denn »nicht die Novelle und ihre Gesetze waren konstant geblieben, wenn Goethe die gesellschaftsgebundene Form des 'Decameron' in den 'Unterhaltungen' wiederaufklingen ließ, sondern das Genie erforschte seine eigene Potenz am Muster eines fremden Darbietungsschemas – eine gerade für Goethe typische Verfahrensweise. Was aber im fremden Ornament, in der archaischen Form, in der künstlich übernommenen Erzählhaltung sich präsentierte, hatte mit Boccaccios künstlerischer Gesinnung, mit dem ästhetischen Gewicht seines Rahmens oder seiner einzelnen Erzählungen nichts mehr gemein. Es handelte sich also nicht um ein Jasagen zu einer Gattung und ihrem vorgeblichen Gesetz«[114]).

Mit der Frage nach der Beziehung Boccaccios speziell zu Goethe ist es noch nicht getan. Es muß auch nach Boccaccios Beziehung zur allgemeinen deutschen Novelle des 19. Jahrhunderts gefragt werden. Wenn die Forschung das Verhältnis verfolgt, so zieht sie denn doch mehr oder minder tiefe Trennungslinien, und zwar entweder zwischen Boccaccio und Goethe oder aber zwischen Goethe und Kleist. Diese letzte Trennungslinie hat Hermann Pongs herausgearbeitet (s. oben). Viele sind ihm darin gefolgt. Walter Silz betont, daß Goethe weniger »der Begründer der deutschen Entwicklung«, als vielmehr »der deutsche Vollender der älteren romanischen Entwicklung« sei. Und er führt über die 'Unterhaltungen' aus, daß Goethe »weder zu dieser Zeit noch späterhin die tieferen poetischen Möglichkeiten der neuen Gattung begriffen zu haben« scheine. Die neue Form entstünde vielmehr erst durch Kleist: »Mit Goethe erreicht im wesentlichen der ältere, romanische Novellentyp in deutschem Gewande seinen Gipfelpunkt, während von Kleist die neue, spezifisch deutsche Form ausgeht, die um die Mitte und in der zweiten Hälfte des 19. Jahrhunderts ihre feinste Blüte erreicht«[115]).

Das Problem des Weiterlebens der Boccaccionovelle im 19. Jahrhundert – jetzt

---

Quellen u. Forschungen zur germ. u. roman. Philologie, 30), Frankfurt a. M. 1941. – Dazu in unserer Berichtszeit die Dissertation von Ursula Borchmeyer, Die deutschen Prosaerzählungen des 18. Jh.s. Unter besonderer Berücksichtigung der Zeitschriften 'Der Deutsche Merkur' und 'Das Deutsche Museum'. Münster 1955 [Masch.].

[113]) J. Kunz (= Anm. 74), Sp. 1795 ff.
[114]) W. Pabst, Novellentheorie (= Anm. 53), S. 238.
[115]) W. Silz, Theorie (= Anm. 80), S. 83 ff.

ohne Rücksicht auf die Stellung Goethes, ob er sich dahin oder dorthin mehr neige
– dieses Problem, das Pabst kategorisch ablehnt, kann eindringlich an Hand eines
zusammenfassenden Berichtes von Lutz Mackensen entwickelt werden, weshalb diesem in seinem methodischen Gang zu folgen ist [116]). Mackensen fragt, wo
man die bestimmenden, gültigen Novellenmerkmale sammeln, woher man sie ableiten solle: aus der Bezeichnung, aus den Ursprüngen, aus der Entwicklung? Jede
dieser Ansatzstellen sei brüchig. Für die erste zeigt er, daß das »Neue« nicht im
Inhalt, sondern in der Form liege, es erwachse »der Vorrang der Form und der
Bezug auf eine gesellschaftliche Situation« (S. 752). Was den Ursprung der Gattung
angeht, so stellt Mackensen fest, »daß die Novelle mit dem Anspruch in die Geschichte trat, dem absterbenden alten einen neuen Stil entgegenzustellen« (S. 753),
daß es ihr nicht um den Inhalt, sondern allein um die Wirkung auf einen bestimmten Personenkreis gegangen sei. »Die Novelle ist also, das kann man ihren Anfängen ablauschen, keine der uralten, der 'ewigen' Formen« (S. 754). Diese Feststellung ist wichtig und Mackensen scheut zunächst auch vor den Folgerungen nicht
zurück. Die Novelle sei ihrer Geburtsstunde inniger verhaftet als das Sonett etwa,
und es hätte viel dafür gesprochen, daß sie mit ihrer Zeit dahingegangen wäre. In
der Tat müsse die Novelle verdächtig werden, »sobald sie sich aus den Zusammenhängen ihrer Ursprünge löst«. Dennoch – und damit kommt Mackensen zu seiner
dritten Ansatzstelle, der Entwicklung der Novelle – habe sie fortgelebt, »obwohl
ihr der Mutterboden bald entglitt« (S. 754). Mackensen sieht »die Stunde der
Wende« für die Novelle bei Goethes 'Unterhaltungen'. In Deutschland hätte sich
eine neue, die deutsche Spannung ergeben, – »und sie wurde, da sie an die Substanz
griff, die gefährlichste: sie ergab sich aus einer Kernverlagerung« (S. 755). Es wird
entschieden ausgesprochen, daß diese neue deutsche Form der Novelle »kaum
noch an die Ursprünge« erinnere. Geschwunden sei der unbedingte Vorrang der
Form vor der Inhaltsfügung, der gesellschaftlich bedingte Abstand des Erzählers,
die Einsträngigkeit der Handlung. Aus der Artverwandten der Anekdote, des
Schwankes werde eine Nachbarin des Romans. Auf diese eminente Verschiedenheit gegenüber der Renaissancenovelle wie auf die Unsicherheit, Widersprüchlichkeit und Subjektivität der Theoretiker des 19. Jahrhunderts erneut schärfstens hingewiesen zu haben, ist ein Verdienst Mackensens. Und so stellt er, die Summe ziehend, die Frage: »Haben wir, wenn anders wir Gewicht darauf legen, mit klaren
Begriffen zu arbeiten, Recht und Möglichkeit, unter den geschichtlichen Verhältnissen noch von Novellen zu sprechen?« (S. 756). Auf Grund der von ihm selbst
dargelegten Entwicklung wäre diese Frage mit einem klaren Nein zu beantworten.
Man könnte in konsequenter Verfolgung der hier vorgebrachten Resultate sogar
formulieren, daß die Novelle nicht etwa heute erst tot sei, wie man das gelegentlich hört, sondern daß sie schon am Beginn des 19. Jahrhunderts gestorben sei.
Solche radikale Formulierung vermag das Dilemma aufzuzeigen, in das jeder geraten muß, der von den Kennzeichen der Renaissancenovelle her den Blick auf die
deutsche Entwicklung richtet: er muß die Novellenform im Deutschland des
19. Jahrhunderts für zertrümmert, den Namen Novelle für vogelfrei erklären, wie
das tatsächlich Adolf v. Grolman getan hat (vgl. Anm. 6) – oder er darf von vornherein keine Kennzeichen aus der Renaissancenovelle ableiten.

Mackensen zieht solche Konsequenzen nicht, obwohl sie gerade durch seine
Darstellung nahegelegt werden. Vielmehr knüpft er in einem zweiten Teil – den
er mit der Frage: »Was steht also fest?« überschreibt – wiederum an die florenti-

---

[116]) L. Mackensen, Die Novelle, Studium Generale, 11. Jg., 1958, S. 751–759.

nische Novelle des 13. Jahrhunderts an und nimmt Boccaccio wie »überall und zu allen Zeiten, wo der Begriff aufklang, als Prüfstein, Gradmesser oder doch als Gegenwert« (S. 756). Bei ihm findet er zwei Grundsätze: »Unaufdringlichkeit und Abstandshaltung«, die beide für die Novelle maßgebend seien. Der erste zeige sich in der »Spannung zwischen einer eingängigen Einfachheit und einem nur langsam entfalteten Bezug auf Zusammenhänge« (S. 757), in der scheinbaren Absichtslosigkeit, welche viel Bewußtsein beim Schaffenden voraussetze, aber auch in der Nähe zum Symbol, aus welcher wieder die Wendung zur Typologie folge. Der Abstand drücke sich in der scheinbaren Unbeteiligtheit aus, er führe wiederum in »jene Spannung, die das eigentlich Novellistische an der Novelle ist« (S. 757), er führe aber auch zur Wirklichkeitsnähe. Als weitere Tatsache steht für Mackensen fest, »daß die Novelle bis zu ihrer Bedrohung durch das 19. Jahrhundert im und aus dem gesellschaftlichen Raum lebte« (S. 758). Daraus leitet er die Merkmale der Mündlichkeit, der Kürze, der Unterhaltsamkeit und der Geschlossenheit der Form ab, – wobei er so extreme Ansichten vertritt, daß er das laute Vorlesen der Novelle fordert oder die Länge der Geschichten Boccaccios als Vorbild hinstellt: »mehr als eine knappe Stunde nähme auch die längste (X 8), weniger als fünf Minuten auch die kürzeste (I 9) den Vorleser nicht in Anspruch. Das sind ungefähre Maße; sie geben dem Anliegen des Dichters genug Spielraum. Aber zwischen ihnen etwa muß er sich bewegen, wenn er den Kreis nicht sprengen will« (S. 758). Mackensen betont, daß die Gesellschaft, die allein einen Gesprächswert setzen und pflegen könne, im 19. Jahrhundert nicht geschwunden sei, sie sei nur »zersprengt« worden und lebe in »Rückzugsgebieten« weiter, denn »es gab und gibt auch einen 'Novellenkreis', d. h. Menschen, die für die Eigenart der Novelle empfänglich geblieben sind und die Voraussetzungen dafür unter sich und für sich pflegen«. So kommt denn Mackensen zu dem – sich ausdrücklich gegen Pongs und Klein wendenden – Schluß: »Denn eine Erzählart, das ist die Novelle, nicht eine 'Gattung', keine 'Urform des Erzählens' und erst recht kein Abbild des Lebens schlechthin« (S. 759).

Der zweite Teil des Aufsatzes – in seiner Sichtweise offenbar von der Volkskunde beeinflußt, in der Mackensen ja bedeutende Arbeiten veröffentlichte – hat etwas abseits geführt. Er bedeutet einen interessanten Versuch, mit volkskundlich-soziologischen Methoden zu einem Ziel zu kommen, stellt sich aber als ein Rückfall in eine, wenn auch andersartige, normative Auffassung heraus. Einigen Merkmalen werden wir in unserem IV. Teil wieder begegnen (vgl. unter Anm. 176ff.). Kehren wir jedoch zu dem Schluß des ersten Teiles und zu unseren Folgerungen daraus zurück. Daß die deutsche Novelle des 19. Jahrhunderts – ob mit Goethe oder mit Kleist beginnend, das steht hier nicht zur Debatte – etwas Neues ist, wird allenthalben, von Pongs und Klein bis Silz und Schunicht, also von ganz verschiedenen Auffassungen und methodischen Richtungen, herausgestellt, betont und bewiesen. Warum scheut sich dann der eine Teil der Forschung so sehr, die Konsequenz zu ziehen, warum hält er mühsam an Gemeinsamkeiten mit der italienischen Renaissancenovelle fest? Der Grund liegt wohl darin, daß Goethe und die Romantiker, später Heyse und etwa Paul Ernst – also Dichter des 19. Jahrhunderts selbst – auf Boccaccio hingewiesen oder ihn als Vorbild betrachtet hatten. Aber für die Entwicklung und Erscheinungsform der deutschen Novelle im 19. Jahrhundert gilt nicht, was einige Dichter in einigen Äußerungen gesagt haben. Außerdem ist zwischen Goethe und den Romantikern einerseits, Heyse und Ernst andererseits zu unterscheiden. Die ersten stehen am Beginn einer neuen Entwicklung, sie vermögen selbst noch gar nicht zu beurteilen, wie weit sie geistes- und dichtungsgeschichtlich von Boccaccio entfernt sind, wie anders sie schaffen und wohin dieser Ansatz führen wird. Die späteren sind als schwächere Dichternaturen von vornherein epigonal eingestellt und dem fernen italienischen Ideal verpflichtet. So betont auch Fritz Martini für die 2. Hälfte des 19. Jahrhunderts: »Je bedeutender ein Dichter war, um so eigengeprägter wurde seine Formgestaltung. Nicht zufällig war Heyse, der einen normierten Formtypus stabilisieren wollte, der künstlerisch geringere Erzähler«[117]). Der Hinweis auf Boccaccio durch Dichter des 19. Jahrhunderts ist wohl als historische Erscheinung, nicht aber als verpflichtender Auftrag zu betrachten.

Warum sollte man dann nicht klar und deutlich aussprechen, daß die deutsche Novelle des 19. Jahrhunderts mit der italienischen der Renaissance nicht viel mehr als den Namen gemeinsam hat? Dazu kommt, daß beide Gruppen auch in sich keineswegs einheitlich sind. Grolman hatte schon recht, als er von der Zertrümmerung der Novellenform im 19. Jahrhundert sprach. Sein Fehler war nur, daß er das Gewicht einseitig auf die Renaissancenovelle verlegte und von dort allein das Maß nahm. Unterdessen ist die Forschung weitergekommen. Man ist dabei, auch die deutsche Gruppe in ihrer Eigenart und Vielfalt zu verstehen: Friedrich Sengle ist für das Biedermeier, Fritz Martini für den Realismus zu nennen[118]). Auch sonst wird die Verschiedenartigkeit der Renaissancenovelle immer stärker betont, der Ruf nach einer strengen Trennung immer lauter erhoben. Arno Mulot nennt die Novellen Boccaccios »die säkularisierte 'Rechtsnachfolgerin' der mittelalterlichen Heiligenlegende«, weil sie wie diese kein zusammenhängendes Weltbild ergäben, sondern vielmehr eines voraussetzten. Daher »läßt sich ... die altitalienische Novelle nicht wiederholen«[119]). Heinrich Henel betont zur Frage nach einer Definition der deutschen Novelle des 19. Jahrhunderts: »Man wird nicht weiterkommen, solange man die italienische Renaissancenovelle und die viel spätere und kompliziertere deutsche Novelle unter einen Hut bringen will«[120]). Manfred Schunicht wendet sich scharf gegen den Glauben, daß »die Sache mit dem Wort wanderte«, daß also mit dem Namen Novelle auch die Form von Boccaccio übernommen worden sei[121]). Und Benno v. Wiese führt gewichtig aus: »Es gilt sich damit abzufinden, daß die in der neueren deutschen Dichtung entwickelten Formtypen der Novelle nicht nur art-, sondern wesensverschieden sind von dem breiten Strom der Novellistik, der jahrhundertelang sich in den romanischen Kulturkreis ergießt«[122]).

*

Während ein Teil der Forschung die Verbindung der deutschen Novelle zu Boccaccio ablehnt, hält ein anderer nach wie vor daran fest und gewinnt gerade aus dem 'Decameron' – und im unmittelbaren oder mittelbaren Anschluß aus Goethes 'Unterhaltungen' – bestimmende Merkmale für die Novelle überhaupt: vornehmlich den Rahmen und die gesellschaftliche Situation. Beide werden miteinander

---

[117]) F. Martini, Novelle (= Anm. 45), S. 260, und ähnlich in seinem Buch (= Anm. 48), S. 611 ff.
[118]) F. Sengle (= Anm. 83 f.) – F. Martini (= Anm. 44 ff.). – Dazu gibt es noch eine Reihe von Dissertationen, für das 20. Jahrhundert etwa: Inge Jens, geb. Puttfarcken, Studien zur Entwicklung der expressionistischen Novelle, Diss. Tübingen 1954. Helmut Liede, Stiltendenzen expressionistischer Prosa. Untersuchungen zu Novellen von A. Döblin, C. Sternheim, K. Edschmid, G. Heym und G. Benn, Diss. Freiburg i. Br. 1960.
[119]) A. Mulot (= Anm. 180), S. 5. – Vgl. auch den Text zu Anm. 194.
[120]) H. Henel (= Anm. 192), S. 117.   [121]) M. Schunicht (= Anm. 152), S. 45.
[122]) B. v.Wiese, Nov. II (= Anm. 236), S. 9. – Ähnlich Nov. (= Anm. 241), S. 3.

in Beziehung gesetzt, da eine Gesellschaft, die sich Novellen erzählt, den Rahmen des 'Decameron' abgibt, und der Novellenrahmen auch weiterhin oft aus geselligem Erzählen besteht. Wie verhält es sich damit?

Oskar Walzel hat in der wissenschaftlichen Literatur zuerst auf diese beiden Punkte hingewiesen, aber er tat es in seiner behutsamen und feinen Art, die fern jeder Starrheit war. Wir möchten hier Walter Pabst nicht beistimmen, wenn er Walzel vorwirft, daß er die fiktive Bedeutung des Rahmens ignoriert habe. Durch den Hinweis auf Friedrich Schlegels Begriff der Ironie und durch seine folgenden Ausführungen scheint uns Walzel dieser Bedeutung durchaus gerecht geworden zu sein[123]). Dennoch ist der Angriff Pabsts auf das Kennzeichen des gesellschaftlichen Momentes von größter Wichtigkeit, wenn nicht für die Beurteilung Walzels, so für die Forschungslage unserer Berichtszeit. Nicht einmal im Italien der Renaissance hätte dem Rahmen in der Novelle eine kulturhistorisch nachweisbare gesellschaftliche Gepflogenheit entsprochen, behauptet Pabst. Denn »es war bereits seit 1902 nachgewiesen, daß – sogar in der Zeit der Hochblüte novellistischer Rahmenerzählungen nach dem Muster des 'Decameron' – das Novellieren in Italien kein Brauch oder Gesellschaftsspiel war und daß offenbar niemals versucht worden ist, auch nur einen Tag des 'Decameron' reihum nachzuerzählen«. Wir können diese Behauptung und die angeführten Quellen und Untersuchungen nicht nachprüfen, aber wir müssen feststellen, daß in der erst nach Pabsts Forschungsbericht einsetzenden Flut von einschlägigen Arbeiten ständig die Meinung von der gesellschaftlichen Grundlage der Novelle wiederholt wurde, ohne daß seines schwerwiegenden Einwandes auch nur gedacht worden wäre.

Die Ausführungen von Lutz Mackensen über diesen Punkt haben wir besprochen. Weitaus oberflächlicher rückt R. J. Humm[124]), von Goethes falsch zitierter Definition ausgehend, das gesellschaftliche Moment in den Mittelpunkt seines Essays: »Die Novelle verteidigt die Gesellschaft, sie bejaht sie in ihrer bestehenden Form« (S. 8). Der Novellist erreiche den Leser über einen Kreis fingierter Figuren, innerhalb dessen er annehme, daß die Geschichte erzählt worden sei. Aber: »Ob er diese Figuren ausdrücklich erwähnt oder nicht, bleibt sich gleich; daß er sich einen solchen Figurenkreis während des Schreibens vorstellte, ist das entscheidende Merkmal der Novelle« (S. 9). Damit aber nennt Humm ein Merkmal, das selbstverständlich für jedes Erzählen gilt[125]). Aus der Forderung nach einer »gesellig geeinten Gesellschaft«, aus der allein Novellen »als natürliches Gewächs« entstünden (S. 11), leitet Humm seine anderen Elemente der Novelle ab: die »Indirektheit« (S. 8), den Rahmen, das »Supponierte, das Unterstellte« (S. 15), das Auftreten in Zyklen (S. 18). Er hat bei dieser Bestimmung ganz wenige Werke im Auge: 'Decameron', 'Heptameron', '1001 Nacht', 'Unterhaltungen deutscher Ausgewanderter' (sic!) – und ihnen schreibt er normative Geltung zu. Dergestalt findet er seine Novellenmerkmale in einer ägyptischen Geschichte aus dem 2. vorchristlichen Jahrtausend, lehnt aber die Existenz einer deutschen Novelle im 19. Jahrhundert weitgehend ab. »Die letzten echten Novellen in deutscher Sprache schrieb Gottfried Keller, der sich auf die gesellig geeinte Gesellschaft der jungen aufstrebenden Zürcher Republik stützen konnte« (S. 25).

---

[123]) O. Walzel (= Anm. 2), bes. S. 175 ff. – W. Pabst, Forschungsbericht (= Anm. 51), S. 86.

[124]) R. J. Humm, Brief über die Novelle (= Bühl-Verlag-Blätter, Nr. 2), Bühl-Verlag, Herrliberg-Zürich 1945, 31 S. (Also schon vor Pabst geschrieben). – Zum Goethezitat vgl. Anm. 144.

[125]) Ähnlich bei Lockemann, vgl. den Text zu Anm. 129 f. – Zum allgemeinen Problem vgl. den Text zu Anm. 282.

Auch Helmut M. Braem will mit dem Zerfall der Gesellschaft die Form der Novelle zerfallen lassen[126], - im Gegensatz zu Johannes Klein, der mit dem Zusammenbruch einer in sich geschlossenen Gesellschaft »die literarische Spiegelung an die Stelle des unmittelbaren Erzählens« treten läßt und im übrigen auch in der Rahmennovelle nicht die charakteristische Gestalt der Novelle sieht[127].

Das wiederum tut Fritz Lockemann, der eine eigene Studie über die Bedeutung des Rahmens vorlegte und sie dann in seinem Novellenbuch zum Teil wörtlich wiederholte[128]. Wir können uns auf das Buch beschränken. Lockemann findet – in der üblichen Vereinfachung und ohne weitere Begründung – für die deutsche Novelle des 19. und 20. Jahrhunderts »eine klar überschaubare Entstehungssituation« vor: »Es handelt sich um die Übernahme der Form des 'Dekamerone' Boccaccios in Goethes 'Unterhaltungen deutscher Ausgewanderten'. Wenn wir uns das Recht nehmen, dies Ereignis als Anfang der deutschen Novellengeschichte anzusetzen, so muß sich in Goethes Zyklus das Merkmal finden lassen, das geschichtlich wirksam geworden ist. Es müßte von den Nachfolgern übernommen und weitergetragen, in allen Veränderungen seiner Erscheinungsweise erkennbar geblieben sein und sich so als der Kern erweisen, der die Novellendichtung bestimmt«. Dieses Merkmal ist für Lockemann »der Rahmen oder vielmehr eine bestimmte Rahmenfunktion«, nämlich die Überwindung eines chaotischen Zustandes und die Aufrichtung einer Ordnung: »Eine sich auflösende Gesellschaft wird durch das Erzählen von Novellen zusammengehalten«. Über die weiteren Folgerungen Lockemanns aus dieser »Ordnungsfunktion« des Rahmens wurde oben gesprochen. Hier ist festzuhalten, daß er in der »Rahmennovelle so etwas wie den Prototyp der Novellenform« sieht. Was aber, wenn kein Rahmen mehr vorhanden ist? Da läßt Lockemann nicht wie andere die Novelle sterben, sondern er behilft sich mit den verschiedensten Möglichkeiten der Rahmung, in diesem Fall besonders mit dem »offenen Rahmen«. Hier stünde »der Erzähler den Hörern oder besser den Lesern der Wirklichkeit gegenüber, meist also in absentia durch sein Buch«, doch liege »die Erzählsituation, die Erzähler und Hörer einschließt, auch wenn sie auf diese Weise auf die Wirklichkeit übergreift, immer als Rahmen um die Novelle. Von hier aus gesehen ist die ungerahmte Novelle ein Grenzfall der gerahmten«. Lockemann übersieht, ähnlich wie Humm (s. oben), daß eine solche Erzählsituation in jeder erzählenden Dichtung vorhanden ist, wie das besonders die Forschungen Wolfgang Kaysers herausgearbeitet haben[129]. Er verfällt in denselben Fehler, Allgemeingültiges auf die Novelle einzuschränken, den wir in seiner anderen Beweisführung aufzeigen konnten[130]. Mit solchen Ausweitungen gewinnt Lockemann nicht nur keine Beweise, sondern er führt seine eigene Theorie ad absurdum.

Eine ganz andere Einstellung vertritt Rafael Koskimies, aus dessen Theorie der Novelle wir den Abschnitt über den idealen Erzähler hier einreihen müssen[131].

---

[126] H. M. Braem (= Anm. 57), S. 574 ff.
[127] J. Klein (= Anm. 36), S. 31 ff.
[128] F. Lockemann, Die Bedeutung des Rahmens in der deutschen Novellendichtung, Wirkendes Wort, 6. Jg., 1955/56, S. 208–217. – Ders., Gestalt (= Anm. 70), S. 11 ff.
[129] Vgl. hiezu Wolfgang Kayser, Wer erzählt den Roman?, in: W. Kayser, Die Vortragsreise. Studien zur Literatur, Francke Verlag, Bern 1958, S. 82–101. – Ders., Entstehung und Krise des modernen Romans (= Sonderdruck aus DVjs., Bd 28, Heft 4), 2. Aufl., J. B. Metzlersche Verlagsbuchhandlung, Stuttgart 1955, 36 S. – Ders., Sprachl. Kunstwerk (= Anm. 231), S. 349.
[130] Vgl. den Text zu Anm. 73 und zusammenfassend den Text zu Anm. 282.
[131] R. Koskimies (= Anm. 195), S. 67–70.

Auch Koskimies geht, zunächst der üblichen Auffassung folgend, von Boccaccio aus: er »schuf die neuzeitliche, wirklich künstlerische Novelle, in der der Stoff weniger bedeutete als die Form und der Geist. In ganz entscheidender und vorbildlicher Weise schuf er zugleich den idealen Erzähler der Novellensammlung«. Dieser ist für Koskimies dadurch typisch und augenfällig gekennzeichnet, »daß er pluralisch auftritt« – Koskimies meint damit jene florentinische Gesellschaft, ja er sieht Kern und Sinn der Rahmenerzählung darin, daß es mehrere Erzähler gebe, von denen jeder seinen eigenen Erzählstandpunkt habe. Diese Pluralität könne auch dort bestehen, wo sich der ideale Erzähler als eine einzige Person zeige. Denn der Rahmenerzähler könne sich auf »Hilfserzähler« berufen, wie es etwa Scheherezade täte. Mit solchen Überlegungen ist ein frischer Ton im traditionellen Konzert der Novellentheorien angestimmt. Wenn Koskimies ein altes, willkürlich gespieltes Motiv dabei übernimmt: »Die Ursituation der Novellenform ist also in einer vielköpfigen Gesellschaft zu Hause«, so schreitet er sogleich zu Neuem fort. Denn er weist dieses »ideale Erzählerkollektiv« nicht nur den Novellensammlungen zu, es sei vielmehr mit seinem »Wechsel des Gesichtswinkels auch für Romane großen Stils charakteristisch..., einerlei um was für Arten von Romanen es sich handelt«. Als »äußerst sprechendes Beispiel dafür, wie die Grenzen des großen Romanbaus und des umfangreichen Novellenzyklus einander berühren, ja fast verschmelzen«, nennt er mit gutem Grund die 'Wanderjahre', aber auch den 'Tristram Shandy' oder Faulkners 'Wildpalmen' (S. 69). So kommt Koskimies zu dem (ersten) Resultat, daß eine Novellensammlung, die auf die eine oder andere Weise als organische Ganzheit entstanden sei, und ein großer Romanorganismus die gemeinsame Eigenschaft zu haben scheinen, »daß ihr Erzähler in erster Linie als Erzählerkollektiv zu denken ist«. Koskimies bezieht auch Sammlungen von Einzelnovellen eines bestimmten Dichters ein, denn er ist der Meinung, es »hätte jeder beliebige neuzeitliche Novellist recht leicht seiner Sammlung eine Rahmenerzählung geben können, wo der ideale Erzähler, das Erzählerkollektiv, kernig und anschaulich skizziert würde«. Das trifft zweifellos oft zu, E. T. A. Hoffmann handelte in der Tat so mit seinen 'Serapionsbrüdern', in neuerer Zeit faßte Paul Ernst seine Novellen in Rahmenzyklen zusammen und löste sie wieder daraus (vgl. unter Anm. 164). Aber wie verhält es sich bei Novellen, die vereinzelt herausgebracht (Grillparzer, Droste Hülshoff) oder einzeln für sich betrachtet werden? Jedenfalls ist nach Meinung Koskimies' vom theoretischen Standpunkt eine Rahmenerzählung durchaus nicht notwendig, »denn der ideale Rahmen läßt sich auch ohne sie klar genug feststellen und erkennen«.

Das bedeutet nun nicht dasselbe Ergebnis wie bei Lockemann, sondern gerade das Gegenteil. Schon die Begriffe »idealer Erzähler« und »idealer Rahmen« sind ganz anders verstanden und nicht vom 'Decameron' her als Forderung auf die Novellendichtung übertragen, sondern sie sind als poetologische Typen[132]) gefaßt und in diesem Sinn für die Novelle verwendet. Damit wird nicht Allgemeingültiges auf die Novelle eingeschränkt und als ihr Merkmal bezeichnet, sondern die Novelle bewußt aus ihrer Einschränkung herausgeführt und an die allgemeingültige Poetik der Erzählkunst angeschlossen.

So löst Koskimies den Rahmen ganz vom gesellschaftlichen Moment, und er trifft sich da – wenn auch ein anderes Ziel im Auge – mit Walter Pabst. Dieser ist noch einmal zu nennen, weil er auch in seinem Buch auf die Frage nach Rahmen

---

[132]) »Typen« sind hier so verstanden, wie sie E. Lämmert (= Anm. 20f.) definiert. – Vgl. zu dieser Auffassung des Rahmens auch H. Seidler (=Anm. 232), S. 514 ff.

und Gesellschaft eingeht und die gesellschaftliche Funktion des Rahmens wieder entschieden bestreitet: »Diese Gesellschaftskunst hat in Wirklichkeit niemals Formen angenommen, wie sie die Rahmenerzählung des 'Decameron' beschreibt, sondern sie war reine Fiktion, lange bevor man an die massenhafte Verbreitung von Büchern dachte. Das Erzählen als Kunst war von Anfang an Literatur, der erzählende Mensch, dessen Mund vollendete Märchen, Novellen, Wortkunstwerke entströmen, war immer Fiktion«. So seien auch die Distanzen des Rahmens Fiktion, nichts als Darbietungsform, bestimmt durch die Erzählhaltung. Auf diese verschiedenen Erzählhaltungen komme es in der Novellistik weit eher an als auf eine strenge oder feste Novellenform[133]).

Schließlich sind in diesem Zusammenhang Untersuchungen zu nennen, die den Rahmen zwar nicht als unbedingtes Kennzeichen der Novelle ansprechen, ihn aber in ihren Ausführungen auf diese oder jene Weise aufnehmen. Nino Erné prüft das Verhältnis des Rahmens zur erzählten Geschichte und erhebt die Forderung, daß der alte gesellschaftliche Rahmen in neuerer Zeit nur dann gerechtfertigt, das heißt künstlerisch lebendig sei, »wenn er nicht nur zur Einordnung dient, sondern einen möglichst weit durchgeführten Bezug auf die Geschichte selbst hat«. Als Höhepunkt wird der neue von Mérimée geschaffene großangelegte perspektivische Rahmen gezeigt, von ihm aus das Problem der Erzählsituation behandelt[134]).

Manfred Schunicht sieht im Rahmen das äußerste artistische Mittel des Novellenerzählers, seine scheinbare Objektivität zu erreichen[135]). Das alles ist zweifellos richtig, jedoch nicht für die Novelle allein maßgebend.

Die aus dem 'Decameron' abgeleiteten Merkmale Gesellschaft und Rahmen dürfen also nicht als allgemeinverbindlich für die Novelle angesehen werden. Aber das 'Decameron' ist nur eine Quelle, aus der die Novellenforschung schöpft. Eine andere, wichtigere, sind die Äußerungen deutscher Dichter und Kritiker seit Goethe.

*

Überprüft man, wieweit die Ansichten der Dichter und Kritiker des 19. Jahrhunderts über die Novelle in der heutigen Novellenforschung genannt und übernommen werden, so fällt sogleich auf, daß immer wieder dieselben Äußerungen derselben Dichter behandelt, diese aber mit kanonischer Geltung beschwert sind. Darüber wird noch zu reden sein. Vorerst fragen wir, wo man die Novellentheorien des 19. Jahrhunderts in möglichster Vollständigkeit beschrieben und behandelt finden kann.

Es liegt nahe, zuerst nach der 'Geschichte der deutschen Poetik' von Bruno Markwardt zu greifen[136]). Unser Problem erscheint im weiten Rahmen dieses

---

[133]) W. Pabst (= Anm. 53), S. 241 ff. – Da von anderer Seite, etwa von J. Klein, auf die öffentlichen Erzähler hingewiesen wurde, ist zu erwähnen, daß Pabst auch solche Erscheinungen (die erzählende Großmutter) in seine Überlegung einbezieht.
[134]) N. Erné (= Anm. 181), S. 30ff., Zitat S. 41.
[135]) M. Schunicht (= Anm. 152), S. 60. – Vgl. ferner Dieter Stephan, Das Problem des novellistischen Rahmenzyklus. Untersuchungen zur Geschichte einer Darbietungsform von Goethe bis Keller, Diss. Göttingen 1960 [Masch]. Dazu das Selbstreferat in Germanistik, III. Jg. 1962, S. 118, Nr. 374.
[136]) B. Markwardt, Geschichte der deutschen Poetik (= Grundriß der germanischen Philologie, Bd 13/I–V), 5 Bde, Verlag Walther de Gruyter, Berlin 1937ff.; Band III: Klassik und Romantik, 1958, 730 S., Band IV: Das neunzehnte Jahrhundert, 1959, 750 S., Band V: noch nicht erschienen.

Standardwerkes verschwindend klein, dennoch müssen wir dieses an unserem Spezialfall durchprüfen und die Frage stellen: Läßt sich aus Markwardts Geschichte der deutschen Poetik eine Geschichte der deutschen Novellentheorie herauslösen? Im III. Band, der Klassik und Romantik behandelt, betont Markwardt, daß Goethe die Sonderform der Novelle mit seinen 'Unterhaltungen deutscher Ausgewanderten' »im Sinne der angewandten bzw. werkimmanenten Poetik mustersetzend in Pflege genommen hatte«; er habe sie jedoch – über die Novellen der 'Guten Weiber' und der 'Wanderjahre' hin – »erst grundsätzlich und ganz bewußt als eigene Gattung der Epik herausgestellt in der sogenannten 'Novelle'« (S. 107). Ja die 'Novelle' scheine – so scharf wird formuliert – »gleichsam demonstrativ und repräsentativ als Musterfall in gattungstypologischer Hinsicht erfaßt und eben als 'Novelle' gedeutet zu werden« (S. 107f.). Mit dieser extremen Haltung[137]) sieht Markwardt in Goethes berühmter Definition und, vor allem, in ähnlichen Formulierungen in der 'Novelle' selbst, mehr »als eine etwas von oben her vollzogene Notlösung«, er findet hier, wie schon in Äußerungen in den 'Unterhaltungen', deutlich ausgesprochene Inhalts- und Formkriterien für die Gattung Novelle (SS. 108 u. 506). Diese seien mustersetzend im engeren Sinne für Tiecks Theorie vom Wendepunkt geworden (S. 107). Tiecks Theorie aber nennt er in einem Exkurs über »werkimmanente Poetik« bei Tieck nur flüchtig und will sie aus der Peripetie des Dramas ableiten (S. 574). Das ist alles, was über die Novellentheorie in diesem III. Band gesagt wird. Die Äußerungen von August Wilhelm und besonders von Friedrich Schlegel bleiben unberücksichtigt. In der Novellendichtung selbst stellt Markwardt allen voran E. T. A. Hoffmann: »In der gesamten Romantik gibt es ... keinen Dichter, der dem Novellistischen so überzeugend und wirkungsvoll die verwirklichende Form und Fassung verliehen hätte wie E. T. A. Hoffmann. Denn die an sich genialere Novellenart H. v. Kleists bleibt zu sehr auf die Sonderart der spezifisch dramatischen Novelle beschränkt« (S. 669). Damit weicht Markwardt von der besonders seit Pongs herrschenden Meinung ab, wonach gerade die Novelle Kleists »mustersetzend« gewesen sei. Indem er Drama und Novelle, die »zuchtvollen Gattungen«, aneinander rückt (S. 645), scheint ihm bei Kleist »zunächst einmal quantitativ das Tragische in den Novellen stärker ausgeprägt zu sein, soweit man einer Novelle überhaupt Tragik zuerkennen will« (S. 647). Mit diesem Nachsatz bewegt sich Markwardt in den Spuren Bruchs, dessen Meinung freilich schon zu ihrer Zeit abgelehnt wurde (vgl. Anm. 5). Im Vergleich mit E. T. A. Hoffmann stellt Markwardt die Novelle Kleists im »Kunstwert (Stilform)« zwar höher, ihr »Wirkungswert« bleibe geringer. E. T. A. Hoffmann habe sich in so erstaunlichem Grade auf das Wirkungsgesetz der Novelle konzentriert, daß das auch gelte, »wo er keine Novelle zu schreiben glaubt«; er beuge sich dem einen Grundgesetz »der Ineinsbildung von inhaltlicher Spannung und formaler Anspannung« (S. 669). Soll damit gesagt sein, daß dies auch das Gesetz der Novelle sei? Und ist dies also Markwardts Ansicht von der Novelle? Das ist nicht klar, eine genauere Definition wird nicht geboten.

Im IV. Band, der das übrige 19. Jahrhundert behandelt, beschäftigt sich Markwardt intensiver mit der Novellentheorie. Im Haupttext weist er auf die Novellentheorie des Münchener Dichterkreises (S. 121), auf Heyse, Reinbeck, Storm, P. Ernst und Musil (S. 131f.). Er arbeitet C. F. Meyer als Verwirklicher der Kunstforderungen M. Carrières und des Münchener Dichterkreises, insbesondere als Ver-

---

[137]) Im Gegensatz dazu B. v. Arx (= Anm. 64), S. 18 ff., und W. Silz (= Anm. 78), S. 84, vgl. den Text zu Anm. 149f.

wirklicher der Novellentheorie Heyses heraus (S. 134 ff.). Er erwähnt die Bemühungen Gutzkows um die Novelle (S. 188) und geht ausführlich auf Th. Mundt ein, von dem der Aufsatz 'Über Novellenpoesie' (S. 199) sowie die späteren Äußerungen zu diesem Thema (S. 203–205) genau besprochen werden. Hinter dem fortlaufenden Text schaltet Markwardt ein eigenes Kapitel 'Gattungstheoretische Sonderbeiträge' ein, denn die Entfaltung von Gattungstheorien im Raume des poetischen Realismus sei in erstaunlichem Grade gediehen. Dies führt Markwardt auf den »zunehmenden Zug zur Spezialisierung auf allen Gebieten des Geistes und des Lebens« zurück: »Im bewußten oder unbewußten Wettbewerb mit den Naturwissenschaften konnte man nur bestehen und sich als Dichter oder Dichtungsdeuter durchsetzen, wenn man zum mindesten in einer Sparte Fachmann und 'Spezialist' war und sich mit gleichsam tapferer Befangenheit zu einer derartigen weisen und vor allem wirksamen Beschränkung bekannte« (S. 336). Als repräsentativer Vertreter für die Novelle wird Storm genannt, vorher wird der die Grenzen zwischen Roman und Novelle abtastende Spielhagen (SS. 366 u. 370 f.), nachher der zwischen kulturhistorischer Novelle und Roman schwankende W. H. Riehl (S. 405–407, dazu auch SS. 241 u. 263) besprochen. Storm wird eingehend behandelt, vor allem seine zurückgezogene Vorrede von 1881 (vgl. unsere Anm. 162), die Markwardt in die Nachfolge der Theorien Tiecks und Heyses stellt (S. 394f.). Für die berühmte Äußerung Storms von der Novelle als »Schwester des Dramas«[138]) will er nachweisen, daß der jüngere Storm die Novelle zunächst als Schwester des lyrischen Gedichtes gesehen, daß erst später »der geborene Lyriker die dramatische Novelle als Idealform ins Auge« gefaßt hätte, so daß jene These mehr wie ein programmatischer Aufruf denn ein theoretischer Abschluß wirke. Es seien damals »Kunstwollen und Kunstleistung ... nicht zur vollen Deckung gelangt«, erst im 'Schimmelreiter' habe Storm die Vollendungsform erreicht. Im Gesamtverlauf dieser Entwicklung sieht Markwardt eine Hinleitung »von der Romantik mit biedermeierlichem Einschlag ... zum poetischen und ideellen Realismus« (SS. 396–400, 692). Im Anschluß an Storm macht Markwardt auf den sonst vergessenen Georg Reinbeck aufmerksam, der schon 1841 »eine Annäherung der Novelle an das Drama eindeutig zum Ausgangspunkt ihrer Wesensbestimmung macht« (S. 400–402). Schließlich bespricht Markwardt die Novellentheorie Paul Heyses, die er mit derjenigen Ludwig Tiecks vergleicht: »Tieck geht mehr von der Komposition aus, Heyse mehr von der Novellenfabel« (S. 402–404).

In den beschließenden Exkursen zur werkimmanenten Poetik wird das Novellenschaffen Heines (S. 439–441), Gottfried Kellers (SS. 457, 463, 465), Fontanes (S. 475) und vor allem wieder Storms (S. 479–485) berührt. Markwardt unterscheidet – offensichtlich mit Pongs – die Arten der lyrischen Stimmungsnovelle, der Charakternovelle, der Schicksalsnovelle, der Chroniknovelle (etwa S. 480) oder der psychologischen Problemnovelle (S. 481), ohne sich auf Definitionen einzulassen. Wichtig ist, daß er Roman und Novelle einander stark nähert, dergestalt, daß Romane »Erweiterungsformen«, Novellen »Verdichtungsformen jener Grundform der Erzählung« wären, wie sie dem poetischen Realismus eigentümlich sei (S. 463). So scheint ihm Storms 'Schimmelreiter' der Beweis zu sein, »daß die ausgeweitete Novelle immer auch der strukturell und kompositionell beste Roman

---

[138]) Nach Markwardt, S. 395, sollen die Ausführungen dieser Vorrede wörtlich mit einem Brief Storms an Gottfried Keller vom 20. Sept. 1879 übereinstimmen. Dort sei die Novelle abgestufter als »epische Schwester des Dramas« bezeichnet. In dem von Köster herausgegebenen Briefwechsel zwischen Storm und Keller (Berlin 1904) findet sich in dem Brief vom 20. Sept. 1879 (S. 70 ff.) nichts davon.

bleibt«, oder überspitzt ausgedrückt: »der Roman bleibt vorzüglich dann Vollkunst, wenn er sich seines Herkommens von der Novelle bewußt bleibt. Oder er ist nur dann Vollkunst, wenn er auf das Epos, von dem er historisch ausging, wieder zugeht. Novelle und Epos würden, so gesehen, die verläßlichsten Regulative für den rechten Roman als echte Dichtkunst darstellen« (S. 481). Es erhebt sich allerdings die Frage, ob damit nicht, nach der ungeheuren und eigenständigen Entwicklung des Romans und nach seiner theoretischen Begründung seit der Romantik, ein überholter Standpunkt eingenommen wird.

Daß die einschlägigen Stellen zur Novellentheorie in Markwardts Werk weit verstreut sind, ist aus dem Charakter dieser umfassenden Geschichte der deutschen Poetik verständlich. Weniger einzusehen ist, warum die Gewichtsverteilung so unterschiedlich ist, daß etwa die Gebrüder Schlegel, Grillparzer oder Vischer überhaupt nicht oder kaum zu Worte kommen, während Mundt oder Storm so ausführlich besprochen sind. Zu fragen wäre auch, warum – wenn es ohnehin gattungstheoretische Sonderbeiträge gibt – nicht dort die behandelten Novellentheorien zusammengefaßt worden sind. Störend kann schließlich empfunden werden, daß der Verfasser seine eigenen Vorstellungen von der Novelle bei der Behandlung anderer Novellenauffassungen einmischt, ohne sie genau zu trennen und zu umreißen. So kann aus Markwardts Werk eine auch nur in Grundzügen vollständige Geschichte der Novellentheorie nicht gewonnen werden. Man darf jedoch nie vergessen, daß unser Problem nur ein kleines Teilgebiet der allgemeinen Poetik bildet.

Übersichten über die Novellentheorien des 19. Jahrhunderts findet man bei Heinz Otto Burger, Benno v. Wiese und Hellmuth Himmel[139]), freilich wird hier von vornherein eine Auswahl getroffen, die dem jeweiligen Zweck entspricht. Will man eine umfassende Zusammenstellung, so ist man noch immer auf das Buch von Arnold Hirsch angewiesen[140]). Wir könnten einmal eine Geschichte der Novellentheorie brauchen, welche aber die einzelnen Theorien nicht für sich bespricht, wie das Hirsch zumeist tut, sondern sie in ihrer Wechselbeziehung zur lebendigen Dichtung sieht. Daraus könnte sich die Wirksamkeit oder Unwirksamkeit, das Verdienst oder die Gefahr der Theorie besser ablesen lassen als aus der Hervorkehrung einzelner Züge. Pabst hat etwas Ähnliches für die romanischen Literaturen unternommen, aber da im deutschen Raum im 19. Jahrhundert ganz andere Voraussetzungen herrschen, müßte eine solche Untersuchung andere Wege einschlagen.

*

Wir haben oben gesagt, daß aus den vielen verschiedenen Äußerungen zur Novelle aus dem 19. Jahrhundert zumeist nur ganz wenige beachtet, diese aber als Kronzeugen angerufen werden. Goethe, Tieck und Heyse sind das vor allem, und ihre Formulierungen werden nicht selten zum Gesetz erhoben, so daß schon dadurch ein bestimmtes Novellenschema entsteht. Greift man aber auf die Originalschriften zurück, so wird man feststellen müssen, daß diese sogenannten Theoretiker der Novelle keineswegs so ausführlich und ausschließlich zu dieser Gattung sich geäußert haben, wie man aus der Literatur vermuten könnte. Hingeworfene Sätze, flüchtige Bemerkungen, andeutende Skizzen – das ist zumeist alles, was sie

---

[139]) Vgl. H. O. Burger (= Anm. 191). – B. v. Wiese, Nov. I (= Anm. 235), S. 16 ff. – Ders., Nov. (= Anm. 241), S. 13 ff. – H. Himmel (= Anm. 75), S. 30 ff.

[140]) A. Hirsch (= Anm. 4). Vgl. aber auch den dort zitierten Einwand Burgers.

beitragen. Goethes berühmter Ausspruch ist negativ gefaßt: »Denn was ist eine Novelle anderes als eine sich ereignete, unerhörte Begebenheit«, er ist nur einem Gespräch entnommen und bezieht sich vor allem auf seine 'Novelle'[141]). Tiecks Lehre vom Wendepunkt beansprucht wenige Seiten, auf denen auch noch anderes erörtert wird[142]). Heyses Falkentheorie gar findet auf fünf Zeilen Platz, zu denen etwa zwei Seiten Paraphrase kommen[143]). Nicht nur die Kürze dieser Äußerungen, die allein noch nichts bedeuten könnte, vor allem die vorsichtige schwebende Art des Vorbringens, häufig in Fragen gekleidet oder mit dem Konjunktiv oder Optativ umschrieben, müßte zur Behutsamkeit veranlassen. Dennoch haben sich diese beiläufigen oder tastenden Bemerkungen der Dichter als Topoi eingebürgert[144]), und ein Teil der Literatur hält daran fest, auch wenn er sie mitunter in ihrer Beziehung und Bedeutung gegeneinander verschiebt.

Johannes Klein etwa identifiziert seine erste »Grundform«, das »Mittelpunktereignis«, mit Goethes »unerhörter Begebenheit«, setzt aber Tiecks Wendepunkt davon ab. Seine zweite Grundform, das »Leitmotiv«, gewinnt er aus Heyses Falken und auch für die dritte, die »Novellenidee«, »brachte erst Paul Heyse die Klärung. Er stellte fest, man müsse den Inhalt einer guten Novelle in einen Satz zusammenfassen können. Das war zwar keine Aussage über die Idee, aber eine Handhabe, sie festzustellen«[145]). Liest man jedoch bei Heyse selbst nach, so findet sich nicht nur keine Andeutung von einer Novellenidee, sondern allein die ausdrückliche Absicht, mit dem Versuch, den Inhalt in wenigen Zeilen zusammenzufassen, nur »die Probe auf die Trefflichkeit eines novellistischen Motivs« zu machen. Das heißt, daß dieses Verfahren wiederum nur der Herausarbeitung des Leitmotivs dient[146]). Im Gegensatz zu Klein, den er ausdrücklich angreift, will Fritz Lockemann das »unerhörte Ereignis« und den Wendepunkt nicht trennen, und er stellt schließlich auch den Falken noch dazu: »Der Wendepunkt ist aber auch konzentrierter Gehalt, 'unerhörte Begebenheit', das, was aus einer anderen,

---

[141]) Goethes Gespräche mit Eckermann, 29. Jan. 1827.
[142]) Ludwig Tieck's Schriften, 11. Bd., Berlin 1829, S. LXXXIV–XC.
[143]) Deutscher Novellenschatz, hg. v. Paul Heyse und Hermann Kurz, I. Bd, München [1871], S. XX. – Eine Wiederholung findet sich bei P. Heyse, Jugenderinnerungen und Bekenntnisse, 5. Aufl., II. Bd, Stuttgart u. Berlin 1912, S. 71 f.
[144]) Manchmal werden sie auch noch ungenau zitiert. So heißt es bei Humm (= Anm. 124), S. 5 f. wörtlich: »... so hat Goethe die Novelle definiert: 'Sie ist die glaubwürdige Erzählung einer unerhörten und merkwürdigen Begebenheit'« und später: »Goethe hebt nämlich hervor, daß es sich bei der Novelle um eine glaubwürdige Erzählung handeln müsse...« (Hervorhebung durch Humm). – Vgl. auch Anm. 146. – Meistens werden diese Bemerkungen viel zu apodiktisch ausgelegt. So schreibt Arx (= Anm. 64), S. 10: »Heyse auf der Jagd nach dem Falken, den er in jeder eigenen Novelle haben und in jeder fremden nachweisen will, und der die Echtheit und den Rang einer Novelle geradezu abhängig macht vom Vorhandensein oder Nichtvorhandensein dieses Tieres, erweckt im Grunde weniger Bewunderung für seine Konsequenz als Mitleid.« Wie vorsichtig klingen dagegen Heyses Worte selbst: »Gleichwohl aber könnte es nicht schaden, wenn der Erzähler auch bei dem innerlichsten oder reichsten Stoff sich zuerst fragen wollte, wo 'der Falke' sei, das Specifische, das diese Geschichte von tausend anderen unterscheidet.« Dt. Novellenschatz (= Anm. 143), S. XX.
[145]) J. Klein (= Anm. 36), S. 6 f.
[146]) Heyse, Novellenschatz (= Anm. 143), S. XIX. Vgl. dazu weiters Schunicht (= Anm. 152), S. 56. – Auch spricht Heyse nicht von »Eigensinn und Umständen der Charaktere«, wie Klein zitiert (S. 5), sondern von »Eigensinn der Umstände und Charaktere« (S. XV), und ich finde nirgends, daß er dies dem Geschehnis auf der anderen Seite gegenüberstellt, wie Klein aussagt, viel eher, daß es selbst das von der Novelle dichterisch verwertete Ereignis sei. – Die Zitate von Storm und Paul Ernst sind bei Klein ebenfalls ungenau wiedergegeben.

kosmischen oder chaotischen Welt schicksalhaft in unsere einbricht ... Die konzentrierte Tendenz des Wendepunkts führt häufig zu einer Verdichtung in einem Symbol, das in der Theorie als 'Falke' eine Rolle spielt«[147]). Hermann Pongs will seinen Gegensatz zwischen offener und geschlossener Form auf die Novellentheorien von Tieck und Heyse übertragen. Keine von beiden fasse für sich das lebendige Wesen der Gattungsform ganz, sie blieben Hinweise auf die polaren Typen der Gattung: »Wenn im Falken der Blickpunkt auf die symbolische Geschlossenheit genommen ist, so erwächst die Theorie vom Wendepunkt einer Offenheit für die Spannung zwischen Alltag und Wunder, die im Augenblick des Umschlags ihre romantisch-allegorische Sinndeutung erfährt«[148]).

Es haben sich aber gewichtige Einwände gegen die Weiterführung jener Topoi erhoben. Und man versuchte, in letzter Zeit in zunehmendem Maß, jene Äußerungen der drei Dichter in ein anderes Licht zu rücken. Die Unsicherheit von Goethes Definition arbeitet Bernhard v. Arx heraus[149]), von anderem Blickpunkt Walter Silz, der über Goethes 'Novelle' sogar die Behauptung wagt, »daß es keinem berufenen Beurteiler eingefallen wäre, dieses Werk eine Novelle zu nennen, wenn Goethe es nicht getan hätte«[150]). Hellmuth Himmel hält es kaum für möglich, in Goethes Äußerung eine Definition oder gar eine Theorie zu sehen, und Heyses Ausführung nennt er gar »die unklarste und unoriginellste von allen«[151]). Auch von anderen Forschern werden die genannten Äußerungen keineswegs mehr als allgemeingültig angesehen und dementsprechend eingeschränkt.

Am wichtigsten ist der Aufsatz von Manfred Schunicht über Tiecks Wendepunkt und Heyses Falken[152]). Tieck, wird hier ausgeführt, »verabsolutiert den Wendepunkt zum entscheidenden formalästhetischen Begriff und füllt ihn darüber hinaus mit eigener Bedeutung« (S. 48). Er beziehe ihn nämlich auf das sich in ihm manifestierende Element des Wunderbaren. Man hat sich mit dem Begriff des Wunderbaren bei Tieck verschiedentlich auseinandergesetzt, aber Schunicht stellt die einzig richtige Frage: »Was versteht Tieck selbst unter dem Wunderbaren der novellistischen Begebenheit, das im Wendepunkt in Erscheinung tritt?« (S. 50). Er unterscheidet den Begriff des Wunderbaren in Tiecks frühromantischer Phase von dem der späten Novellistik, der allein hier herangezogen werden dürfe. Dafür zeigt er den Einfluß Solgers auf [153]), durch den es erst deutlich werde, was Tieck unter dem »Wunderbaren« verstehe: »das Aufgehobensein des Absoluten im Endlichen der Realität« (S. 51). Den Augenblick des Eingehens des Absoluten in das Endliche – Solgers Punktualität – aber fasse Tieck mit dem Begriff des »Wendepunktes«. Im Wendepunkt der Novelle werde also (durch das Wunderbare) die Transparenz des Absoluten im Endlichen deutlich. Damit erhält freilich »die Korrelation zwischen dem Wendepunkt und dem in der novellistischen Begebenheit offenbar werdenden Wunderbaren eine tiefere Bedeutung, als es die gattungstheoretischen Untersuchungen über die Funktion des Wendepunktes ahnen ließen«. Der »Wendepunkt« erweist sich somit als bestimmter fester Begriff eines spät-

---

[147]) F. Lockemann (= Anm. 70), S. 19, ähnlich vorher S. 14.
[148]) H. Pongs (= Anm. 87), S. 181.   [149]) B. v. Arx (= Anm. 64), S. 18–22.
[150]) W. Silz (= Anm. 80), S. 84.   [151]) H. Himmel (= Anm. 75), SS. 30 u. 39.
[152]) M. Schunicht, Der »Falke« am »Wendepunkt«. Zu den Novellentheorien Tiecks und Heyses, GRM, 41. Bd (= N.F. Bd X), 1960, S. 44–65. – Vgl. dazu die ungedruckte Dissertation von M. Schunicht, Die Novellentheorie und Novellendichtung Paul Heyses, Münster 1957.
[153]) Schunicht stützt sich bei der Herausarbeitung des Solgerschen Einflusses auf einschlägige Arbeiten, besonders auf die Dissertation von Helmut Endrulat, Ludwig Tiecks Altersnovellistik und das Problem der ästhetischen Subjektivität, Münster 1957.

romantischen philosophischen Systems, seine Isolierung muß ihn notwendigerweise verfälschen. Es bleibe daher immer problematisch, führt Schunicht aus, »diesen Begriff für eine Interpretation der Werke anderer Novellisten zu beanspruchen«. Entweder beruhige man sich dort mit einem Schlagwort oder man unterlege dem Begriff eine eigene, von Tieck nicht gemeinte Bedeutung, was nur zur Begriffsverwirrung beitrage. So fordert Schunicht, den Begriff des Wendepunktes »aus der Nomenklatur der Gattungstheorie zu streichen« (S. 52), und man wird ihm weitgehend folgen müssen.

Dann aber scheint Schunicht den methodischen Gang seiner Untersuchung zu verlassen, wenn er auf einmal einen festen Novellenbegriff voraussetzt: »die Darstellung dieses einmalig unverwechselbaren Wendepunktes in einer erzählten Begebenheit ergibt – Novellen«. So begnügt er sich nicht damit, aus Tiecks Novellentheorie nur die Deutung für dessen eigenes Schaffen abzuleiten [154]), sondern er stellt die Frage, wo hier »nun das spezifisch Novellistische« liege (S. 53). Als Begründung führt er an, daß »wir im Spätwerk Tiecks Novellen vor uns« hätten, und daß es Tieck zu eindeutig darum gehe, die »Eigenart der Novelle« herauszuheben. Beide Gründe sind nicht stichhaltig. Wenn Tiecks späte Dichtungen Schunichts Novellenbegriff entsprechen, so darf Schunicht deshalb noch nicht auf Tiecks Theorie weiter schließen. Denn ein anderes ist der Dichter, ein anderes der Kritiker, das wissen wir aus der Literaturgeschichte zur Genüge. Aus dieser doppelten Haltung als Dichter und als Kritiker ist es freilich verständlich, daß Tieck selbst die Eigenart der Novelle allgemeingültig deuten wollte. Aber gerade die Herausarbeitung der spezifisch Tieckschen Bedeutung des Begriffes Wendepunkt, wie das Schunicht gelungen ist, müßte vor einer Verallgemeinerung der Tieckschen Novellentheorie und der anderen darin vorkommenden Begriffe warnen. Schunicht jedoch verallgemeinert und behauptet: »Allerdings ist eine andere Akzentuierung nötig, als Tieck sie gab und seine Interpreten sie ihm nachsprachen, um seine Einleitung für das Verständnis dieser Form [der Novelle] fruchtbar zu machen«. So stellt Schunicht einzelne Hinweise Tiecks heraus, damit daraus »ein fruchtbarer Neuansatz zur Frage nach der spezifischen Eigenart novellistischen Erzählens« abgeleitet werden könne (S. 53). Wir müssen dieses Verfahren im einzelnen prüfen, gerade weil der bisherige Teil der Untersuchung zu so grundlegenden Erkenntnissen gekommen ist. Schunicht zitiert Tiecks Bemerkung, daß die Novelle »einen großen oder kleinern Vorfall in's hellste Licht« stelle. In Tiecks Text jedoch knüpft daran unmittelbar ein Relativsatz an, aus dem hervorgeht, daß dieser »Vorfall« eben »wunderbar« und mit dem »Wendepunkt« identisch ist [155]). Ebenso verhält es sich mit dem von Schunicht genannten »Mittelpunkt« [156]). Beide Begriffe »Vorfall« und »Mittelpunkt« sind nichts anderes als Synonyma zu jenem eigentümlich Tieckschen Begriff des Wendepunktes und daher für einen allgemein verbindlichen Ansatz nicht geeignet [157]). Dennoch nimmt sie Schunicht zur Grund-

---

[154]) Dies tut konsequent Helmut Endrulat, der annimmt, daß man in Tiecks Vorwort »einen Beitrag zum Gattungsbegriff Novelle ... nicht suchen« dürfe. (Endrulat, S. 73. – Zitiert nach Schunicht, S. 53).
[155]) Bei Tieck heißt es vollständig über die Novelle: »... daß sie einen großen oder kleinern Vorfall ins hellste Licht stelle, der, so leicht er sich ereignen kann, doch wunderbar, vielleicht einzig ist. Diese Wendung der Geschichte, dieser Punkt, von welchem aus sie sich unerwartet völlig umkehrt...« (Schriften, 11. Bd., S. LXXXVI).
[156]) Bei Tieck wieder vollständig: »Das sonderbare Verhältnis der Sperata im Meister, ist wunderbar und doch natürlich, wie dessen Folgen; in jeder Novelle des Cervantes ist ein solcher Mittelpunkt« (S. LXXXVII).
[157]) Das wies ja Schunicht für den Begriff des Wendepunktes gerade überzeugend nach.

lage, von der aus er über die Novelle behauptet: »Mit einem Wort, sie ist 'bizarr'.« Eine solche Schlußfolgerung aber ist aus dem Texte Tiecks keineswegs zu ziehen[158]). Schunicht erklärt nun das Wort »bizarr« durch ein Athenäumsfragment F. Schlegels. Hatte er früher mit Recht darauf hingewiesen, daß der Begriff des Wunderbaren beim jungen und beim späteren Tieck von verschiedener Bedeutung sei, so nimmt er jetzt ohne weiteres einen Ausspruch Schlegels von 1798 zur Interpretation einer Textstelle Tiecks von 1829 her. Außerdem verfällt er der Äußerung Schlegels gegenüber in denselben Fehler, den er bei Tieck so erfolgreich bekämpft hatte: er nimmt sie zu äußerlich, ohne auf Ansichten und Terminologie Schlegels einzugehen. Das zitierte Athenäumsfragment Nr. 429 aber hat überhaupt nichts mit der »Einsicht in die Struktur der dargestellten Wirklichkeit« zu tun[159]), wie Schunicht behauptet. Und gerade diese »eigentümliche Struktur der poetischen Wirklichkeit«, wie sie sich in der Novelle offenbare, bietet den Neuansatz für Schunichts Frage nach der Novelle. Es ergibt sich aus unserer kritischen Betrachtung, daß durch solche Ansatzpunkte und Folgerungen das bisher so glücklich waltende historische Verständnis aufgegeben zu werden droht.

Von größter Wichtigkeit wieder ist es, was Schunicht über Heyses Novellentheorie zu sagen hat. Er zeigt, daß Heyses theoretische Erörterungen nur aus dem Bestreben des 'Deutschen Novellenschatzes' zu verstehen seien, der Formentwertung der Novelle zu steuern. So wollte Heyse »weder eine formalästhetische Studie noch eine Geschichte der deutschen Novellistik schreiben, sondern mit seinen einführenden Bemerkungen nur einige Hinweise 'zu vorläufiger Verständigung' geben« (S. 55). Nach einer Musterung der Heyseschen Falkentheorie erkennt Schunicht, »daß die verschiedenen Heyseschen Begriffe nicht als Bestandteile eines umfassenden ästhetischen Systems zu verstehen sind«. Er zeigt, daß mehrere Begriffe gleichrangig nebeneinander stehen: »sie umkreisen das Phänomen des Spitzenmotivs, ohne es terminologisch sauber zu fixieren«. Auf diese Bestimmung des Spitzenmotivs sei es Heyse allein angekommen. Daß er so häufig mißverstanden worden sei, führt Schunicht auf eine Ursache zurück: »die einzelnen Bezeichnun-

---

Seine Verallgemeinerung der anderen Begriffe verwundert umso mehr, als er bei seiner späteren Untersuchung darlegt, daß in Heyses Theorie alle Begriffe Synonyma seien.

[158]) Tieck sagt: »Bizarr, eigensinnig, phantastisch, leicht witzig, geschwätzig und sich ganz in Darstellung auch von Nebensachen verlierend, tragisch wie komisch, tiefsinnig und neckisch, alle diese Farben und Charaktere läßt die ächte Novelle zu, nur wird sie immer jenen sonderbaren auffallenden Wendepunkt haben...« (S. LXXXVII). Das Wort »bizarr« scheint hier also gerade ein Gegenbegriff des Wendepunktes zu sein (wie auch »phantastisch«, »geschwätzig« usw.), was durch die Anknüpfung »nur wird sie immer...« deutlich wird.

[159]) Das ergibt sich zunächst schon aus dem vollen Wortlaut des Athenäums-Fragmentes Nr. 429, das besagt: »Wie die Novelle in jedem Punkt ihres Seins und ihres Werdens neu und frappant sein muß, so sollte vielleicht das poetische Märchen und vorzüglich die Romanze unendlich bizarr sein; denn sie will nicht bloß die Fantasie interessieren, sondern auch den Geist bezaubern und das Gemüt reizen; und das Wesen des Bizarren scheint eben in gewissen willkürlichen und seltsamen Verknüpfungen und Verwechslungen des Denkens, Dichtens und Handelns zu bestehn.« (F. Schlegel, Jugendschriften, ed. J. Minor, Wien 1882, II. Bd, S. 284). Das Bizarre wird hier also, im Gegensatz zu Tieck, ausdrücklich dem Märchen, und nicht der Novelle, zugesprochen. Dasselbe tut F. Schlegel auch an anderer Stelle (F. Schlegel, Literary Notebooks, ed. H. Eichner, London 1957, Nr. 1133). Ebendort heißt es unter Nr. 1632: »Bizarr ist das poetisch Wilde oder Tolle.« – Die Definition des Bizarren im Athenäumsfragment führt nun aber, auf ganz anderen Ebenen als bei Schunicht, über den Bereich des Kontrastes hin (vgl. dazu auch das Athenäumsfragment 424, wo die französische Revolution als Groteske und als bizarre Tragikomödie bezeichnet ist) weiter auf Leitideen der Schlegelschen Philosophie von Einheit und Fülle. Vgl. den Text zu Anm. 172 und die Anm. 175.

gen der Heyseschen Theorie werden als selbständige Begriffe verstanden. Es wird vielfach übersehen, daß sie nur synonyme Umschreibungen des Spitzenmotivs sind« (S. 56). Die Bedeutung der Falkentheorie sieht Schunicht folgendermaßen: »Heyse sucht in seiner Theorie eben nicht primär nach formalästhetischen Kriterien; er versucht den Lesern seiner Anthologie vielmehr inhaltliche Bestimmungen, ja, die Existenz eines spezifischen Novellenstoffes einzureden. Damit ist die Falkentheorie aber so sehr auf eine Deutung des Werkes ihres Verfassers eingeengt, daß sie für die gesamte Theorie unverbindlich wird«. So macht Schunicht den Vorschlag, »dem Vorbild Friedrichs degli Alberighi folgend, den Falken zu schlachten« (S. 58). An diesem Ergebnis über die Novellentheorien Tiecks und Heyses wird man in Zukunft nicht vorübergehen können. Schunichts weitere Ausführungen sind an anderer Stelle zu betrachten (vgl. unseren Teil IV). Hier ist festzuhalten, daß er das entscheidende Wort über die Begriffe Wendepunkt und Falke ausgesprochen hat.

*

Die Hauptmerkmale, die aus den Novellentheorien des 19. Jahrhunderts immer wieder aufgenommen und angewendet werden: die unerhörte Begebenheit, der Wendepunkt und der Falke besitzen keineswegs die ihnen so oft zugeschriebene Allgemeingültigkeit, sondern sie sind immer sehr individuell zu verstehen. Nun werden in der heutigen Novellenliteratur noch andere Novellentheorien aus dem 19. Jahrhundert genannt, obgleich viel seltener: die Brüder Schlegel, Mundt, Vischer, Storm, Paul Ernst. Allen diesen wird – ausgenommen Friedrich Schlegel, den wir an den Schluß dieser Übersicht stellen – kaum jemals die allgemein-verbindliche Geltung jener drei anderen zugebilligt. Sie werden zumeist nur referierend genannt oder für Einzelkorrekturen des herrschenden Bildes benötigt. Von wesentlicheren Beiträgen, die daraus schöpfen, ist jetzt zu berichten.

Theodor Mundt, auf dessen Novellentheorie schon Markwardt und vor ihm Hirsch nachdrücklich hingewiesen hat und dem Bennett in seinem Bild von der Novelle folgte[160]), wird wieder von Hellmuth Himmel stark hervorgehoben. Himmel arbeitet besonders den Gedanken Mundts heraus, daß der Roman einer in der Zeit fortlaufenden geraden Linie gleiche, die Novelle dagegen einer Kreislinie, die immer eine bestimmte Beziehung zum Mittelpunkt habe. Diese Kreisvorstellung Mundts erlaube, über die herkömmliche Novellentheorie beliebig hinauszugehen und auch eine größere Anzahl von Episoden zueinander in Beziehung zu setzen. Wir werden sehen, wie der Gedanke Mundts auch sonst in der neuesten Forschung zur Novelle wiederkehrt. Himmel jedenfalls sieht in Mundt gemeinsam mit den Brüdern Schlegel und Tieck nicht weniger als die Begründer der Theorie der Novelle[161]).

Theodor Storm wird als Theoretiker zumeist mit seiner zurückgezogenen Vorrede aus dem Jahre 1881 genannt, wonach die Novelle die Schwester des Dramas sei: »gleich diesem verlangt sie zu ihrer Vollendung einen im Mittelpunkte stehenden Konflikt, von welchem aus das Ganze sich organisiert«[162]) – also ein Mundt

---

[160]) B. Markwardt (= Anm. 136), IV, SS. 199 u. 203 ff. – A. Hirsch (= Anm. 4). – E. K. Bennett (= Anm. 77), S. 6. Vgl. auch A. Mulot (= Anm. 180).
[161]) H. Himmel (= Anm. 75), S. 37 f. – Vgl. auch Wiese, Nov. (= Anm. 241), S. 16.
[162]) Th. Storm, Sämtliche Werke, hg. von A. Köster, VIII. Bd, Leipzig 1923, S. 122. – Vorher mitgeteilt im Briefwechsel zwischen Theodor Storm und Gottfried Keller, hg. v. A. Köster, Berlin 1904, S. 119. – Das Zitat bei Johannes Klein (= Anm. 36), SS. 5 u. 7, ist ungenau. – Vgl. auch Anm. 138.

nicht unähnlicher Gedanke. Ganz in den Vordergrund gerückt wird Storm in einer Abhandlung von Raoul Masson[163]). Bei der Darlegung der Novellentheorie Storms steht Masson vor einer schwierigen Situation: *Il n'a jamais publié ses idées sur la nouvelle malgré leur originalité certaine. A-t-il même cherché à les coordonner? Elles ne se présentent pas comme les éléments d'une doctrine, mais bien plutôt comme des échappées sur un idéal. A travers ses remarques de détail s'affirme la volonté de réaliser un type de nouvelle que son sens poétique apercevrait clairement, mais dont sa raison, semble-t-il, n'avait pas fixé le concept* (40, S. 461f.). So versucht Masson jenes ideale, festumrissene Bild zu präzisieren, das Storm von der Novelle gehabt habe. Er verfolgt die Entwicklung dazu: *Storm voulait tout d'abord que sa nouvelle fût une oeuvre vraiment poétique. C'est la première tendance de son art. La seconde s'affirma progressivement à mesure que la nouvelle cessait d'être strictement lyrique: c'est le respect de la forme épique. C'est en unissant ces deux tendances qu'il compléta son idéal esthétique* (40, S. 462). An Hand des gesamten Briefwechsels und vor allem der Vorrede von 1881 entwickelt Masson die Novellentheorie Storms, die er gegen die herrschenden Theorien stellt: *Presque toujours c'est un caractère secondaire, à nos yeux comme aux yeux de Storm, qui est présenté comme le principe même de la nouvelle: la technique du Faucon, la pointe, l'humour, la peinture de telle ou telle réalité, l'étude de tel ou tel problème* (41, S. 48). Demgegenüber führt Masson also nun die Theorie Storms an, die alle Merkmale des Definitiven habe: *Formule définitive, en effet, par les critères dont elle fait usage et qui vont à l'essentiel. Storm ne veut plus reconnaître la nouvelle à des particularités de forme ou à des artifices de composition. L'unité poétique, la subordination des tous les détails à un centre organisateur, voilà ce qui définit à ses yeux un sujet de nouvelle* (41, S. 49). Es ist das Verdienst Massons, nachdrücklich auf die gedanklichen Leistungen Storms und auf seine theoretischen Überlegungen hingewiesen zu haben, freilich überschätzt er in der Begeisterung für sein Thema ihre Bedeutung stark: *Quand on voudra bien lire dans des extraits de lettres et de préfaces une doctrine qui n'est exposée nulle part en entier, peut-être la critique reconnaîtra-t-elle que la théorie de la nouvelle, élaborée par le patient et modeste Storm, est une conquête véritable, et que la préface de 1881 mérite d'être une date dans l'histoire des genres littéraires* (41, S. 49).

Paul Ernst, am Ausgang des 19. Jahrhunderts stehend, ist nicht nur der letzte dieser Reihe der Novellentheoretiker, sondern wohl auch der radikalste. Um so erstaunlicher ist es, was Karl Polheim (der Vater des Berichterstatters) als ein Nebenergebnis einer Untersuchung der Novelle 'Der Straßenraub' aufzeigen kann[164]). Die Novelle wird sowohl als Kunstwerk interpretiert, als in ihrer Entwicklung vom Manuskript über die mannigfachen Drucke und Ausgaben verfolgt, bis ein kritischer Text vorgelegt wird. Aus einem kritischen Exkurs zur Novellentheorie (S. 35f.) wird deutlich: »Nach allen Merkmalen, welche Paul Ernst und andere Theoretiker beanspruchen, ist 'Der Straßenraub' eine Novelle« (S. 36). Das mag bei Paul Ernst, dem vielleicht strengsten Verfechter der »klassischen« Novellentheorie im 20. Jahrhundert, nicht überraschen. Aufs höchste verwunderlich ist jedoch, was der textkritische Teil der Untersuchung zu diesem Thema beibringt (S. 93–99): daß nämlich diese sich den strengsten theoretischen Forderun-

---

[163]) R. Masson, La Théorie de la Nouvelle selon Théodor Storm, Les Langues Modernes, 40. Jg., 1946, S. 449–476; 41. Jg., 1947, S. 33–51. – Vgl. weiters eine Dissertation von E. W. Fuller, Theodor Storm as a theorist of the Novelle, Diss. Wisconsin 1951.

[164]) K. Polheim, Paul Ernsts Straßenraub-Novelle als Kunstwerk und in ihrer Entwicklung betrachtet (= Kleine Schriften zur Geschichte, Literatur und Volkskunde der innerösterreichischen Alpenländer, Bd IV – Auch als: Jahresgabe der Paul-Ernst-Gesellschaft), Steirisches Volksbildungswerk, Graz 1962, 103 S.

gen fügende Novelle wohl von der Urschrift an als »Novelle«, letzten Endes aber als »Geschichte« bezeichnet ist. In der Verfolgung der wechselreichen Schicksale dieser Novelle zeigt sich ihr äußerlicher Zusammenschluß mit anderen Novellen in der Rahmenhandlung der 'Taufe', ihre neuerliche Loslösung und ihre Einordnung unter die 'Romantischen Geschichten' der Gesamtausgabe. Das heißt nichts anderes, als daß Paul Ernst bei einem besonders deutlichen Beispiel seiner Theorie selbst aus irgendwelchen Gründen von der Bezeichnung Novelle abgerückt ist. Nicht nur an diesem Einzelfall, auch im allgemeinen wird erwiesen, wie die Ausgaben sich allmählich aber gründlich von der Bezeichnung »Novelle« ab und der viel weiteren und unbestimmteren Bezeichnung »Geschichte« zuwenden. »Wie konnte es kommen« – fragt der Verfasser – »daß Paul Ernst der 'Novelle' untreu wurde, für die und für deren Theorie er sich doch so eifrig, ja ungestüm eingesetzt hatte?« Zwei mögliche Gründe werden dafür angeführt: »Es mag sein, daß er bedenklich wurde, ob alle Erzählungen, die er nun in den sieben Bänden vereinigte, insgesamt und unterschiedslos seinem Ideal einer Novelle entsprächen, worin er gewiß recht gehabt hätte«. Dieser Grund erscheine aber als nicht so zureichend wie ein von außen kommender Anstoß. Einige der neuen Bände hätten seit eh und je den Titel Geschichten geführt. »Es mag nun ein Anspruch der Gesamtausgabe gewesen sein, die Titel ebenso zu vereinheitlichen, wie die Ausstattung und die Einbände uniformiert sind« (S. 98).

So bescheiden dieses Nebenergebnis scheint, so weitreichende Schlußfolgerungen können für unser Problem daraus gezogen werden. Wenn ein so strenger unerbittlicher Theoretiker selbst die Bezeichnung Novelle aufgibt und nicht etwa, weil das Werk seiner Vorstellung nicht entsprach, sondern aus äußerlichen Gründen – wie könnte sich dann ein späterer Kritiker noch an jene Theorie und jenen Titel gebunden fühlen? Auch hier zeigt sich letzten Endes die Brüchigkeit der Novellentheorie.

Paul Ernst kann als der Vollender der Novellentheorien des 19. Jahrhunderts gelten. Bald nach ihm äußerte sich, von einem ganz anderen Standpunkt aus, Robert Musil über die Novelle [165]. Weil diese Äußerung erst innerhalb unserer Berichtszeit bekannt und veröffentlicht wurde, sei sie kurz besprochen. Musil will nur von einem starken Dichter und nur als Ausnahme eine bedeutende Novelle geschrieben wissen – »denn eine solche ist nicht er, sondern etwas, das über ihn hereinbricht, eine Erschütterung; nichts, wozu man geboren ist, sondern eine Fügung des Geschicks. – In diesem Erlebnis vertieft sich plötzlich die Welt oder seine Augen kehren sich um; an diesem einen Beispiel glaubt er zu sehen, wie alles in Wahrheit sei: das ist das Erlebnis der Novelle« (S. 684). Freilich gibt Musil zu, daß bei einem solchen Idealfall der Novelle nur von den äußersten Anforderungen gesprochen werden könne. Die real vorhandenen vielen Novellen seien »eine rasche Form des Zugreifens«, ja sie seien »oft kleine Romane oder in Bruchstücken skizzierte oder Hinwürfe irgendeiner Art, die nun im wesentlichen ausgeführt sind« (S. 685). So kommt Musil zu der Feststellung: »Außer dem Zwang, in beschränktem Raum das Nötige unterzubringen, bedingt kein Prinzip einen einheitlichen Formcharakter der Gattung« und er lehnt – außer der »Erlebnisbedeutung« – alle anderen Kriterien ab.

*

---

[165] R. Musil, Die Novelle als Problem, Literarische Chronik [1914], in: R. Musil, Tagebücher, Aphorismen, Essays und Reden (= Gesammelte Werke in Einzelausgaben), hg. von Adolf Frisé, Rowohlt Verlag, Hamburg 1955, S. 684–685.

Friedrich Schlegel haben wir bisher aus der Reihe der Novellentheoretiker herausgenommen, und das aus zwei Gründen: einmal faßt er die Novelle ganz anders als die andern, nicht durch bestimmte feste Merkmale eingeengt, sondern weit und elastisch auf. Zum andern scheinen die Ansichten Friedrich Schlegels, während sie lange Zeit und in einem Teil der Literatur bis heute unbeachtet geblieben sind, gerade in den jüngsten Forschungen zur Novelle mittelbar oder unmittelbar, bewußt oder unbewußt, aufgenommen und weitergeführt zu werden. Damit spiegelt sich an diesem Sonderfall das heutige Verhältnis zu Friedrich Schlegel wieder. Das 19. und zum Teil das 20. Jahrhundert hatte ihn vergessen oder zumindest mit schiefem Blick angesehen. Heute aber dringt die Erkenntnis durch, daß Friedrich Schlegel nicht nur ein tiefer selbständiger Denker war, sondern daß er in vielen Belangen die moderne Anschauung vorausgenommen hat, mag das jetzt auf dem Gebiet der Kritik, des Romans oder der bildenden Kunst sein. So ist es nicht weiter verwunderlich, daß sich auch die heutige Novellenforschung mit seiner Meinung über die Novelle trifft. Benno v. Wiese, dessen Arbeiten wir später zusammengefaßt besprechen wollen, hat nicht nur wiederholt auf diese Verbindung hingewiesen und selbst daran angeknüpft, sondern er hat auch die Bedeutung Schlegels nachdrücklich herausgestellt: »Verglichen mit Friedrich Schlegels grundlegenden Einsichten sind alle weiteren Erkenntnisse zur 'Theorie' der Novelle in Deutschland mehr peripherer Natur«[166]).

Friedrich Schlegel hat seine Ideen von der Novelle in seinem Boccaccioaufsatz, jedoch – gemäß seinem »System in Fragmenten« – auch in seinen handschriftlichen Notizen und in seinen Literaturvorlesungen niedergelegt[167]). Stets wird allein jener Aufsatz genannt (nur Benno v. Wiese macht eine rühmliche Ausnahme), aber erst alle Äußerungen Schlegels zusammengefaßt und eingegliedert in sein Gesamtdenken, ergeben die wahre Ansicht. Hier stellt sich eine wichtige und dankbare Forschungsaufgabe, die freilich von vornherein das ganze Werk Schlegels umfassen und sein philosophisches System mit allen seinen Wandlungen stets berücksichtigen muß.

Im Boccaccioaufsatz schreibt Schlegel: »Ich behaupte, die Novelle ist sehr geeignet, eine subjektive Stimmung und Ansicht, und zwar die tiefsten und eigentümlichsten derselben indirekt und gleichsam sinnbildlich darzustellen« (Js II 411), und etwas später: »Auf ähnliche Weise ist die Novelle selbst zu dieser indirekten und verborgenen Subjektivität vielleicht eben darum besonders geschickt, weil sie übrigens sich sehr zum Objektiven neigt...« (Js II 412).Wiese hat herausgearbeitet, daß hier bereits die Spannung zwischen dem Subjektiven und dem Objektiven deutlich gesehen ist und daß dieser doppelte Aspekt die Novellenforschung bis heute – oder sagen wir besser: heute wieder – beschäftigt. Der Weg geht über Arnold Hirsch zu Benno v. Wiese, der in seinem ersten Novellenbuch, 1956, nicht nur jene Feststellung trifft, sondern auch die Definition Hirschs aufnimmt und vertieft: »Wahrheit der Begebenheit auf der einen Seite, subjektive, bis ins Artistische gehende, indirekte Formgebung auf der anderen Seite, mit diesen beiden

---

[166]) B. v.Wiese, Nov. (= Anm. 241), S. 15.
[167]) F. Schlegel, Nachricht von den poetischen Werken des Johannes Boccaccio, in: F. Schlegel, Seine prosaischen Jugendschriften, hg. von J. Minor, II. Bd, Wien 1882, S. 396–414 (oben abgekürzt: Js). – F. Schlegel, Literary Notebooks, ed. H.Eichner, London 1957 (oben abgekürzt: LN). – Kritische F. Schlegel-Ausgabe, Bd VI: Geschichte der alten und neuen Literatur, hg. von H.Eichner, 1961; Bd XI: Wissenschaft der europäischen Literatur, hg. von E.Behler, 1958 (oben abgekürzt: KA).– Dazu tritt das heute noch nicht veröffentlichte Material.

Polen scheint mit die Spannweite der Gattung Novelle angedeutet«[168]). Offensichtlich von da aus erfährt Manfred Schunicht seine Anregung und er baut Wieses Formulierung (ohne ihn zu zitieren) seinerseits, 1960, weiter aus: »Auf der einen Seite strengste Objektivität, Distanz des Berichterstatters, eine mit allen Mitteln objektivierende Perspektive, andererseits hinter den Fiktionen eine subjektiv teleologische Wirklichkeitsstruktur, durch deren artistische Verhüllung die subjektive Wirklichkeit zur scheinbar geltenden Wirklichkeit überspielt wird«[169]). Mit dem Rüstzeug moderner Literaturwissenschaft und, nicht immer zum Besten, mit ihrer modischen Terminologie ist also die Andeutung Friedrich Schlegels weitergeführt (auch er wird nicht genannt). Schunichts Definition haben wir noch genauer zu besprechen. Hier ist zu sagen, daß sie wieder von Wiese in seinen neueren Arbeiten, 1962 und 1963, aufgenommen und deutlich in die Nachfolge Schlegels gestellt wird[170]). Diese Zusammenstellung möge die Weiterwirkung der oben zitierten Äußerung Schlegels illustrieren.

Kehren wir zu ihr zurück. Es ist noch nicht alles darüber gesagt. Denn Schlegel meint mit der so gesehenen Spannung – das wird bei eindringender Betrachtung der Schlegelschen Terminologie klar – vor allem auch einen Kontrast zwischen Form und Materie, wie wir ihn in vielen anderen Stellen des Boccaccioaufsatzes ausgedrückt finden. Der Kontrast zwischen Form und Materie trifft jedoch für Schlegel keineswegs auf die Novelle allein zu, er ist für ihn ein Kennzeichen der romantischen Dichtung überhaupt. Das ist unseres Erachtens in diesem Zusammenhang noch nicht festgestellt worden, obwohl es schon aus dem Boccaccioaufsatz selbst und den mit ihm veröffentlichten Jugendschriften herausgelesen werden kann[171]). Dieser Kontrast begegnet in Schlegels Ideengut auf Schritt und Tritt, er gehört zu den unabdingbaren Kennzeichen der romantischen Poesie. Jede rein willkürliche oder rein zufällige Verknüpfung von Form und Materie nennt Schlegel grotesk oder arabesk (etwa Athenäumsfragmente 305 und 389, Js II 253 und 272), und er stößt damit zum Ideal der romantischen Poesie vor. Denn der dabei zutage tretende Kontrast und seine Verschmelzung in einer einzigen Erscheinung bedeutet

---

[168]) B. v. Wiese, Nov. I (= Anm. 235), SS. 15 u. 24.
[169]) M. Schunicht (= Anm. 152), S. 63.
[170]) B. v. Wiese, Nov. II (= Anm. 236), SS. 10 u. 18. – Ders., Nov. (= Anm. 241), SS. 7f. u. 13ff., bes. 14.
[171]) Wie Schlegel die Novelle eine Geschichte nennt, »die streng genommen, nicht zur Geschichte gehört, und die Anlage zur Ironie schon in der Geburtsstunde mit auf die Welt bringt«, wie er bei der Novelle das »Nichts« des Inhalts der kunstreichen Fülle der Form gegenüberstellt (Js II 412), so tut er das gleiche beim 'Filostrato', der gewiß keine Novelle ist und auch von Schlegel als romantisch-episches Gedicht bezeichnet wird. Über ihn heißt es etwa: »Es ist dieser Charakter eine gewisse zierliche Albernheit und eine leise, aber sehr durchgeführte Zweideutigkeit. Es geschieht eben nichts, und es ist doch eine Geschichte; ... ja eben diese ironische Unbedeutendheit macht den eigentlichen Reiz davon« (Js II 399). Und diese Aussage führt uns weiter zu anderen ähnlichen in Schlegels 'Gespräch über die Poesie', wo nun von keiner einzelnen Dichtung mehr, sondern von der romantischen Poesie überhaupt die Rede ist. Auch hier wird die Ironie mit ihrem Wechsel zum Enthusiasmus, der Schein des Einfältigen, die reizende Symmetrie von Widersprüchen (Js II 361f.) als Bedingung für die romantische Poesie mit ihrem »großen Witz« erklärt. Und andererseits heißt es wieder: »Es gibt eine Art Witz ... er muß ordentlich systematisch sein, und doch auch wieder nicht; bei aller Vollständigkeit muß dennoch etwas zu fehlen scheinen, wie abgerissen. Dieses Barokke dürfte wohl eigentlich den großen Stil im Witz erzeugen. Es spielt eine wichtige Rolle in der Novelle: denn eine Geschichte kann doch nur durch eine solche einzig schöne Seltsamkeit ewig neu bleiben« (Athenäumsfragment 383, Js II 271). So ist die Vorstellung vom Kontrast zwischen Form und Materie von einem Einzelbeispiel aus bis in die Allgemeingültigkeit der romantischen Poesie und wieder zurück zur Novelle zu verfolgen.

nicht weniger als einen Ausdruck für die ideale Synthese der absoluten Gegensätze, der Vereinigung des Unvereinbaren, wie sie schließlich die unendliche Fülle in der unendlichen Einheit darstellt[172]). So reiht sich auch die Novelle mit ihrem Kontrast in das große Programm ein, das Schlegel für seine Idee von der romantischen Poesie entwirft. Aus dieser Sicht erklären sich andere Aussagen Schlegels über die Novelle von selbst, etwa die: »Eine Novelle ist eine witzige Begebenheit; auch Begebenheiten können naiv sein, Humor und Caricatur haben; grotesk, das versteht sich von selbst« (LN 1441). Wenn die Novelle mit ihrem Kontrast ein Ausdruck der romantischen Poesie ist, so wird es daraus verständlich, daß Schlegel sie ohne weiteres mit der eigentlichen romantischen Gattung, dem Roman, vereinigen kann. Dafür gibt es eine ganze Menge von Äußerungen: »Novelle ist ein analytischer Roman ohne Psychologie« (LN 450), oder: »Die wahre Novelle ist zugleich Romanze und Roman« (LN 1102), oder umgekehrt: »Der organische Roman ist eine Novelle, d. h. ein Roman, der sich ganz aufs Zeitalter bezieht« (LN 1430). Von anderer Seite her, und zwar nur vom Boccaccioaufsatz ausgehend, hat Ernst Behler schon die enge Berührung erkannt, die in Schlegels Kunsttheorie zwischen der Novelle und dem Roman als spezifisch romantischen Kunstform besteht[173]). In seiner späteren Periode hat Schlegel die Novelle durchgehend und völlig dem Roman genähert (vgl. KA XI 159), noch später rückt er von der Novelle als solcher ab (vgl. KA VI 217).

Alle diese Überlegungen können hier nur andeutungsweise vorgebracht werden. Aber sie zeigen bereits, daß Friedrich Schlegels Charakteristik der Novelle keineswegs in unbedingter Geltung auf sie allein zutreffen soll, daß sie vielmehr als Teil seines umfassenden Gedankengebäudes zu verstehen ist. Das soll nicht daran hindern, seine Erkenntnisse heute auszuwerten und weiterzuführen, aber es soll zur Vorsicht mahnen, wenn man damit den einen und wahren Zugang zur Novelle gefunden zu haben glaubt.

Die Auswirkung der Novellendefinition Friedrich Schlegels finden wir allenthalben. Hellmuth Himmel hat eine Verbindungslinie zu Musils Ansicht gezogen[174]). In abgewandelter Form treffen wir sie in verschiedenen neuen Versuchen über die Novelle an, so im letzten Teil des Aufsatzes von Manfred Schunicht (was Wiese schon gezeigt hat), aber auch in anderen Arbeiten, die im folgenden zur Sprache kommen.

IV

Es gibt eine Reihe von Bemühungen, die, auch wenn sie letzten Endes auf historischen Theorien fußen, mit Hilfe der Erkenntnisse moderner Literaturwissenschaft über Struktur, Erzählhaltung und ähnliches an die Novelle herankommen und neue Kennzeichen feststellen wollen.

So versucht Manfred Schunicht (vgl. Anm. 152) nach seinen wichtigen Ergebnissen über die Novellentheorien Tiecks und Heyses, die »allerdings notwendig destruktiv« waren, nun seinerseits eine Neuorientierung. Er lehnt es ein für allemal ab, mit »formalästhetischer Begriffsfindung« noch weiterzuarbeiten (S. 59), und will, wie er angekündigt hatte, »eine andere Fragestellung« aufwerfen, »um zu

---

[172]) Über diese Zusammenhänge unterrichtet eine in Kürze erscheinende Arbeit des Referenten. Vgl. vorerst K. K. Polheim, Studien zu F. Schlegels poetischen Begriffen, DVjs., Jg. 35, 1961, S. 363–398. – Vgl. auch Anm. 159.
[173]) E. Behler, KA XI (= Anm. 167), S. 333. – Vgl. auch unsere Anm. 69.
[174]) H. Himmel (= Anm. 75), S. 31. – R. Musil (= Anm. 165).

einem Ergebnis zu gelangen, das auch die bisherigen Gegner der Novellentheorie akzeptieren können. Die innere Form der Novelle ist aufzufinden, die Gesetzlichkeit ihrer Struktur freizulegen« (S. 47). Er hebt drei Punkte heraus, um das Phänomen Novelle anzupacken: die »Funktion des Erzählers«, die »Situation des Lesers« und, daraus erwachsend, die besondere »Struktur novellistischer Wirklichkeit« (S. 59)[175]. Erstens sieht er den Novellisten in »einer eigentümlich unverwechselbaren Erzählhaltung«: er strebe, mit Hilfe zahlreicher Fiktionen, den Schein an, als Außenstehender mit höchster Objektivität zu berichten, während er seine innere Verflochtenheit mit dem Werk auf verschiedenste Weise verschleiere. Damit nehme er die Gesamtperspektive des Wissenden ein, der am besten über das erzählte Geschehen informiert sei und daher auch unbedingte Glaubwürdigkeit verlange. Weil er sich so dem Zwang der Objektivität verpflichtet habe, seien ihm andererseits »eigenmächtig ändernde Eingriffe, die die fiktive Perspektive des Berichtes aufhöben, scheinbar notwendig verwehrt« (S. 59f.). Der Leser, zweitens, verfalle diesen artistischen Konstruktionen und werde durch die Berichterstatter-Perspektive des Novellisten »auf den gleichen Punkt weit außerhalb des Geschehens« gestellt, von dem aus dieser selbst zu berichten scheine – mit dem Unterschied freilich, daß der Leser das Spiel des Erzählers nicht durchschaue (S. 60f.). Drittens: »Die mit den verschiedensten Mitteln erstrebte Objektivität der Darstellung des Geschehens entlarvt sich in dem Augenblick als Schein und als artistische Verhüllung höchster Subjektivität, in dem man die Struktur der gestalteten poetischen Wirklichkeit genauer betrachtet« (S. 61). Diese Struktur sei gekennzeichnet durch die »Gipfelbildung des Geschehens«, ohne daß freilich ein einzelnes Spitzenmotiv (Heyse) nötig sei. Die einzelnen, oft heterogen wirkenden Motive, die verschiedenen, scheinbar nie tangierenden Handlungsstränge erwiesen beim verstehenden Einblick in die Gesamtkonzeption ihre innere Zusammengehörigkeit, ihre dichte Verknüpfung. Denn der Novellist stelle eben nicht die empirische Realität dar, wie er zu tun vorgäbe, sondern er löse die einzelnen Ereignisse aus den Zusammenhängen dieser tatsächlichen Wirklichkeit, er stelle sie in eine planvolle, wenn auch verhüllte Kombination und er verfolge sie bis in die letzte Konsequenz. So werde hinter der scheinbar dargestellten objektiven Wirklichkeit »die subjektiv teleologische Wirklichkeitsstruktur novellistischen Erzählens deutlich« (S. 61f.). Und so kann Schunicht sagen, daß alles in der Novelle eine doppelte Bewandtnis habe. »Die Erkenntnis der grundsätzlich bilateralen Struktur der Novelle ist die entscheidende Voraussetzung für jede Diskussion über diese Form« (S. 61). Dieses Ergebnis will Schunicht nicht für die gesamte Novellendichtung als verbindlich erklären, er schränkt es auf den »deutschen Novellentyp des 19. Jahrhunderts« ein. Neben diesem sieht er einen anderen, »modernen«, der eine Wirklichkeit darstelle, »die hinter der empirischen Realität liegt, eine Wirklichkeit, die nur in Chiffren aussagbar ist« (S. 64).

Die von Schunicht genannten Punkte finden sich bereits in anderen Untersuchungen auf diese oder jene Weise als Kennzeichen der Novelle angeführt. Schunichts

---

[175] Schunicht weist hier für den letzten Punkt ausdrücklich auf seine Folgerungen aus Tiecks Theorie hin. Wir haben Anm. 159 festgestellt, daß diese irrig waren. Jetzt können wir auch den Grund besser erkennen und erklären. Schunicht las aus F. Schlegels Athenäumsfragment Nr. 429 nur sein Problem heraus und berücksichtigte nicht, daß die dort genannten »willkürlichen und seltsamen Verknüpfungen und Verwechslungen« für Schlegel keineswegs eine spezielle Geltung (auf die Novelle etwa) haben, sondern – gerade so wie der oben (Anm. 171) genannte »Kontrast« – Kennzeichen der idealen romantischen Poesie überhaupt sind.

Punkt eins: die Erzählhaltung, wurde auch von Nino Erné berührt, der manche feine Beobachtung macht[176]). Aber es gilt für ihn wie für Schunicht, daß alle diese Überlegungen sich nicht auf die Novelle allein beziehen, sondern auf jede Erzählliteratur, besonders und mit gleicher Intensität auf den Roman. Schunicht nennt in diesem Zusammenhang den Roman ausdrücklich. Er charakterisiert dessen Erzähler als »bis zur Abstraktheit ungebunden, keinem Gesetz empirischer Realität unterworfen«, während der Novellist eben von der Fiktion lebe, »in jeder Phase seiner Darstellung streng an die Bedingungen und Bedingtheiten empirischer Realität gebunden zu sein« (S. 60). Ist der Novellist nach Schunicht »der Wissende«, so könnte man den Romanerzähler den Waltenden nennen. Aber Schunicht nimmt nur eine bestimmte Ausprägung des Romans als Gegenbeispiel her, er nennt Thomas Manns 'Erwählten'. Er übersieht, daß es im Roman genügend andere Spielarten gibt, in denen sich die Ungebundenheit des Erzählers gerade in freiwilliger fiktiver strenger Bindung äußern kann, ebenso wie bei Schunichts Novellisten[177]). Eng mit der Haltung des Erzählers verquickt ist die Situation des Lesers (Schunichts zweiter Punkt). Die »Reception des Lesers zur Gleichrangigkeit mit dem Erzähler« kann ein Kennzeichen jeder erzählenden Dichtung sein. Besonders Wolfgang Kayser hat hervorgehoben, daß der Erzähler wie der Leser zur Fiktion der Dichtung überhaupt gehören[178]).

Schunichts Punkt drei: die »Gipfelbildung in der Kommunikation der Motive« mit der »planvollen Anordnung der Geschehnisverläufe« und daraus erkennbar die »subjektiv teleologische Struktur« der »Wirklichkeitsgestaltung« (S. 61f.), dieser Punkt wird unter verschiedenen Formulierungen öfters vorgebracht. Er meint schließlich ähnliches wie schon Mundt und Storm (s. oben III. Teil, bes. Anm. 160ff.).

Lutz Mackensen sprach von der »Spannung zwischen einer eingängigen Einfachheit und einem nur langsam entfalteten Bezug auf Zusammenhänge«[179]). Arno Mulot[180]) führt aus: »Die Novelle verlangt eine besondere, doppelseitige Verdichtung des sprachlichen Ausdrucks« (S. 7). Schon »die ersten Sätze und Seiten einer der großen Novellen des 19. Jahrhunderts« sind für ihn von jener seltsamen Spannung erfüllt, welche die Kunstform »Novelle« kennzeichne, schon hier falle die Entscheidung, »ob jemand zum Novellendichter berufen ist«, denn es zeige sich bereits das für die Novelle notwendige »Ineinander von objektiver Gehaltenheit und subjektiver Entscheidung« (S. 8). So betrachtet Mulot denn – wie Erné und Koskimies auch (s. unten) – vor allem die Ein- und Ausgänge der Novellen, und er kommt zu dem Ergebnis, daß Anfang und Ende der Komposition, die Folge der Szenen zwar äußerlich von der scharf abgegrenzten Fabel des einmaligen Falles bestimmt seien; aber dies »führt nur scheinbar zu der geradlinig fortschreitenden und aufsteigenden Bewegung, mit der die romanische Novelle zielsicher der Pointe zustrebt. Den unausgesprochenen Sinnbezügen nach ist die moderne Novelle gleichsam in jedem Augenblick dem Ziel gleich nahe« (S. 13). So sei es we-

---

[176]) N. Erné (= Anm. 181), S. 44ff. – Vgl. auch L. Mackensen (= Anm. 116), S. 757, der von der »Abstandshaltung« und »scheinbaren Unbeteiligtheit« des Erzählers spricht.

[177]) Vgl. die Forschungen von W. Kayser (= Anm. 129). – E. Lämmert (= Anm. 20), S. 67ff. – Franz Stanzel, Die typischen Erzählsituationen im Roman, dargestellt an Tom Jones, Moby Dick, The Ambassadors, Ulysses u. a. (= Wiener Beiträge zur engl. Philologie, Bd 63), Braumüller Verlag, Wien – Stuttgart 1955, 176 S. – Herman Meyer, Von der Freiheit des Erzählers, in: H. Meyer, Zarte Empirie (= Anm. 185), S. 1ff.

[178]) W. Kayser, Wer erzählt den Roman? (= Anm. 129), S. 88ff.

[179]) L. Mackensen (= Anm. 116), S. 757. – Vgl. auch Anm. 176.

[180]) A. Mulot, Die Novelle und ihre Interpretation, Der Deutschunterricht, Jg. 3, 1951, Heft 2, S. 3–17.

niger die zielstrebige Bahn des Steinwurfes als die Bewegung der vom Steinwurf aufgerührten Wellenkreise, mit der sich die Abfolge der Szenen vergleichen ließe.

Auch Nino Erné[181]) kommt in seiner unverbindlichen, aber gescheiten und anregenden Plauderei über die Novelle auf die »Eröffnungen« zu reden, die er in einem eigenen Kapitel an verschiedenen Beispielen durchmustert und bespricht: allen sei ein »voller Akkord« gemeinsam (S. 17ff.). Er macht jedoch daraus keine unbedingte Regel, mit Recht, denn Rafael Koskimies hat gerade hier Parallelen zum Roman aufgezeigt[182]). Später spricht Erné von einem Punkt in der Novelle, »auf den sich jeder Satz, jedes Bild, jede Handlung der Novelle irgendwie beziehen lasse, die Nabe, in der alle Speichen des Rades sich treffen« (S. 54). Das weist jedenfalls in dieselbe Richtung wie Schunichts »teleologische Struktur«. Erné nennt diesen Punkt »Kristallisationspunkt« und aus seinem Beispiel, der Novelle 'Die Venus von Ille' von Mérimée, geht hervor, daß der Kristallisationspunkt – es ist in diesem Fall die Statue der Venus – mit dem sonst oft genannten »Dingsymbol« identisch sein kann[183]). In der Tat ist ja das durchgehende Dingsymbol eine Möglichkeit (von vielen) für die Verknüpfung von Ereignissen und Motiven, für die Ausrichtung auf eine Spitze hin.

Wolfgang Maier[184]) erkennt – anläßlich der Besprechung einer »modernen Novelle«– in der »klassischen« Novelle ein »gleichsam teleologisches Prinzip. Nach ihm ist das Ende der Erzählung nicht irgendein Punkt, zufällig der letzte in der Sukzession des Erzählens. Sondern das Ende, der Effekt schwebt in jeder Phase der Erzählung mit, wird immer mehr ausgefolgt, immer mehr präzisiert in der fortwährenden Konzentration der Darbietung« (S. 68). Maier tut für seinen Zweck gut daran, gerade diesen Vorgang herauszuheben, weil er ihn auf mancherlei Weise in dem besprochenen modernen Werk gestaltet findet. Er übersieht, daß dieses Bestreben ebenso und vor allem in modernen Romanen aufscheint: die Techniken der Simultaneität, des Standpunktwechsels, der Zertrümmerung der Zeitfolge arbeiten darauf hin, und wir finden in den Romanen der Faulkner, Virginia Woolf, Böll oder Doderer, daß das Ende »immer mehr ausgefolgt, immer mehr präzisiert« wird.

Mit Recht hat daher Werner Zimmermann[185]) bei seinen Interpretationen moderner deutscher Prosadichtung zusammenfassend einen »absoluten Funktionalismus« festgestellt (I, S. 275, II, S. 193), womit er »eine umfassende Wechselbeziehung der Teile zum Ganzen« meint. »Nicht die Teile an sich sind wesentlich, wesentlich ist ihre Relation«. Diese Bestimmung treffe gewiß auch den Gattungscharakter, vor allem den der Novelle und der Kurzgeschichte (II, S. 193), doch sei dieser absolute Funktionalismus der modernen Kunst überhaupt eigentümlich (I, S. 275).

Die »Gipfelbildung des Geschehens«, das »teleologische Prinzip«, der »abso-

---

[181]) N. Erné, Kunst der Novelle, 2. Auflage, Limes Verlag, Wiesbaden 1961, 127 S. – (1. Aufl. 1956).

[182]) R. Koskimies (= Anm. 195), S. 78ff. – Vgl. den Text zu Anm. 199.

[183]) Erné setzt »unerhörte Begebenheit und Wendepunkt« als »Pointierung« ausdrücklich davon ab. – Zum »Dingsymbol« vgl. H. Pongs (= Anm. 87) und B. v. Wiese (= Anm. 234).

[184]) W. Maier, Moderne Novelle (Günter Grass: 'Katz und Maus'), Sprache im technischen Zeitalter, 1. Heft, 1961, S. 68–71.

[185]) W. Zimmermann, Deutsche Prosadichtungen der Gegenwart. Interpretationen für Lehrende und Lernende, 3 Teile, Pädagogischer Verlag Schwann, Düsseldorf 1953ff.; Teil I, 4. Auflage 1962, 300 S. (1. Auflage 1956), Teil II, 7. Auflage 1962, 207 S. (1. Auflage 1953), Teil III, 1. Auflage 1960, 300 S. – Vgl. weiter den Text zu Anm. 249.

lute Funktionalismus« oder was man sonst noch für tönende Namen gebrauchen möchte – sie sind jedoch weder allein in der modernen Dichtung noch allein in der Novelle vorhanden und wirksam, sie herrschen vielmehr in jeder erzählenden Dichtung. Wenn eine Erzählung ein sprachliches Kunstwerk sein soll, so muß sie zu einer Einheit und Ganzheit gestaltet sein [186]), und dazu dienen – unter anderen – auch die oben genannten Momente.

Eine andere Frage ist es, wie sich der künstlerische Bau einer Erzählung zur Wirklichkeit des Lebens verhält. Er kann sich bewußt von ihr abwenden, er kann aber auch eine Übereinstimmung mit ihr vortäuschen. Diese »Fiktion einer Kongruenz der empirischen Realität mit der poetischen Wirklichkeit«, hinter der erst »das höchst subjektive Gefüge der dargestellten Wirklichkeit deutlich ablesbar« sei, ist für Schunicht ein Kennzeichen der Novelle. Aber immer, wenn der Dichter Realität darzustellen scheint, wird dies Fiktion sein, sonst wäre er Reporter und kein Dichter, das Werk ein Bericht und kein dichterisches Kunstwerk. Selbst die naturalistischen Romane und Erzählungen schildern keineswegs die Wirklichkeit ab, wie sie ist. Sie wählen aus, setzen Akzente, verknüpfen und gliedern – und spielen so, mit Schunichts Worten, durch eine »artistische Verhüllung die subjektive Wirklichkeit zur scheinbar geltenden Wirklichkeit« hinüber [187]).

Aus alle dem wird klar, daß auch die »bilaterale Struktur« nicht auf die Novelle eingeschränkt bleiben kann. Diese »doppelte Bewandtnis« Schunichts trifft sich wieder mit Erné, der von einem »doppelten Boden« spricht, und mit Mulot, der zusammenfassend behauptet, daß »alles in der Novelle eine doppelseitige Bewandtnis hat und daß man, um sie dichterisch zu erschließen, über den logischen und psychologischen Zusammenhang des objektiven Berichtes in die sinnbildliche Tiefe der dichterischen Schöpfung vorstoßen muß« [188]). Aber jede künstlerisch hochwertige Erzählung wird diese »bilaterale Struktur«, oder wie sonst man sie nennen will, mehr oder minder ausgeprägt in sich tragen. Auch Friedrich Schlegel, wenn wir jetzt noch einmal auf ihn zurückblicken, hat diese Kontraststruktur keineswegs auf die Novelle allein bezogen, er hat sie stets in jeder wahrhaften Dichtung wirken sehen und er hat sie immer für sein romantisches Ideal gefordert.

So geht es schließlich mit den neu gesehenen Merkmalen für die Novelle wie mit den alten: sie können ein spezielles Wesen der Novelle letzten Endes nicht bestimmen. Der Unterschied besteht nur darin, daß die traditionellen Merkmale aus dem Gebiet des Stoffes und der äußeren Form abgeleitet sind, während die neuen sich auf kompliziertere Erscheinungen wie die Erzählhaltung und das Verhältnis zur Wirklichkeit stützen. Diese neuen Merkmale sind wirklich typisch, das stimmt schon, aber sie sind typisch im Sinne Lämmerts, wie wir es eingangs besprochen haben. Das heißt, es sind »allzeitige Möglichkeiten« der Erzählkunst und gerade deswegen nicht auf eine einzelne epische Gattung einzuengen [189]).

*

---

[186]) Herman Meyer hat dies in letzter Zeit immer wieder betont. Vgl. H. Meyer, Zarte Empirie. Studien zur Literaturgeschichte, J. B. Metzlersche Verlagsbuchhandlung, Stuttgart 1963, 418 S. – Bes. SS. 6ff. u. 12ff.

[187]) Vgl. dazu auch Richard Brinkmann, Wirklichkeit und Illusion. Studien über Gehalt und Grenzen des Begriffes Realismus für die erzählende Dichtung im 19. Jahrhundert, Max Niemeyer Verlag, Tübingen 1957, XII +347 S.

[188]) M. Schunicht (= Anm. 152), S. 61. – N. Erné (= Anm. 181), S. 62ff. – A. Mulot (= Anm. 180), S. 14.

[189]) Daher hilft es in diesem Fall auch nicht weiter, daß Schunicht die von ihm erkannten Merkmale nur für einen bestimmten eingeschränkten »Novellentyp«, für die deutsche

Neben diesen Versuchen, die eine teleologische oder eine bilaterale Struktur oder auch beides zusammen für die Novelle feststellen, gibt es noch andere, die neue Zugänge zum Wesen der Novelle freilegen und neue Anregungen für die Erkenntnis der Novelle beisteuern wollen. Sie seien hier in unverbindlicher Folge angereiht.

Schließen die eben genannten Bemühungen bewußt oder unbewußt, mittelbar oder unmittelbar an Friedrich Schlegel, teilweise auch an Theodor Mundt an, so knüpfen die folgenden an Goethes Definition der Novelle als »unerhörte Begebenheit« an. Hierbei ist nicht wichtig, wie Goethes Äußerung selbst beurteilt wird – das kam schon oben zur Sprache –, sondern was für neue Erkenntnisse daraus gewonnen werden können. Nachzutragen ist zunächst eine Forderung Nino Ernés, die er an die Novelle stellt: die Forderung nach der, von ihm so genannten, Pointierung. Diese ist nicht mit dem von ihm besprochenen Kristallisationspunkt (s. oben) zu verwechseln, sondern sie wird von der unerhörten Begebenheit Goethes und dem, hier gleichgesetzten, Wendepunkt Tiecks abgeleitet. Sie könne sich äußern durch eine einfache Pointe oder eine Kettenreaktion von Pointen (in der klassischen Novelle), durch die gebrochene Pointe (Keyserling: 'Am Südhang'), durch die verborgene Pointe (Valery Larbaud: 'Rose Lourdin'), ja durch eine raffinierte Auflösung der Pointe durch die künstlerische Ironie, so daß eben dies die Pointe sei (Pirandello) – »eine Novelle ohne die geringste Pointe gibt es nicht«[190]).

In ganz anderer Richtung geht Heinz Otto Burger[191]) von Goethes Äußerung aus. Sie allein verweise uns gleichsam auf das Urphänomen der Novelle. »Der Gesellschaft eine sich ereignete unerhörte Begebenheit, einen einzelnen absonderlichen Vorfall wirkungsvoll erzählen zu sollen und zu wollen, das ist eine jener Ursituationen, auf die der Mensch künstlerisch antwortet. Aus ihr ergibt sich darum eine dichterische Urform, eine eigenständige künstlerische Gattung. Die Erscheinungsformen dieser Gattung, wie jeder künstlerischen Gattung, wandeln sich mit dem Wandel der Gesellschaftsformen« (S. 91). So könne in jeder Epoche der Genotyp immer wieder anders erscheinen, wenn er auch nach einem Phänotyp des 14. Jahrhunderts »Novelle« heiße. Es habe verwirrt, daß auch die poetische Urform diesen Namen trage, aber sie dürfe keineswegs mit der italienischen Renaissancenovelle gleichgesetzt werden, wenn sie dort auch ausnehmend glücklich verwirklicht worden sei. Die Ur- oder Wesensform sei eine immer wieder neu und anders zu verwirklichende Aufgabe, die nur in einer gemeinsamen Ursituation gründe, bestimmt von zwei Faktoren: »einem einmaligen und einzigartigen Ereignis, von dem gesprochen wird, und einer vorhandenen und vorgestellten Gesellschaft, zu der gesprochen wird«. Burger unterscheidet damit grundsätzlich zwischen der so umgrenzten Wesensform der Novelle und zwischen den Erscheinungsformen, wie sie von Tieck, Heyse u.a. geschildert wurden. Neben diesen Erscheinungsformen will er noch eine »deutsche Sonderform« gelten lassen, wenn die Symbolhaftigkeit allein den Formcharakter einer Geschichte bestimme.

Für Heinrich Henel[192]) ist die unerhörte Begebenheit der Ansatzpunkt, um

---

Novelle des 19. Jahrhunderts, gelten lassen will. Die Unmöglichkeit dieser Einschränkung zeigt sich übrigens schon darin, daß dieselben Merkmale von anderen gerade für die moderne Novelle (Maier) oder für die moderne Prosadichtung überhaupt (Zimmermann) festgestellt werden. Vgl. den Text zu Anm. 184f. und die Anm. 296.

[190]) N. Erné (= Anm. 181), SS. 85ff. u. 94.
[191]) H.O.Burger, Theorie und Wissenschaft von der deutschen Novelle, Der Deutschunterricht, Jg. 3, 1951, Heft 2, S. 82–98.
[192]) H.Henel, Conrad Ferdinand Meyers 'Nach einem Niederländer', in: Wächter und

die deutsche Novelle des 19. Jahrhunderts scharf von der italienischen Renaissancenovelle abzugrenzen. Wir haben diese Trennung schon in anderem Zusammenhang erwähnt (vgl. Anm. 120), hier ist die Begründung nachzutragen. Henel spricht dem Gedicht 'Nach einem Niederländer' von Conrad Ferdinand Meyer einen novellistischen Charakter zu, und er findet hier zwei »unerhörte Begebenheiten«, ebenso wie in der deutschen Novelle des 19. Jahrhunderts: Kleists 'Erdbeben in Chili' bestünde aus zwei unerhörten Begebenheiten, Brentanos 'Kasperl und Annerl' gar aus vier, und jede einzelne entspräche einer Novelle Boccaccios. Damit wäre – ohne daß dies ausdrücklich ausgesprochen ist – Goethes Definition auf die italienische Renaissancenovelle und ihre Nachfolger eingeschränkt, während »die viel spätere und kompliziertere deutsche Novelle« – entstanden »aus dem Zusammenschluß von zwei oder mehr, verschiedenen Quellen entstammenden 'Anekdoten'« (was an Friedrich Schlegel erinnert) – mehrere solcher unerhörter Begebenheiten zusammenfüge und kunstvoll verschlinge. Das bedeutet eine grundlegende Abweichung von allen anderen Novellentheorien, welche ja seit Goethe immer betonen, daß die e i n e unerhörte Begebenheit, die im Mittelpunkt stünde, das Charakteristikum jeder Novelle ausmache. Gleichzeitig wird aber die Gefahr terminologischer Mißverständnisse heraufbeschworen. Denn wo Henel, etwa bei seinem Ausgangspunkt, dem Gedicht C.F. Meyers, zwei unerhörte Begebenheiten sieht: »der Vater malt sein totes Kind; der Künstler dient dem Philister« (S. 117), dort könnte ein anderer die »unerhörte« Begebenheit erst in dem Zusammentreffen jener beiden Handlungsteile finden, also darin, daß an den sein totes Kind malenden Vater der neue kontrastierende Auftrag erteilt wird. Diesen Vorgang bezeichnet dagegen Henel als »das Problem, das eigentliche Anliegen des Dichters«, welches »gewissermaßen aus den Fugen zwischen den Begebenheiten erwächst« (S. 118). Ähnlich verhält es sich mit den genannten Novellen von Kleist und Brentano, für die andere Forscher eine einzige unerhörte Begebenheit feststellen[193]), weil sie mit diesem Begriff andere Vorstellungen verbinden. So müßte einer Fortführung oder Übernahme der hier vorgebrachten These eine terminologische Abklärung vorangehen, die in Henels nur skizzierten Bemerkungen freilich nicht zu erwarten ist. Jedenfalls ist neuerlich die Verschiedenartigkeit der Novellenform in der Renaissance und im 19. Jahrhundert betont.

Auch Arno Mulot spricht, wie wir bemerkt haben[194]), von der Unwiederholbarkeit der Renaissancenovelle und vom grundsätzlichen Unterschied zur deutschen Novelle nach 1800. Auch er sieht in der unerhörten Begebenheit ein Kriterium, um beide zu charakterisieren, tut es aber auf andere Weise. Er führt zunächst aus, »daß die Gattung der Novelle wie jede andere Kunstgattung keineswegs zu jeder Zeit verfügbar und schematisch zu bewältigen ist«. Die Novelle hätte zweimal in verschiedenen Jahrhunderten »ihre« Zeit gehabt, aber »das allgemeine Übereinkommen faßt auf Grund formaler Kriterien diese innerlich ganz verschiedenen Ausprägungen des Novellentyps unter demselben Namen zusammen«. Mulot sieht die Verschiedenartigkeit darin, daß die romanische Novelle der Renaissance ein festes zusammenhängendes Weltbild voraussetze, während die nach 1800 einsetzende deutsche Novellenkunst auf keinerlei allgemeinverbindliche Weltanschauung gestützt, mit dem dargestellten Ereignis zugleich auch das sinngebende Ganze hätte schaffen müssen. »So ist in der neueren Novelle die unerhörte Begebenheit

---

Hüter, Festschrift für Hermann J. Weigand, Yale University, New Haven 1957, S. 108–120.
[193]) Zu Kleists 'Erdbeben in Chili', vgl. Pongs (= Anm. 87), S. 105 ff. – Auf Brentanos 'Kasperl und Annerl' werden wir noch ausführlich zu sprechen kommen, vgl. Teil V.
[194]) A. Mulot (= Anm. 180), S. 4 ff. – Vgl. den Text zu Anm. 119.

nicht mehr das Ziel, sondern der Ausgangspunkt. Begegnete man einst damit der drohenden Erstarrung oder Entartung, indem man die überraschenden Konstellationen und vielfachen Möglichkeiten auf dem Boden der festen gesellschaftlichen Gegebenheiten phantasievoll gestaltete, so fühlte sich der Dichter jetzt durch sie aufgerufen, den Hintergrund des Daseins aufzuschließen, die fragwürdig gewordene Beziehung zwischen dem Außerordentlichen und der Totalität des Lebens aus eigener Kraft neu zu stiften Die einzelne Novelle wird jetzt in ganz anderem Sinn als in dem romanischen Vorbild zu einem 'Ereignis', nämlich zu einem Dokument individueller Schöpferkraft«. Ist es damit nicht fragwürdig geworden, von demselben Gattungstyp zu reden? So lassen diese Ausführungen ähnliche Resultate zu wie die Untersuchung Mackensens (vgl. den Text zu Anm. 116).

*

Zu diesen Bemühungen um eine neue Erfassung der Novelle gesellt sich die 'Theorie der Novelle' des finnischen Gelehrten Rafael Koskimies[195]), der einst eine viel beachtete Theorie des Romans vorgelegt hat. Wie wir bisher immer eine historisch gewordene Theorie als Anknüpfungspunkt für einen neuen Versuch festgestellt haben, so könnten wir jetzt die Falkentheorie Heyses nennen, an der sich die Überlegungen Koskimies', allerdings im Widerspruch, entzünden. Sie bieten kein festes System, sondern handeln einige unkonventionell aufgegriffene Probleme in elastischer, zwangloser Folge ab. Der erste Abschnitt behandelt den idealen Erzähler und die Frage nach Rahmen und Gesellschaft. Wir haben über ihn bereits berichtet (vgl. unter Anm. 131). In einem zweiten Ansatz unterscheidet Koskimies, und zwar schon von den Urquellen an, zwei Gattungen der künstlerischen Erzählung, »deren Grenzen besonders die Franzosen stets klar zu halten vermocht haben: die eine heißt auf französisch *conte* (Anekdote, Geschichte), die andere *nouvelle* (Novelle)« (S. 71)[196]). Dabei spricht Koskimies der Gattung *conte* jene relative Neuheit zu, die sonst oft von der Novelle gefordert wird; er charakterisiert diese Gattung *conte* als anekdotenhaft, festgeknotet, als »eine witzig zugespitze Geschichte, die mathematisch lückenlos geschlossen ist« (S. 72), er rechnet ihr Boccaccio, Balzac, Maupassant oder O. Henry zu. Auf sie passe »ausgezeichnet, fast restlos« Heyses Falkentheorie[197]). Andererseits habe Cervantes seine »eigene üppige und vollblütige Novellenart« begonnen, welche ein fruchtbares Vorbild besonders für die deutsche Novelle (Goethe, Kleist, Keller, Meyer, Stifter) abgegeben hätte, »worin Stimmung und psychologische Vertiefung einen wichtigeren Anteil haben als die scharfumrissene Gestalt« (S. 73). Schließlich nennt Koskimies als »den Bahnbrecher einer neuen Richtung« Tschechow, der beweisen sollte, »daß die als vollkommen anzusprechende künstlerische Novelle ohne 'Falken' auskommen kann« (S. 74f.). Für diesen also wie für jene »Art von germanisiertem Cervantes-Stil« (S. 73) böte Heyses Theorie keinen Schlüssel. Offen bleibt, ob Koskimies die beiden von Cervantes und von Tschechow begründeten Rich-

---

[195]) R. Koskimies, Die Theorie der Novelle, Orbis Litterarum, Bd 14, 1959, S. 65–88.
[196]) Mit dieser Feststellung und der Unterscheidung der Begriffe *conte* und *nouvelle* befindet sich Koskimies im Gegensatz zu W. Pabst (= Anm. 53), S. 231 ff., der wiederholt ausführt, daß sich die beiden Begriffe in Frankreich völlig und »ohne Gattungsgrenzen« vermischten.
[197]) Bei der Besprechung der Theorie Heyses selbst identifiziert Koskimies allerdings irrig die »Silhouette« und den »Falken« mit dem »Wendepunkt« (S. 74), ohne daß dies aber für das Endresultat ausschlaggebend wäre.

tungen zusammengesehen der Gattung *conte* gegenüberstellen oder welche von beiden er mit dem anderen Gattungsnamen *nouvelle* bezeichnen will. Auch aus den späteren Äußerungen ist in diesem Punkt keine Klarheit zu gewinnen; so wird Tschechows Novellenkunst einerseits als vollständige Neuerung gesehen (S. 77). »auf die die klassischen, von Boccaccio und Cervantes herkommenden Regeln nicht mehr paßten« (S. 81); andererseits hätten auf sie bereits die kühnsten Genieblitze Cervantes' und Kleists vorausgewiesen (S.84), sie zeigte in der Komposition Ähnlichkeiten mit Goethe (S. 86).

In einem dritten Ansatz behandelte Koskimies das Verhältnis von Novelle und Roman, und er kommt zu dem überraschenden und den meisten Novellentheorien entgegenstrebenden Ergebnis, daß der Unterschied zwischen Roman und Novelle letzten Endes lediglich darin liege, »daß man in der Novelle die epischen Stilmittel sparsamer anwendet als im Roman« (S. 76)[198]). Ausführlich beschäftigt sich Koskimies mit den Novellenanfängen, weil diese nach Sean O'Faolain typisch für die Novelle seien[199]), er weist jedoch an Hand von Beispielen nach, daß es sich ebenso gut um Romananfänge handeln könne. Derart wird auch Heyses »Romanhorizont« für die Novelle in Anspruch genommen. »Die umfangreichen Novellen von Goethe, Keller, Stifter und Storm stehen wegen ihrer zahlreichen Personen und ihrer miteinander verknüpften Motive kleinen Romanen sehr nahe« (S. 80f.). Auch erweiterten die dargestellten subjektiven Gedanken und verhältnismäßig ausgedehnte Naturschilderungen die Novellenform »viel häufiger, als man in der Theorie meistens zugeben will« (S. 81)[200]). Koskimies kann sich dergestalt gegen ein Hauptdogma der bisherigen Novellentheorie wenden, weil er eine andere Auffassung von der Novelle vertritt. Er denkt vor allem an die von Tschechow begründete »moderne Novellenform«, welche »an die Stelle des Wendepunktes die verdichtete Unterstreichung der Stimmung setzte und die Silhouette in dichterisches Halbdunkel auflöste« (S. 81). Wie diese »moderne Novellenform« allerdings zu der eben genannten romanhaften Form der deutschen Novelle sich verhalte, bleibt unberücksichtigt und unklar, ähnlich wie das vorhin aufgezeigte Verhältnis jener Richtungen, die Koskimies der Gattung *conte* gegenüberstellt.

Wenn Koskimies die Begriffe des Wendepunktes und der scharfen Silhouette für diese neue Novellenform ablehnt, so weist er andererseits nach, daß »der deutliche Wendepunkt durchaus nicht zu den alleinigen Vorrechten der Novelle gehört, sondern daß man ihn in aller Erzählkunst antrifft, auch in umfangreichen Romanen« (S. 82)[201]). In diesen gebe es allerdings meist mehrere solcher Wendepunkte, aber »eine derartige romanhafte Dezentralisation ist offenbar auch der Struktur der modernen Novelle eigen« (S. 83). Auf diese Weise gelangt Koskimies zu »einer sozusagen steigerungslosen Novellenform«, welche »eine alltägliche Episode ohne Steigerung und Senkung, ohne Höhepunkt und Katastrophe« zu erzählen scheint

---

[198]) Koskimies zitiert diese gewichtige Feststellung aus seinem Buch 'Yleinen runousoppi' (Allgemeine Poetik) von 1937 und bekennt sich nach wie vor zu dieser Definition. – Vorher allerdings setzt er die Begriffe Novelle und Erzählung gleich, worauf wir noch zurückkommen werden.

[199]) Auch A. Mulot und N. Erné wollen im Novellenanfang ein Merkmal der Gattung erblicken – was mit der von ihnen gesehenen teleologischen Struktur der Novelle zusammenhängt. Vgl. Anm. 180ff.

[200]) Auf diese Weise wendet sich Koskimies auch gegen die Ansicht, daß die Novelle dem Drama näher verwandt sei als dem Roman. In erster Linie vertrete sie immer eine epische Einstellung und Struktur.

[201]) Diese Feststellung haben wir schon wiederholt treffen müssen. Vgl. dazu die Zusammenfassung im Text zu Anm. 281.

(S. 84f.). Als Beispiel dient ihm Tschechows 'Weibervolk'. Er gibt zu, daß diese Novellenart »unleugbar und sogar kraß gegen alle Gesetze der wirklichen Novelle« verstoße, wie sie etwa Paul Heyse und Paul Ernst gefordert hätten (S.84), aber er zeigt, daß es, je näher man dem Jahre 1900 komme, um so klarer werde, wie »die führenden Schriftsteller in verschiedenen Ländern die 'Regeln' der klassischen Novelle und die eigentliche Grundlage ihrer Poetik zu zerbrechen suchten« (S. 86f.). Im ganzen ist zu sehen, daß Koskimies neue Möglichkeiten der Novellenbetrachtung und neue Sichtweisen aufzeigt. Vor allem stellt er neben den Novellentyp der üblichen normativen Theorien einen neuen Novellentyp, der romanhaft und locker gefügt ist. So verschiebt er die Gewichte und erweitert den Umkreis der Novelle, gelangt aber auch seinerseits durch eine normative Betrachtungsweise zu der neuen Novellenform, die nun ebenfalls nicht als einzig gültig angesehen werden darf.

*

Der von Koskimies erstellte Novellentyp ist also romanhaft und locker gefügt. Für eine solche Form hat man neuerdings dringlich den Namen Erzählung vorgeschlagen [202]) und sich bemüht, die Erzählung als eigenen gleichwertigen Typ neben die Novelle hinzustellen. Eine Unterscheidung zwischen den beiden Formen ist nicht eben neu und man kann sie allenthalben finden. Wenn Novelle und Erzählung aber bisher unterschieden wurden, so war bemerkenswert, daß zwar immer eine Definition der Novelle, aber selten eine solche der Erzählung geboten wurde. Wenn man eine vorlegte, war sie nur im Hinblick auf die Novelle entworfen und nur nebenbei angeführt. Als selbständige Gattung hat man die Erzählung nicht betrachtet. Dazu kommt, daß über den Terminus »Erzählung« keinerlei Einheitlichkeit herrschte und herrscht.

Der Begriff »Erzählung« wird einmal als Oberbegriff aller epischen Prosawerke mittlerer Länge verwendet. Das tut etwa Wolfgang Kayser [203]), wenn er unter »Erzählung« alles zusammenfassen will, was kürzer sei als der Roman mit 50000 Worten (nach Forster), und wenn er Novellen, Märchen u.a. als Arten der Erzählung bezeichnet.

Daneben kann die Bezeichnung einerseits auf die epische Gattung überhaupt ausgedehnt, andererseits auf jene Werke kürzeren Umfanges eingeschränkt werden, die weniger kunstvoll als die Novelle gebaut seien. Beide Möglichkeiten gibt sowohl Gero v. Wilpert in seinem Sachwörterbuch [204]) als auch der Große Brockhaus [205]) unter den Artikeln 'Erzählung' an. Zur zweiten bekennt sich Herbert Seidler, aber er nennt die Bezeichnung Erzählung hier mit Recht einen »Verlegenheitsausdruck«, der alles umfasse, was sich nicht in die anderen Arten zwanglos

---

[202]) Koskimies selbst schwankt mehrmals zwischen den Bezeichnungen Novelle und Erzählung (etwa S. 84), aber da er seine Untersuchung 'Die Theorie der Novelle' nennt, ist es gerechtfertigt, bei seinem neuen Typ vor allem von der Novelle zu sprechen. Wieweit seine Unterscheidung von *conte* und *nouvelle* hier hereinfällt, ist bei der oben aufgezeigten Unsicherheit der Grenzen nicht festzustellen.
[203]) W. Kayser (= Anm. 231), S. 366.
[204]) G.v.Wilpert (= Anm. 229), S. 151: »die sich ... durch weniger kunstvollen und tektonisch straffen Aufbau von der Novelle ... unterscheidet«.
[205]) Der Große Brockhaus, 16. Aufl., III. Bd, Wiesbaden 1953, S. 655: »Geschichten kürzeren Umfangs..., die nicht den kunstvollen Bau der Novelle haben«. – Unter 'Novelle' (= Anm. 230) wird festgestellt, daß sich die realistisch-psychologischen Novellen vielfach in fließendem Übergang zum Roman befänden, weshalb für viele die unbestimmte Bezeichnung Erzählung vorzuziehen sei.

einfügen lasse. Er rechnet vor allem hierher, »was volkstümlich ohne künstlerischen Anspruch erzählt wird«[206]. Damit finden wir eine gewisse künstlerische Minderwertigkeit der Gattung Erzählung ausgedrückt. Diese Minderwertigkeit wird immer wieder mehr oder weniger scharf ausgesprochen, oft nur durch den Stil oder die Wortwahl angedeutet, oft klar und bestimmt genannt (wobei der Begriff Erzählung seinerseits jedoch keineswegs immer scharf abgegrenzt ist). Das klingt bei Erné an, wenn er von der Erzählung spricht, »die nicht eine Novelle genannt werden darf«[207]. Das hört man aus Wieses Feststellung heraus: »Manche Geschichten, die die Dichter selbst 'Novellen' nennen, sind oft bloße 'Erzählungen'«[208]. Ebenso sagt Willi Flemming betont: »Dagegen bedarf die bloße ʿErzählung' keinerlei novellistischer Konzentration«[209]. Noch deutlicher ist Arno Mulot, der sich dagegen verwahrt, daß man mit »der anspruchsvollen Schwierigkeit der Kunstform Novelle« Kunstformen »viel einfacherer Art« wie Erzählungen zusammenstellen könne[210]. Radikal äußerst sich Henry H. H. Remak, der in der Novellenstruktur ein Qualitätszeichen sieht und feste Kunstgrenzen zieht. »Über diese Grenzen hinaus ist die Erzählung keine Novelle mehr«[211].

Ein anderer terminologischer Gebrauch stellt die Begriffe Novelle und Erzählung als synonym hin. Das geschieht mit Recht dort, wo die Novelle von vornherein als Erzählung mittlerer Länge aufgefaßt ist, wie bei B. v. Arx[212]. Bedenklicher ist es, wenn Literaturlexika unter dem Stichwort 'Erzählung' auf 'Novelle' verweisen, ohne dort nur ein Wort über die Erzählung zu verlieren[213]. Häufig findet man die beiden Begriffe zwanglos nebeneinander verwendet, kann aber doch gewisse Differenzierungen feststellen, ohne daß der Verfasser näher darauf eingeht. Solche gleichzeitig mit dem synonymen Gebrauch auftauchende Nuancen können der Erzählung einen minderwertigen Anstrich verleihen, sie können die Erzählung als gleichwertig hinstellen oder ohne Werturteil vorgebracht werden. Das ist auch bei demselben Autor nicht immer klar auszumachen, weil dieser ganze Fragenkomplex meist am Rande gestreift wird und ohne Begründung bleibt.

Bruno Markwardt führt in seinem Register an: »Erzählung und Erzählungskunst (als 'Art' durchweg unklar abgegrenzt)«, und man kann nur an jenen Dichtern, auf die er hier verweist, erraten, was er sich unter der Erzählung (im Gegensatz zur Novelle) vorstellt. Solche Dichter sind Raabe, Rosegger, Otto Ludwig und Gottfried Keller, von dem es etwa heißt: »Seine Romane sind, so verstanden, Erweiterungsformen, und seine Novellen sind Verdichtungsformen jener Grundform der Erzählung«, immer sei er ein »Geschichten-Erzähler«[214]. Die Beurteilung Kellers zeigt die Problematik einer solchen Terminologie. Was ist damit gesagt, wenn der Begriff Erzählung nicht genau bestimmt ist? Eine ähnliche Auf-

---

[206] H. Seidler (= Anm. 232), S. 519.   [207] N. Erné (= Anm. 181), S. 17.
[208] B. v. Wiese, Nov. II (= Anm. 236), S. 22.
[209] W. Flemming (= Anm. 61), S. 138.
[210] A. Mulot (= Anm. 180), S. 16.   [211] H. H. H. Remak (= Anm. 248), S. 425.
[212] B. v. Arx (= Anm. 64), S. 8 u. ö. – Vgl. auch: »Eine wirklich scharfe Trennung zwischen dem, was Goethe eine Novelleʿim eigentlichsten Sinneʾ und dem, was er eine Erzählung nennt, ist kaum zu finden« (S. 21).
[213] Das geschieht bei Kindermann-Dietrich (= Anm. 228), SS. 215 u. 582 f. – Kosch (= Anm. 60), verweist im I. Bd, S. 461, allgemeiner auf 'Epos, Roman und Novelle'. – Das Reallexikon verweist in der 1. Auflage bei 'Erzählung' auf 'Novelle'. In der 2. Auflage (= Anm. 42) erscheint jenes Stichwort überhaupt nicht. Es fehlt ebenso in Kaysers Kleinem literarischen Lexikon (= Anm. 233).
[214] B. Markwardt (= Anm. 136), Bd IV, Register: S. 733, die Dichter: SS. 330, 404, 453, 461 ff.

fassung Kellers findet sich in einer Studie von Paula Ritzler[215]). Sie will zeigen, »daß sich bei Keller, im Gegensatz zu den reinen Novellisten, das Bestehende als stärker erweisen kann denn die Gefährdung durch das Außergewöhnliche« (S. 375). Deshalb sei für Kellers Werke nicht »Novelle«, sondern »Erzählung« die gemäße Bezeichnung. Noch mehr handle es sich »im Hinblick auf den Stil ... bei Kellers Werken um reine Erzählungen« (S. 374). Was aber unter »Erzählung« verstanden werden soll und wie sie sich von der Novelle unterscheidet, das verrät uns Ritzler nicht. Das wäre umso notwendiger, als Keller von anderen Forschern wie Henry H. H. Remak (vgl. Anm. 248) als der typische Novellist beschrieben wird. Klassifizierungen wie die von Ritzler sind schärfstens abzulehnen, sie können nur dazu dienen, die Verwirrung in der Terminologie zu vermehren.

Ein leichtfertiges Spiel mit den Begriffen treibt auch Johannes Pfeiffer in seinem verbreiteten Büchlein über die Erzählkunst[216]). In der Einleitung versucht er, Erzählung und Novelle voneinander abzugrenzen, indem er die Erzählung von der »Dreiheit von Weltausschnitt, Zuhörer und Erzähler« beherrscht sieht, »was dann bis zu der Grenzmöglichkeit des subjektiven Ausdeutens und Dazwischenredens führen kann«, während er in der Novelle den »prägnanten 'Fall'« gestaltet findet »mit strenger Objektivität und entscheidungshafter Zielstrebigkeit« (S. 11). Diese Unterscheidung an sich ist nicht zu rechtfertigen, Pfeiffer greift im Verlauf seiner »interpretierenden Erschließung« auch nicht darauf zurück, sondern verwendet unbekümmert Überschriften wie: »Musikalische Erzählform« (= Brentanos 'Kasperl', S. 37), »Moralische Novelle« (= Goethes 'Prokurator', weil die Darstellung »weitgehend aufgesogen wird von so etwas wie einer Idee«, S. 53), »Vom Märchen zur Novelle« (= Strauß' 'Schleier', S. 59), »Von der Anekdote zur Erzählung« (= Hofmannsthals 'Marschall Bassompierre', S. 65), »Zwischen Erzählung und Meditation« (= Hesses 'Morgenlandfahrt', S. 119). Es soll gerne zugegeben werden, daß Pfeiffer das Laienpublikum, an das er sich wendet, mit Liebe zur Dichtung hinzuweisen versucht. Ob er aber mit solchen nichtssagenden Auslegungen gute »Wege« beschreitet, ist die Frage.

Wenn die Erzählung klarer von der Novelle abgesetzt wird, pflegt man sie im Gegensatz zur Novelle der Struktur nach an den Roman heranzurücken. Das tut – neben anderen – Johannes Klein, der die genaue Zuordnung für so wichtig und entscheidend hält, daß er in jenen Fällen, »die der allgemeinen Unsicherheit über die Grenzen zwischen Novelle und Erzählung recht geben«, eine »Unzulänglichkeit im Künstlerischen« finden möchte. Sonst stellt er die Erzählung »mit ihrem Reichtum an Feinheiten und der verhältnismäßigen Kürze durchaus der Novelle gleich«[217]). Daß seine Einordnung allerdings rein theoretisch bleibt, zeigt sich darin, daß Klein von ihm als typisch genannte Erzählungen (Stifters 'Mappe', Mörikes 'Mozart') ohne weiteres in seine ʿGeschichte der deutschen Novelleʾ aufnimmt[218]).

Alle diese Unterscheidungsversuche sind dadurch gekennzeichnet, daß sie nur vom Standpunkt der Novelle aus – und daher flüchtig genug – auf die Erzählung eingehen. In letzter Zeit aber finden sich Bestrebungen, die das Gewicht von vornherein gleich verteilen wollen und nun in Novelle und Erzählung zwei künstlerisch gleichwertige Erzählformen sehen.

---

[215]) P. Ritzler, Das Außergewöhnliche und das Bestehende in Gottfried Kellers Novellen, DVjs, 28. Jg., 1954, S. 373–383.
[216]) J. Pfeiffer, Wege zur Erzählkunst. Über den Umgang mit dichterischer Prosa, 5. unveränderte Auflage, Friedrich Wittig Verlag, Hamburg 1960, 160 S. – (1. Aufl. 1953).
[217]) J. Klein (= Anm. 36), S. 9–11.
[218]) W. Killy hat in seiner Besprechung (= Anm. 43) bereits von anderer Seite darauf hingewiesen. – Vgl. auch Anm. 220.

Heinrich Henel[219]) hat neben seiner Forderung nach Trennung der deutschen Novelle des 19. Jahrhunderts von der italienischen Renaissancenovelle, die wir schon besprochen haben, die nach der Unterscheidung von Novelle und Erzählung gestellt. Er führt aus: »Der Unterschied zwischen deutscher Novelle und Erzählung liegt darin, daß die Erzählung einen glatten chronologisch-kausalen Zusammenhang herstellt und die einzelnen Begebenheiten völlig in ihm verschmilzt, während die Novelle den Einzelelementen eine gewisse Selbständigkeit läßt, sie durch Symbole charakterisiert und durch Rückblendungen miteinander kontrastiert. Der Kausalzusammenhang der Erzählung bietet die Vorgänge in völliger Übersichtlichkeit und liefert so zugleich ihre Erklärung. In der Novelle dagegen bleiben die Vorgänge geheimnisvoll und stellen ein Problem«. Als Beispiele nennt Henel für die Erzählung Stifter und Fontane, für die Novelle 'Die Judenbuche' und 'Mozart auf der Reise nach Prag'[220]). Er fügt noch bei: »Das System wird vervollständigt durch die von Cervantes stammende Form der 'moralischen Erzählung': sie hat die Struktur der Novelle, aber sie löst das Problem. Goethes Novellen und Arnims 'Toller Invalide' gehören hierher«. Aus diesen Andeutungen Henels ist natürlich kein abschließendes Bild zu gewinnen, zumal er selbst eine ausführliche Studie über diese Auffassung von der Novelle in Aussicht stellt.

Auch Fritz Martini will die Novelle von der Erzählung abheben. In seinem Aufsatz über Wilhelm Raabes 'Prinzessin Fisch'[221]) hebt er eine der Novelle gleichwertige spezifische Formeinheit der Erzählung heraus, welche der Novelle typologisch eine eigene Erzählstruktur gegenübersetze. »Diese Unterschiedlichkeit hat offensichtlich mit einer anderen Art der kompositorischen Auswahl zu tun, die in der Novelle, die sich auf die Begebenheit oder mehrere Begebenheiten konzentriert, das Sprunghafte akzentuiert, den Einzelteilen eine relativ größere Selbständigkeit läßt, sie gegeneinander abhebt, zu Beziehungs- oder Kontrastpositionen stilisiert. Hingegen richtet sich die Erzählung mehr auf eine gleichmäßig fließende Entwicklung, auf das Ineinanderwirken vieler kleiner Elemente, die sich gegenseitig bedingen und begründen ... Sie erklärt und beleuchtet, macht übersichtlich und verständlich, spart weniger aus als die Novelle und kann deshalb breiter das Reflektive und Genrehafte in sich hereinnehmen. Die Novelle bekommt ihren spezifischen künstlerischen Charakter dadurch, daß sie das Irrationale des Hinter- und Untergründigen durch Symbolandeutungen ahnen läßt. Die Erzählung legt breiter aus, sie legt das Problem nicht in das Irrational-Unfaßbare von Begebenheits- und Schicksalsfügungen, sondern mehr in eine vollständig dargelegte psychologische Entwicklung« (S. 35 f.). Während die Erzählung »eine größere, subjektive Freiheit der Erzählbewegung« zugelassen habe, habe die Novelle den Dichter »vor noch relativ fest umrissene objektive und distanzierende Formforderungen« gestellt – »so elastisch bereits ihre formale Variationsbreite innerhalb der allgemeinen Subjektivierung des Formdenkens in diesem Jahrhundert geworden war« (S. 35). An die »verschiedenartige Formstruktur von Erzählung und Novelle« knüpft Martini auch in seinem Aufsatz über 'Die deutsche Novelle im bürgerlichen Realismus'[222]) zunächst an. Er arbeitet hier die Verwandtschaft der Erzählung zum Ro-

---

[219]) H. Henel (= Anm. 192), S. 118.
[220]) Mörikes 'Mozart' wird ebenso als typische Novelle genannt von Silz (= Anm. 80), S. 87, oder A. Mulot (= Anm. 180), S. 17, während J. Klein (vgl. Anm. 218) in ihr gerade ein Beispiel für die (künstlerisch hochwertige) Erzählung sieht. Vgl. auch Anm. 86.
[221]) F. Martini, Wilhelm Raabes 'Prinzessin Fisch'. Wirklichkeit und Dichtung im erzählenden Realismus des 19. Jahrhunderts, Der Deutschunterricht, Jg. 11, 1959, Heft 5, S. 31–58.
[222]) F. Martini (= Anm. 45), SS. 258 f., 267.

man heraus, »während sich die Novelle strukturell entschieden vom Roman abhebt und ihm gegenüber spezifische Erzählgesetzlichkeiten behauptet«. In seinem Buch über die Literatur des bürgerlichen Realismus trennt Martini zwar auch die Erzählung von der Novelle, aber nicht mehr so streng[223]). Er zeigt, daß sich die Novelle in diesem Zeitraum mit oft fließenden Übergängen zur Erzählung oder zum Romanhaften darstellt (S. 611) und daß sich der Roman einer novellistischen Bauweise nähern (etwa SS. 70, 412 u. ö.) oder daß die Novelle zum Romanhaften aufgeschwellt werden kann (etwa S. 73 u. ö.).

Am energischsten setzt sich Joachim Müller für die Unterscheidung von Novelle und Erzählung ein[224]). Er vertritt als Ansatzpunkt die Meinung, »die zahlreichen Bemühungen um die Theorie und Geschichte der Novelle in den letzten Jahren dürften diese Sonderart des Epischen in ihrer Grundstruktur einigermaßen geklärt haben« (S. 99). Diese Annahme braucht er als Arbeitshypothese und so legt er eine für seinen Zweck strenger gefaßte Novellendefinition vor, um ein Gegengewicht zur Gattung Erzählung zu gewinnen. Er fragt, ob diese nicht als eine den übrigen epischen Formen wie Roman und Novelle gleichwertige, eigenständige Erzählform, als ein in sich erfüllbarer selbständiger Formtyp angesehen werden könne; ob der Verfasser einer Erzählung entweder »ein Novellist mit schlechtem Gewissen oder ein dem Novellisten ebenbürtiger vollgültiger Dichter« sei (S. 102). Diese sehr geschickte Formulierung vermag mit einem Schlag das Problem klar zu machen, um das es geht. Müller bezieht einen festen Standpunkt: »Ich bin überzeugt, daß wir eine dichterisch vollgültige epische Kleinform, eine legitime epische Sonderform zulassen müssen, die wir neben die Novelle stellen können und die eben 'Erzählung' heißt« (S. 103). So unterscheidet er zwei selbständige Grundtypen: »der eine ist die Novelle: sie ist ereignishaft konzentriert, eingipfelig zentriert, scharf profiliert, pointiert gezielt, überraschend sich wendend, kompositorisch dicht verspannt, im Erzähltempo angespannt, streng geschlossen; der andere Typ ist die Erzählung: sie ist demgegenüber im Geschehensablauf dezentriert, zuständlich verweilend, allmählich sich entfaltend, locker-offen, diskret, mehr in der Frage schwebend als in der epischen Antwort eindeutig, entspannt, einsinnig-kontinuierlich, in geruhig ritardierendem Tempo verlaufend; sie bringt oft ein Ereignishaftes implizit oder episodisch, den Kern nicht berührend« (S. 104 f.). Als Beispiel für die Erzählung denkt Müller an Büchners 'Lenz' oder Hesses 'Schön ist die Jugend', auch Stifters 'Zwei Schwestern' rechnet er jetzt dazu[225]). Wichtig ist es, wie tiefgreifend für Müller die Unterscheidung ist: »Ebensowenig wie die Form Roman und Novelle mit ihren mancherlei Unterarten ist auch die Form Erzählung keine Frage der bloßen Erzähltechnik, sondern eine Frage der Formhaltung und Konzeptionsplanung, wenn ich diese

---

[223]) F. Martini (= Anm. 48). Charakterisierungen der Erzählung finden sich etwa bei L. v. François (S. 456), Anzengruber (S. 479), Stifter (S. 518 f.), G. Keller (S. 577), ohne daß aber die Abgrenzung gegenüber der Novelle scharf herausgehoben wird.
[224]) J. Müller, Novelle und Erzählung, Etudes Germaniques, 16. Jg., 1961, S. 97–107.
[225]) J. Müller hatte in der Vierteljahrsschrift des Adalbert-Stifter-Institutes, Jg. 8, 1959, S. 2–18, Stifters 'Zwei Schwestern' als »romanartig geweitete novellistische Erzählung« (S. 14) bezeichnet. Dies nimmt er jetzt ausdrücklich zurück: »Wenn ein Ausweiten einer zunächst novellistisch anmutenden epischen Dichtung den Rahmen der Novelle sprengt und die Dichtung auf den ersten Blick romanartig erscheinen läßt, so ist dieses Ausweiten legitim für den Typ der Erzählung« (S. 104). Später bezeichnet Müller Stifters 'Frommen Spruch' als »ein besonders schönes Beispiel der gegennovellistischen, aber dichterisch ebenbürtigen Form der Erzählung« (Vierteljahrsschrift des Adalbert Stifter-Institutes, Jg. 9, 1960, S. 90).

Begriffe einmal wagen darf. Im künstlerischen Schaffensprozeß fällt doch wohl die Entscheidung, wie erzählt werden soll, sehr früh, so daß von den Wurzeln her, in der Stoffwahl und in der Gehaltsidee, der Epiker auf den Roman oder die Novelle oder die Erzählung tendiert. Gerade die spezifische Intentionalität wird keine Grenzverwischungen zulassen, auch wenn die Grenzen hier und da fließend bleiben sollten« (S. 106).

Müller tut recht daran, so grundsätzlich zu trennen. Denn soll die vorgeschlagene Unterscheidung wirksam werden, dann muß sie so radikal durchgeführt werden, sonst hat sie von vornherein ihren Sinn verloren. Wie sieht es aber mit der praktischen Durchführung aus? Prüfen wir die Möglichkeit der Unterscheidung bei Müller selbst nach. In einer späteren Arbeit formuliert er, daß er Stifters 'Waldsteig' und 'Nachkommenschaften' »eher der Kategorie Erzählung als der Novelle zuordnen« möchte [226]. Wenn er selbst, der keine Grenzverwischungen zulassen will, das Wörtchen »eher« zu Hilfe nehmen muß, – wie sollte erst ein anderer eine Unterscheidung wagen? In der Tat werden die von Müller für die Erzählung gebrachten Beispiele von anderen als Novellen angesprochen [227]. Das wäre an sich kein Argument gegen Müllers These, weil vorher Müllers Definition von der Erzählung zu berücksichtigen wäre. Allein es zeigt sich doch, welchen Schwierigkeiten die exakte Durchführung der Trennung begegnen würde. In der Praxis, am konkreten dichterischen Material, scheint sie kaum möglich. Es ist bezeichnend, daß auch Martini in seiner Literaturgeschichte des Realismus die Grenzen mehr verschwimmen läßt, als er es vorher in der theoretischen Erörterung getan hat. Schließlich birgt diese Trennung auch die Gefahr in sich, in eine normative Beurteilung abzugleiten, was gewiß nicht im Sinne des Vorschlages wäre. Wenn wir also dieser Unterscheidung selbst nicht zustimmen können, so erweist sie sich doch als außerordentlich förderlich für die Novellenforschung, wie wir das am Schluß sehen werden.

*

Hier sind einige Definitionen und Ausführungen einzubeziehen, die sich in Nachschlagewerken und Handbüchern finden und auf die eine oder andere Art neue Blickpunkte beizusteuern vermögen.

Das Literaturlexikon von Heinz Kindermann [228] skizziert die Entwicklung der Novelle zunächst im üblichen Rahmen (mit Überbetonung von Heyses Falkentheorie), berücksichtigt dann aber auch die ausländische Novellenliteratur des 19. und 20. Jahrhunderts und zeigt auf diese Weise die »unerhörte Wendung« der ursprünglich abgerundeten romanisch-glatten Gattung zum »Fragmentarischen, dem Verfließenden, dem Abrupten« (S. 582), stimmt also in gewissem Sinn mit der Theorie von Koskimies (vgl. Anm. 195) überein.

Das Sachwörterbuch von Gero v. Wilpert [229] bringt einen ausführlichen Artikel über die Novelle. Einem Überblick über die Formen und die Geschichte der Novelle geht eine genaue Definition voraus: »Kürzere Vers- oder meist Prosa-

---

[226] Vierteljahrsschrift des Adalbert Stifter-Institutes, Jg. 11, 1962, S. 3, Anm. 3.
[227] Büchners 'Lenz' etwa von W. Silz (= Anm. 80), S. 98, oder M. Schunicht (= Anm. 152), S. 63 f. Stifters Dichtungen etwa von J. Kunz (= Anm. 74), Sp. 1849 ff., oder H. Himmel in seinem Biedermeieraufsatz (= Anm. 76), S. 36.
[228] H. Kindermann und Margarete Dietrich, Lexikon der Weltliteratur (= Sammlung Die Universität, Bd 12), 2. erweiterte Auflage, Humboldt-Verlag, Wien-Stuttgart 1950.
[229] G. v. Wilpert, Sachwörterbuch der Literatur (= Kröners Taschenausgabe, Bd 231), Alfred Kröner Verlag, Stuttgart 1955.

erzählung einer neuen, unerhörten ... tatsächlichen oder möglichen Einzelbegebenheit mit einem einzigen Konflikt in gedrängter, gradlinig auf ein Ziel hinführender und in sich geschlossener Form und nahezu objektivem Berichtstil ohne Einmischung des Erzählers..., dagegen häufig in Gestalt der Rahmen- oder chronikalischen Erzählung, die dem Dichter eine eigene Stellungnahme oder die Spiegelung des Erzählten bei den Aufnehmenden ermöglicht und den streng tektonischen Aufbau der Novelle ... betont« (S. 386). Diese Definition berücksichtigt viele Einzelzüge, wirkt aber schließlich so eng, daß ihr nicht einmal strenge Novellenformen ganz zu entsprechen vermöchten. Wilpert hat allerdings ein gewisses Recht, eine so eingeengte Definition zu bieten, weil er – zum Unterschied von anderen Literaturlexika – einen sorgfältig abgestimmten Artikel 'Erzählung', auf den wir schon hingewiesen haben (vgl. Anm. 204), aufgenommen hat.

Im Großen Brockhaus, dessen Artikel 'Novelle' Hugo Friedrich schrieb[230]), wird in freier und vom Herkömmlichen abweichender Sicht festgestellt: »Angesichts der Vielartigkeit novellistischen Erzählens, das in der Neuzeit alle literarischen Stile in sich aufgenommen hat, ist eine befriedigende Wesensbestimmung der Novelle nicht möglich« (S. 482). Doch werden einschränkend die Bedeutung des Gipfelereignisses, die Verkürzungstechnik, der Wendepunkt, das Unerwartete oder auch Widersinnige hervorgehoben. Die Novelle wird als diejenige literarische Gattung bezeichnet, »worin die Zufälligkeit, die Schicksalslaune und die Zersplitterung des Lebens in Einzelfälle als Grundzug des menschlichen Daseins zur Darstellung kommt« (S. 482). Die kurze Übersicht über die Entwicklung der Novelle berücksichtigt in weitgehendem Maße auch die außerdeutsche Novellistik. Häufig fließende Übergänge zum Roman werden aufgezeigt (vgl. auch Anm. 205).

In seinem 'Sprachlichen Kunstwerk' streift Wolfgang Kayser[231]) das Problem Novelle behutsam und nur im Hinblick auf seine eigene Typisierung des Epischen. Innerhalb der von ihm aufgestellten drei möglichen Strukturelemente der epischen Form (Figur, Raum und Geschehen) ordnet er die Novelle unter die Kategorie »Geschehen« ein und bezeichnet sie als eine der Kurzformen, »die ausschließlich vom Geschehen her bestimmt sind, so daß sich an ihnen beobachten läßt, wie die Substanz 'Geschehen' Form gewinnt« (S. 354). Die Novelle erfasse »ein Geschehen als zunächst 'reales' und einmaliges, das heißt örtlich und zeitlich genau festgelegtes Geschehen. Im weiteren erfaßt sie es als Ereignis, das heißt nicht als geradlinige Durchführung einer Absicht, sondern gerade als plötzliche unerwartete Fügung, die die Absicht durchkreuzt. Überall gibt es solche seltsame Punkte, die geheimnisvoll aufeinander bezogen sind, bis das Ereignis auf dem Höhepunkt wieder schicksalbestimmend ist« (S. 355). Die besondere Gestaltung eines Geschehens in diesem Sinne äußere sich in typischen Sprachgebärden, in Konzentrierung, in zeitlicher Gespanntheit (S. 355), in der Längsspannung (SS. 80, 179, 210).

Eine treffliche Einführung in die Problematik der Gattung Novelle gibt Herbert Seidler in seiner Poetik[232]). Nach Bemerkungen über den Aufbau von

---

[230]) [H. Friedrich], Novelle, in: Der Große Brockhaus, 16. völlig neubearbeitete Auflage, 8. Bd, Wiesbaden 1955, S. 482 f. – Den Hinweis auf die Autorschaft H. Friedrichs gibt B. v. Wiese, Nov. (= Anm. 241), S. 41.

[231]) W. Kayser, Das sprachliche Kunstwerk. Eine Einführung in die Literaturwissenschaft, 3. erweiterte Auflage, Francke Verlag, Bern 1954, 444 S. – (1. Aufl. 1948). – Den einschlägigen Artikel in dem von W. Kayser herausgegebenen Kleinen literarischen Lexikon verfaßte H. Seidler, vgl. Anm. 233.

[232]) H. Seidler, Die Dichtung. Wesen – Form – Dasein (= Kröners Taschenausgabe, Bd 283), Alfred Kröner Verlag, Stuttgart 1959, XI+712 S.

Novellen (S. 262) und über das Problem Novelle innerhalb der Gattungstheorie (S. 363 ff. Vgl. unsere Anm. 19 und 56) zeigt Seidler behutsam und ohne starre Haltung die verschiedenen Einstellungen zur Novelle auf (S. 511 ff.). Er schreibt über den Vergleich mit anderen Arten zur vorsichtigen Zuordnung gewisser Züge fort, die er in zwei Kennzeichen zusammenfaßt: »die bewußte und betonte künstlerische Gestaltung und die Steigerung auf eine Höhe hin« (S. 513). Er setzt hinzu, daß das knappe Erzählen damit von selbst gegeben sei, zeigt aber an Beispielen, daß die äußere Länge vor der geschlossenen Gestaltung an Wichtigkeit zurücktrete. Als ein Mittel dieser Gestaltung untersucht Seidler den Rahmen in seinen verschiedenen Formen, Bezügen und Sinngehalten (S. 514 ff.). Er bleibt auch hier klar und unvoreingenommen und legt den Rahmen weder auf die Novellenkunst allein fest, noch leitet er seine Entstehung aus der Gesellschaftskultur der Renaissance her. »Der eigentliche künstlerische Sinn des Rahmens ist die Geschlossenheit und Verdichtung des Kunstwerks«. Und für die Novelle: »Der Rahmen ist also ein rein künstlerisches Prinzip, der der Novelle vor allem ihre bewußte, kunstvolle Form gibt« (S. 516). Aus den »vielfachen Möglichkeiten novellenhaften Gestaltens« (S. 517) erklärt Seidler die reiche Entfaltung der Novelle, die er elastisch genug faßt, um die verschiedensten Ausformungen einzubeziehen. Dennoch vertritt er einen klaren Standpunkt, indem er die Novelle einerseits von der Erzählung »ohne künstlerischen Anspruch« absetzt (vgl. unsere Anm. 206), andererseits fordert, daß sie, »gut und geistreich erzählt« (S. 513), eine »bewußt geschlossene und einheitliche Gestaltung mit einer Steigerung zu einer Höhe« (S. 514) aufzuweisen habe. Diese Stellungnahme bietet einen Lösungsvorschlag für unser Problem an, auf den wir am Schluß noch eingehen werden.

Von Herbert Seidler stammt auch der Artikel 'Novelle' in Kaysers ʿKleinem Literarischen Lexikon' [233]). Hier wird die Novelle etwas enger gefaßt, es habe »sich heute ein ziemlich klar begrenztes Bild dieser Art ausgebildet«. Als kennzeichnend für die Novelle werden genannt »der strenge, geschlossene Aufbau ... und die straff durchgeführte Handlung, die auf ein Ziel hinführt, aus der sich die große Knappheit und Einfachheit ergibt« (S. 168). Der folgende Überblick über die Geschichte der Novelle führt bis in die Gegenwart, hier wird auch in der »abrupten, fragmentarischen Handlungsgestaltung« des Impressionismus und Expressionismus »noch das Prinzip der Straffheit« erspürt (S. 169).

*

An den Schluß dieses Abschnittes über neue Versuche zur Novelle sind die Arbeiten Benno v. Wieses zu stellen, weil er darin nicht nur selbst einige neue Einstellungen aufzeigt und behandelt, sondern auch alle anderen bisherigen Bemühungen vereinigt, somit einen vortrefflichen Überblick über den Stand der Forschung bietet. Zunächst ging er in einem Aufsatz [234]) speziell auf Bild-Symbole in der deutschen Novelle ein. In einer Betrachtung von Goethes Novellendefinition macht er auf das Fehlen des Symbolbegriffes aufmerksam. Bei Heyse dagegen findet er bereits eine Annäherung dazu. Daran anknüpfend fragt Wiese nun seinerseits, »ob sich dieses Spezifische, Einmalige der Novelle in Bild-Symbolen aus-

---

[233]) Kleines literarisches Lexikon, Dritte völlig erneuerte Ausgabe, hg. von W. Kayser (= Sammlung Dalp, Bd 15), I. Bd, Francke Verlag, Bonn und München 1961.
[234]) B. v. Wiese, Bild-Symbole in der deutschen Novelle, Publications of the English Goethe Society, New Series, Vol. XXIV (Papers read before the Society in 1954–1955), 1955, S. 131–158.

drücken läßt, die zwar durchaus im Bereich der Wirklichkeit bleiben, in denen das Erzählte aber dennoch in einem geistig transzendierenden Sinne gedeutet wird« (S. 132). Dabei komme es nicht darauf an, »die leitenden Bild-Symbole ... gleichsam abstrakt begrifflich auszudeuten« oder auf begriffliche Zusammenhänge zu reduzieren, sondern nur darauf, die Idee, die geistige Struktur des Erzählten im Bilde selbst anschaulich zu machen. Auf diese Weise bewahrt sich Wiese in seiner Deutung vor jenen gefährlichen Gewaltsamkeiten, die wir bei anderen Untersuchungen des Symbols angetroffen haben. Durch seine Beschränkung auf die künstlerische Funktion des Bildhaften vermeidet er die Härte der Pongsschen Methode und wird der Dichtung als solcher weit eher gerecht. Wiese will allein zeigen, »wie die dichterische Komposition einer Novelle von einem zentralen Bilde aus gefügt sein kann, in dem wir ihr unbegreifliches Leben gewahr werden« (S. 133). Die Frage, ob solche Bild-Symbole unbedingte Kennzeichen jeder echten Novelle sein müssen, wird von Wiese gar nicht erst angeschnitten.

Über die deutsche Novelle legte Benno v. Wiese bald darauf ein eigenes Buch [235]) vor, dem Jahre später ein zweiter Band folgte [236]). Beide Bände sind gleich eingerichtet. Sie bieten jeweils nach einer allgemeinen Einleitung Einzelinterpretationen von Goethe bis Kafka, einmal siebzehn, dann fünfzehn. Auf ihnen liege »das eigentliche Schwergewicht« (I. S. 31), und zwar im I. Bd »besonders auf den Bild-Symbolen in der Novelle«, während im II. Bd mehr »nach der Rolle des Erzählers und dem Spielraum des novellistischen Erzählens überhaupt gefragt« ist (II, S. 5). Die Interpretationen hängen nicht miteinander zusammen, mittelbar werden sie durch die Einleitungen verknüpft, die »ein Beitrag zum Verständnis der Gattung Novelle« sein wollen (I, S. 5). Da Wiese keine starre Haltung einnimmt, kann er das Problem vielseitig umfassen. Er bezieht bewußt Grenzfälle ein und betont: »Sollte etwa der eine oder andere Leser zu der Auswahl meiner Interpretationen gelegentlich die kritische Frage stellen, ob die interpretierte Dichtung noch eine Novelle sei, so habe ich nichts dagegen einzuwenden, solange er nicht den dichterischen Rang des Erzählten und die Auslegung selbst damit bestreiten will« (I, S. 13). Doch bekennt Wiese sich zu einer Gattung Novelle. »Allerdings können uns nur die Dichter und nicht die Theoretiker darüber belehren, was diese Gattung eigentlich ist und in welcher Weise sie auch in der individuellen Schöpfung ihr bildendes Gesetz weiter entfaltet« (I, S. 14f.). In der Einleitung zu seinem I. Bd, die über 'Wesen und Geschichte der deutschen Novelle seit Goethe' handelt, sieht Wiese das Charakteristische der Novelle »vor allem in der Beschränkung auf eine Begebenheit« (S. 14). Verzichte man auf diese Bestimmung, so löse man die ganze Gattung auf. Jedoch stoße schon der Versuch, »Unterabteilungen zu bilden, auf Schwierigkeiten«. Um sich »von den allzustarren Gattungsansprüchen zu befreien«, führt Wiese den Ausdruck des »novellistischen Erzählens« ein. Denn während wir vielleicht niemals endgültig darüber unterrichtet würden, »was die Novelle ist oder was sie sein sollte«, scheint es ihm möglich, »Grundzüge des novellistischen Erzählens aufzuzeigen, bestimmte Stilformen, die in der europäischen Literatur längst vor der verhältnismäßig spät auftretenden Gattung 'Novelle' da sind und sich von der Geschichte dieser Gattung nicht absondern lassen« (I, S. 15). Wann und wie aus dem novellistischen Erzählen eine Novelle wird, wie sich beides letztlich zueinander verhält, wird nicht näher ausgeführt. Doch wird so eine drohende Veren-

---

[235]) B. v. Wiese, Die deutsche Novelle von Goethe bis Kafka. Interpretationen (17.–20. Tausend), August Bagel Verlag, Düsseldorf 1960, 350 S. – (1 Aufl. 1956).
[236]) B. v. Wiese, Die deutsche Novelle von Goethe bis Kafka. Interpretationen II, August Bagel Verlag, Düsseldorf 1962, 356 S.

gung vermieden und eine Elastizität bewahrt, die der Untersuchung zum Vorteil gereicht. Diese Weite des Blicks erweist sich bei der Übersicht über die Entwicklung der Novellendichtung und Novellentheorie seit Goethe. Wiese betrachtet vom Standpunkt des Historikers aus das Wesen der einzelnen Theorien und die Bedeutung für ihre Zeit, versucht aber daraus auch allgemeine Kennzeichen des novellistischen Erzählens zu erarbeiten. Wir haben schon oben (vgl. Anm. 168 ff.) ausgeführt, daß sich Wiese besonders auf Friedrich Schlegel stützt (I, S. 24) und auch in seiner eigenen Charakteristik der Novelle mit ihrem doppelten Aspekt auf ihn zurückgreift (I, S. 15). Mit Recht betont Wiese, daß in F. Schlegels Äußerungen bereits »nicht nur auf das Indirekte, Verhüllte und Ironische, sondern auch auf das Sinnbildliche und Symbolhafte verwiesen« ist (I, S. 24)[237]. Es müsse, so fordert Wiese von der Novellenforschung, »die symbolische Bildgestaltung viel stärker beachtet werden, als es bisher geschehen ist, weil sie eine gerade für die Novelle unentbehrliche Form des Verdichtens ist« (I, S. 25). Er selbst tut dies in seinem oben besprochenen Aufsatz und in den Interpretationen dieses I. Bandes. Aus diesem Blickwinkel heraus behauptet er jedoch irrtümlich, es sei »Heyses Verdienst, auf die Bedeutung des 'Dingsymbols' hingewiesen zu haben« (I, S. 27). Daß Heyses Falke nichts mit dem Symbol zu tun hat, wurde mehrfach herausgearbeitet, auch Wiese nennt später »dessen Umdeutung in ein echtes Symbol bereits sehr fragwürdig« und entschließt sich mit Schunicht, den Heyseschen Falken »zu schlachten« (II, S. 10). Schon im I. Band warnt Wiese vor der Überforderung solcher Merkmale: »Es ist töricht, dieses kompositorische Prinzip, das im Gegensatz zur graduellen, stufenweisen Entwicklung des Romans steht, allzusehr zu betonen und mit pedantischer Ängstlichkeit überall den sogenannten 'Wendepunkt' in den Novellen zu suchen, ebenso töricht wie die Jagd nach dem 'Falken' ...« (I, S. 26). Und er stellt fest: »Bindende Vorschriften, wie der Novellendichter die Geschlossenheit und Prägnanz eines einmaligen Falles erreichen sollte, gibt es nicht« (I, S. 27). Mit Silz zeigt Wiese, wie die Novelle im poetischen Realismus eine neue Blüte erlebt, »weil sie als Gattung besonders geeignet war, zwischen dem Subjekt des Dichters und dem Objekt der realen Begebenheit zu vermitteln, weil sie wahre Begebenheit gestaltet, aber ebenso einer artistischen Kunst bedarf, die auswählt, akzentuiert, isoliert und symbolisch verdichtet« (I, S. 29). Auch zur modernen Novelle nimmt er Stellung. Er bejaht sie schon durch die Tatsache, daß er Kafkas 'Hungerkünstler' in den ersten, 'Die Verwandlung' in den zweiten Band aufnimmt, aber er erkennt, »daß man auch nach den typischen Mitteln novellistischen Erzählens: 'unerhörte Begebenheit', 'Falke' ... bei Kafka mehr oder weniger vergeblich suchen wird, weil sie für seine Erzählform nicht charakteristisch sind« (I, S. 325). So folgert er: »Im heutigen Deutschland läßt sich die Frage nach der Novelle von der nach dem Roman nicht mehr trennen.« Und: »Die Grenzen der Gattungen sind wiederum so fließend geworden, daß uns die moderne Prosa nicht nur inhaltlich, sondern auch formal vor ganz neue Probleme stellt« (I, S. 31).

Die Einleitung zum II. Band überschreibt Wiese 'Vom Spielraum des novellistischen Erzählens' und knüpft damit an diese Begriffe aus der Einleitung zu I an[238]. Er wird hier noch vorsichtiger: »Wer sich jedoch von den Theoretikern über die Novelle im allgemeinen belehren lassen will, wird bald mit Befremden feststellen,

---

[237] Auch H. O. Burger (= Anm. 191), S. 85, hatte schon auf F. Schlegels Entdeckung des Symbolhaften in der Novelle aufmerksam gemacht.

[238] Wiese bezieht sich auch auf die Arbeit von Arx (= Anm. 64), in der sich schon die Begriffe »Spielraum« und »novellistisch« finden. Sie gehen dort auf Staiger zurück, vgl. Anm. 32.

daß die von den Kennern behaupteten Kriterien und Kennzeichen für eine Novelle zwar erstaunlicherweise ab und zu wirklich in der Dichtung selbst anzutreffen sind, aber im ganzen dem Reichtum der geschichtlichen Überlieferung in keiner Weise gerecht werden können« (II, S. 9). Ja er fragt – in bezug auf den Begriff des »novellistischen Erzählens« – mit guten Gründen, ob es eine andere als »'eine Verlegenheitslösung, die Formverwischungen offenläßt', ... überhaupt geben kann« (II, S. 11). Es werde »alles darauf ankommen, wieweit sich nicht doch dieses novellistische Erzählen als eine Art Spielraum auffassen läßt, innerhalb dessen sich bestimmte Formmöglichkeiten in einer gewissen Variationsbreite entfalten dürfen« (II, S. 12). Aus der Frage nach dem Erzähler will Wiese eine erste Abgrenzung gewinnen. Habe Wolfgang Kayser »den Romandichter als den allwissenden Weltschöpfer aufgefaßt«, so gelte das für den Dichter der Novelle nur begrenzt, »weil die Beschränkung auf den isolierten Fall ihm eine solche Allwissenheit geradezu verbietet« (II, S. 13f.). Wir haben schon oben zu bedenken gegeben, daß, da eine solche Beschränkung ja fiktiv ist, auch der Erzähler des Romans sich hinter dieser Fiktion verbergen kann, wenn es seinen Kunstabsichten entspricht [239]). Auch Wiese gibt im folgenden zu, daß einerseits auch für den Novellendichter eine solche Allwissenheit »in versteckter Weise bestehen« kann und daß andererseits »zumal in der modernen Prosa ... eben diese Allmacht verloren geht« (II, S. 14). Scheint damit ein Kriterium für novellistisches Erzählen also doch nicht gewonnen zu sein, so ist die Forderung Wieses, nicht nur dem Was des Erzählten, sondern auch dem Wie des Erzählens Aufmerksamkeit zu schenken, auf jeden Fall befolgenswert. Wiese erörtert, nach Hinweisen auf den stets zu überprüfenden »geschichtlichen Formenwandel« (II, S. 15), drei Möglichkeiten der Formgebung, »die, wenn auch nicht auf den Spielraum des Novellistischen beschränkt, eben dort zu ihrer besonderen künstlerischen Entfaltung drängen« (II, S. 17): das Stilprinzip der Ironie, die Rolle des Zufalls und die Verwendung von »Zeichen«. Den Hinweis auf die Ironie findet Wiese schon bei Friedrich Schlegel und er stellt fest: »Ironie im novellistischen Erzählen ist der subjektive Vorbehalt, den der Erzähler sich aller Wirklichkeit des Erzählten gegenüber offenhält. Die Ironie kann sich aber auch umgekehrt gegen das Erzählen selbst richten« (II, S. 18). Ihre individuellen Nuancen gewinne die Ironie aus der geschichtlichen Situation des Erzählers. Mit der Ironie hänge aufs engste zusammen die Rolle des Zufalls im novellistischen Erzählen. »Der Zufall schafft den objektiven Kontakt zwischen dem zunächst scheinbar Unvereinbaren, während dieser in der Ironie nur auf subjektive Weise hergestellt werden kann« (II, S. 20) [240]). Das dritte Moment, »das für den Spielraum des novellistischen Erzählens meist unentbehrlich ist«, ist der Gebrauch von Zeichen: »Zeichen, zuweilen noch zu Bild-Symbolen gesteigert, ermöglichen Konzentration und Verdichtung. Sie halten im Vor- oder Rückdeuten das Erzählte zusammen, sie unterstützen die Leitmotivik oder verschmelzen sogar mit ihr. Denn auch das Leitmotiv selbst kann zum Zeichen werden. Zeichen dienen der Verhüllung und der Enthüllung zugleich ...« Und: »Im Spielraum des Zeichenhaften vom nur motivisch Gemeinten über das Metaphorische bis zum Symbolischen entfaltet sich die große Kunst des konstruktiv novellistischen Erzählens« (II, S. 23). Alles,

---

[239]) Vgl. Anm. 177 und den Text dazu. – Schunicht geht hier in ähnlicher Richtung vor.
[240]) Schon M. Schunicht (= Anm. 152), S. 62, betont die Bedeutung des Zufalls. – Hans-Peter Herrmann hat eine Spezialuntersuchung vorgelegt: Zufall und Ich. Zum Begriff der Situation in den Novellen Heinrich von Kleists, GRM, Bd 42 (= N.F. 11), 1961, S. 69 bis 99. – Auch F. Martini weist in seinem Realismusbuch (= Anm. 48), S. 612, auf den Zufall in der Novelle hin. – Vgl. ferner H. Friedrich (= Anm. 230).

was Wiese hier vorbringt, ist aufschlußreich. Aber das alles gilt denn doch für die erzählende Dichtung überhaupt. Wiese räumt dies (wie oben zitiert) wohl selbst ein; es scheint jedoch, daß diese Möglichkeiten darüber hinaus, also sogar in ihrer »besonderen künstlerischen Entfaltung«, in den Spielräumen anderer erzählender Gattungen gedeihen und nicht nur »auf den Spielraum des Novellistischen beschränkt« sind. Wiese warnt abschließend davor, »jetzt in der Novelle überall nach Ironie, Zufall und Zeichen zu suchen statt wie früher nach Wendepunkt und Falken«. Er erklärt, wie diese bestimmten Formelemente eben aus seiner Beschäftigung mit der Novelle heraus sich »als bedeutsam für den Spielraum des Novellistischen ergeben« hätten (II, S. 25). Es wäre aufschlußreich zu wissen, welche Bedeutung Wiese jenen bestimmten Formelementen für den Spielraum des Romans zubilligte. Gerade die Ironie, aber auch die Zeichen spielen hier eine bedeutende Rolle. In seinem neuen Buch 'Novelle', das gleich zu besprechen ist, nennt Wiese die Begriffe »Ironie« und »Zeichen« als Merkmale der Novelle nicht mehr. Wiese betont: »Eine Novelle ohne Prägnanz, ohne Mittelpunkt, ohne Gipfelbildung und ohne sorgfältige kompositorische Anordnung ihrer Erzählmotive wird zum mindesten andere, vielleicht sogar raffiniertere artistische Mittel dafür als Ersatz brauchen« (II, S. 22). Das ist gut gesagt, besonders in der hier zugestandenen Weite, die so viele künstlerische Möglichkeiten offenläßt. Wird aber damit nicht jede künstlerisch gestaltete Erzählung einbezogen? Muß nicht jede Erzählung, wenn sie als Kunstwerk geformt ist, mit solchen Mitteln arbeiten? Wiese geht selbst gleich darauf auf die Erzählung ein und seine Ausführungen weisen ebenfalls, obgleich nicht so scharf formuliert, in diese Richtung. Wir werden diese Überlegung in unserem Schlußteil nicht zu vergessen haben.

Ein drittes zusammenfassendes und referierendes Buch über die Novelle hat Benno von Wiese in der 'Sammlung Metzler' vorgelegt[241]). Dem Charakter dieser Sammlung entsprechend, berichtet er, was man heute über die Novelle weiß oder von ihr hält. Dabei zwingen ihn die gegenläufigen Meinungen freilich, bisweilen in Antithesen sich vorwärts zu bewegen, aber er tut es gelassen und ausgleichend und liefert dergestalt ein informatives übersichtliches Bild der Problematik und Geschichte der Novelle und ihrer Erforschung. 'Begriffsgeschichte und Versuch einer allgemeinen Bestimmung der Novelle' leiten das Büchlein ein. Wiese löst die deutsche Novelle aus ihrer Verbindung zur romanischen Literatur und er zeigt die Vielfalt der Spielarten, die Verschiedenheit der Stoffe und ihrer Überlieferungen, die Verbindung mit anderen Gattungsformen. Dennoch hebt er bestimmte Grundzüge des novellistischen Erzählens hervor und faßt sie folgendermaßen zusammen: »Zur Struktur des novellistischen Erzählens gehören also die isolierende Heraushebung eines als objektiv wahr erzählten Ereignisses, der Vorrang des Ereignisses vor den Personen und Dingen und darüber hinaus auch das Aufgreifen der sogen. 'niederen' Lebensbereiche« (S. 7f.). Dazu trete das Subjektive der Novelle, das sich »vor allem in der Kunst der Stilisierung« zeige. »Aber die Novelle gibt diesem Subjektiven von vornherein den Schein des Objektiven«. So betont Wiese auch hier »diese seit Friedrich Schlegel immer wieder beobachtete Doppelnatur der Novelle« (S. 9). Sie stellt ihn jedoch vor eine neues Problem. Er beobachtet, daß diese – mit Schunicht sogenannte – »bilaterale Struktur« schon »ein hochentwickeltes, differenziertes Bewußtsein der Neuzeit« voraussetze. Daneben aber »gibt es immer auch das ursprüngliche Novellenerzählen, innerhalb dessen sich

---

[241]) B. v. Wiese, Novelle (= Sammlung Metzler, Realienbücher für Germanisten, Abt. E: Poetik), J. B. Metzlersche Verlagsbuchhandlung, Stuttgart 1963, VI +89 S. – (2. Aufl. 1964).

Erinnerung in Geschichten umsetzt, so wie es bereits der Orient kannte«. Er findet hier die Nachbarschaft zu den – mit André Jolles sogenannten – »einfachen Formen«. Der Ausweg aus diesem Dilemma lautet für Wiese: »Man kann die Novelle also ebenso eine 'Urform des Erzählens' nennen (Johannes Klein) wie auch wieder ihr kompliziertes Verhältnis zu Wahrheit und Fiktion besonders hervorheben. Bisher ist es der Forschung über die Novelle noch nicht gelungen, diese Kluft zwischen der Novelle als frühester Erzählform und als später artistischer Kunst zu überbrücken« (S. 9)[242]). Wir vermögen dieser Zusammenschau nicht zu folgen. Was ist mit jenem Teil der Novellenforschung, der nachweist, daß es die Novelle als eine solche »Urform des Erzählens« überhaupt nicht gibt?[243]) Damit vertritt diese Forschungsrichtung, so scheint uns, noch keinen Dogmatismus in der Novellentheorie, vor dem Wiese mit Recht immer warnt und dem er entgegenhält, »daß das spannungsreiche Verhältnis zwischen einer als objektiv wahr, neu und wirklich erzählten Begebenheit und einer indirekten, subjektiven Darstellungsform sehr verschiedene Abwandlungen erfahren kann. Verbindliche Regeln gibt es hier glücklicherweise nicht« (S. 11). Wiese geht in der Ablehnung gegenüber »jedem Dogmatismus in der Novellentheorie« so weit, daß er folgende Stellung bezieht: »Auch die Abgrenzungen zu benachbarten Formen wie *Erzählung* überhaupt, *Anekdote, Kurzgeschichte, Skizze, Märchen, Ballade* und *Drama* können nicht grundsätzliche Geltung beanspruchen. Wahrscheinlich sind sie immer nur von Fall zu Fall möglich, d. h. in der jeweiligen konkreten Interpretation und im Vergleich. Daher verzichten wir hier auch auf eine rein theoretische Grenzziehung« (S. 12). Läßt uns Wiese hier etwas ratlos zurück, so verdient er volle Zustimmung, wenn er jene »Definitionen« der Novelle selbst ablehnt, »die so allgemein und zugleich so fordernd gehalten sind, daß sie sich einerseits auch für einen großen Bereich ganz anderer Dichtung anwenden ließen, andererseits der Novelle bestimmte Vorschriften machen, deren unbekümmerte Verletzung durch den Dichter diesem dann vom Theoretiker und Kritiker als ästhetischer Fehler angerechnet wird« (S. 12f.)[244]). Und Wiese beschließt dieses Kapitel: »Denn soweit es diese Gattung gibt, können wir sie nur in ihrem geschichtlichen Wachstum und in der Anreicherung neuer Erzähltraditionen wahrnehmen« (S. 13).

Im folgenden Kapitel gibt er einen Überblick über die Entwicklung der Novellentheorie von Friedrich Schlegel bis Musil und Lukács. Er zeigt schon hier die Auswirkung der verschiedenen Theorien auf die wissenschaftliche Forschung, der er dann ein eigenes Kapitel widmet. Es führt zu dem Ergebnis: »Auch innerhalb der germanistischen Forschung ist immer deutlicher geworden, daß es einen sogenannten 'Idealtypus' der Novelle nicht gibt. Aber das heißt noch nicht unbedingt, daß es nicht die Geschichte der Gattung gäbe, zumal dann, wenn man sie vom

---

[242]) Auf diese Kluft weist Wiese, S. 27, noch einmal hin. Ebenso in seiner Dt. Novelle II: »Trotzdem schließt das nicht aus, daß auch die Novelle als kompliziertes Kunstgebilde immer noch Spuren von einer 'Urform des Erzählens' zeigt« (II, S. 15).

[243]) Auch für Friedrich Schlegel ist die Novelle schon in »ihrem ursprünglichen Charakter« keine Urform, sondern ein raffiniertes Erzählgebilde, das eben »die Anlage zur Ironie schon in der Geburtsstunde mit auf die Welt bringt.« Der Erzähler suche hier seine Kunst dadurch zu zeigen, »daß er mit einem angenehmen Nichts, mit einer Anekdote, die, genau genommen, auch nicht einmal eine Anekdote wäre, täuschend zu unterhalten und das, was im Ganzen ein Nichts ist, dennoch durch die Fülle seiner Kunst so reichlich zu schmücken weiß, daß wir uns willig täuschen, ja wohl gar ernstlich dafür interessieren lassen« (Jugendschriften, ed. Minor, II, S. 412). – Vgl. auch Anm. 171.

[244]) Ähnliche Einwände mußten wir im Laufe unseres Berichtes öfters erheben. Vgl. in unserem VI. Teil den Text zu Anm. 281 ff.

lebendigen geschichtlichen Wachstum her begreift.« Für die künftige Forschung sieht er Fragen der Art aufgegeben, »wie sich der mögliche Spielraum eines Gattungstypus und die ständig wechselnden geschichtlichen Situationen zueinander verhalten, wie sich im Wandel der Formen und Stile geschichtliche Lebensvorgänge spiegeln oder auch umgekehrt« (S. 26)[245]. – Bis hieher reicht der I. Teil des Büchleins, der sich mit dem ´Gattungsproblem Novelle` beschäftigt. Der II. Teil umreißt die 'Geschichte der Novelle'. Hier gibt Wiese sogleich zu: »Je nach dem Ausgangspunkt der Betrachtung ist die Novelle eine sehr alte Erzählform oder erst eine relativ moderne Gattung« (S. 33). Aber er stellt nach einem allgemeinen Überblick über die Ausbreitung des novellistischen Erzählens fest: »Von einer eigentlichen 'Geschichte' der Novelle wird man in Deutschland erst seit Goethe sprechen können« (S. 45). Goethe nähere sich mit seinem Alterswerk 'Novelle' »der romantischen Dichtung, die sich freilich dann von der europäischen Tradition der Novelle und von der Novelle als einer gesellschaftlichen Gattung und damit auch von Goethe immer weiter entfernen sollte« (S. 49). Umstritten sei, »was die deutsche Romantik für die Gattung Novelle in Deutschland geleistet hat« (S. 50). Wiese zeigt, wie »die Novelle zu einer Brücke zwischen zwei so entgegengesetzten Zeitstilen wie Romantik und Realismus werden« konnte (S. 52) und warum »der eigentliche Höhepunkt deutscher Novellendichtung im Zeitalter des bürgerlichen Realismus« liege (S. 61). In der »Moderne« erkennt Wiese eine Vermischung der Novelle sowohl mit dem Roman als auch mit der Kurzgeschichte, eine »Zertrümmerung überlieferter Novellenformen«, aber ebenso »eine weitere Verfeinerung und virtuosenhafte Anwendung der uralten Tradition novellistischen Erzählens« (S. 75) bei Th. Mann, Hofmannsthal und Musil. Bei Kafka fragt er, »wieweit man freilich solche Darstellungsform noch novellistisch nennen darf« (S. 76), und an Grass zeigt sich für ihn, »wie sehr der Prozeß der Auflösung der Gattung Novelle in der Moderne gediehen ist« (S. 79). Wiese geht auf die Kurzgeschichte ein, will es aber einer späteren Zeit zu zeigen überlassen, »wieweit sich die Novelle als Gattung weiter neben ihrer legitimen oder gar illegitimen Erbin, der Kurzgeschichte, behaupten wird« (S. 81).

V

Hat die Problematik der übergeordneten Gattungslehre den Ausgangspunkt dieses Berichtes gebildet, so soll die Frage nach der Einzeldichtung an den Schluß gerückt sein, die Frage, in welcher Beziehung die Theorie zu dem Kunstwerk selbst steht.

Gehen wir von den zuletzt besprochenen Arbeiten aus. Benno v. Wiese bietet nach seinen allgemeinen Einleitungen Interpretationen. Aber zwischen ihnen gibt es nur eine mittelbare Verbindung, so daß Wiese im Vorwort zu seinem ersten Novellenbuch sagt: »So sehr jedes einzelne Kapitel für sich steht und für sich allein gelesen werden kann, der aufmerksame Leser wird den Zusammenhang nicht verkennen, der durch das Ganze hindurchgeht.« Diese Trennung von theoretischer Erörterung über die Novelle und Interpretation ist symptomatisch. Die Einzelinterpretationen von Novellen stehen zumeist ohne Zusammenhang neben der Theorie, sie gehen weder von ihr aus noch tragen sie zur Theorie bei. Sie berühren

---

[245]) Das sind also Fragen, wie sie W. Silz (= Anm. 78 ff.) und vor allem F. Martini (= Anm. 44 ff.) in ihren Forschungen bereits beantworten.

das Problem der Gattung meist gar nicht. Einen Sonderfall bilden jene Interpretationen, die in die Gesamtdarstellungen der Geschichte der Novelle eingefügt sind. Wenn dort der Verfasser nicht von einem ganz unverbindlichen Standpunkt ausgeht, wie es Wiese etwa tut, so werden diese Interpretationen von vornherein eine bestimmte Einstellung mitbringen und daher schon unter einem festgelegten Blickwinkel an die Dichtung herangehen. Wo aber der Ausgangspunkt nicht die Beschäftigung mit der Novelle als solcher, sondern die Untersuchung des Kunstwerkes an sich ist, da wird die Theorie kaum berücksichtigt, wie denn auch immer und überall betont ist, daß der dichterische Wert nicht mit der Erfüllung der Theorie zusammenhängt.

Dennoch ist im Problemkreis dieses Berichtes die Frage zu stellen, was die allgemeine Novellentheorie für die Erkenntnis des einzelnen Kunstwerkes zu leisten vermag. Nur selten ist – außer in den genannten Gesamtdarstellungen – versucht worden, die Theorie an der Dichtung zu erproben oder die Dichtung mit Hilfe der Theorie aufzuschließen.

Arno Mulot nennt seinen Aufsatz 'Die Novelle und ihre Interpretation'. Nachdem er allgemeine Probleme der Novellentheorie erörtert hat, fordert er »das Erschließen der in das dichterische Wort gebannten schöpferischen und das heißt bildhaft-sinngebenden Kraft«, auf die moderne Novelle bezogen: »das Erschließen einer Kunst, die in der einmaligen und unerhörten Begebenheit sinnbildhaft ein totales Menschen- und Weltbild gestaltet«[246]). Damit ist wohl seine theoretische Einstellung zur Novelle nocheinmal zusammengefaßt, für die praktische Interpretation aber noch nichts getan. Wenn er dazu fortschreitet, so gelten seine Hinweise für jede künstlerisch gestaltete Erzählung, auch für den Roman, wie wir schon feststellen konnten (vgl. den Text zu Anm. 180 u. 186ff.).

Helmut Prang betrachtet 'Formprobleme der Novelleninterpretation'[247]), womit er Formprobleme der Novelle meint. Er geht besonders auf die Titelgebung ein und zeigt »die künstlerisch notwendige Zusammengehörigkeit zwischen Novelle und Überschrift« (S. 24). Wie der Titel bereits das Dingsymbol erfassen und etwas Wesentliches verraten könne, so stehe er auch mit Anfang und Ende der Novelle oft in Verbindung. Weiters fordert Prang, »man sollte die drucktechnische Gliederung von Novellen viel ernster nehmen, als das wohl gemeinhin geschieht« (S. 27). Schließlich weist er auf die Wichtigkeit der Gebärdensprache in der Novelle hin. Daraus erkennt er die Verwandtschaft der Novelle zum Drama, welche die ganze Untersuchung hindurch betont ist. Eine Interpretation der Novelle 'Wir sind Utopia' von Stefan Andres schließt den Aufsatz ab, der im ganzen wertvolle Hinweise für die Interpretation gibt: für die Interpretation im allgemeinen, nicht nur für die Interpretation einer wie immer verstandenen Novelle.

So können uns diese Untersuchungen nicht sagen, was die Novellentheorie zur Erfassung der Novelle als Kunstwerk beisteuert, sie zeigen eher im Gegenteil, daß die Novelle jeder kunstvollen Erzählung gleichzusetzen ist. In die Mitte jener Frage aber trifft eine Untersuchung von Henry H. H. Remak[248]), der es ver-

---

[246]) A. Mulot (= Anm. 180), S. 7. – Vgl. auch den Text zu Anm. 194.
[247]) H. Prang, Formprobleme der Novelleninterpretation, in: Hüter der Sprache. Perspektiven der deutschen Literatur, hg. von K. Rüdinger (= Das Bildungsgut der höheren Schule, Deutschkundliche Reihe, Bd 1), Bayerischer Schulbuchverlag, München 1959, S. 19–38.
[248]) H.H.H. Remak, Theorie und Praxis der Novelle: Gottfried Keller, in: Stoffe, Formen, Strukturen. Studien zur deutschen Literatur (Hans Heinrich Borcherdt zum 75. Geburtstag), hg. von A. Fuchs und H. Motekat, Max Hueber Verlag, München 1962, S. 424–439.

sucht, die Theorie der Novelle konsequent auf die Praxis ihrer Interpretation anzuwenden. Er bekennt sich zu einem »Formkern der Novelle«, der »sich jahrhundertelang bewährt« hätte und folgert: »Er steht mit dem Inhalt in ständiger polarer Wechselwirkung, die eine Entwicklung des Ideellen zwar keineswegs ausschließt, ihr aber Kunstgrenzen setzt. Über diese Grenzen hinaus ist die Erzählung keine Novelle mehr« (S. 425). Remak wagt es – und das ist bei der heutigen Forschungslage gewiß ein Wagnis – klar auszusprechen, daß die Bezeichnung Novelle mit der Qualität eines Werkes etwas zu tun habe. Er führt aus: »Wir dürfen nicht sagen: weil diese sich novellistisch gebende Geschichte das 'Gesetz' der Novelle verletzt, ist sie zu Minderwertigkeit verurteilt, aber wir dürfen aus Erfahrung sagen, daß bei in dieser Richtung tendierender Prosa, welche die erprobten Grundmerkmale 'novellistischen Erzählens' ... nicht beachtet, die Gefahr groß ist, daß trotz aller möglichen Teilqualitäten ein unausgeglichenes, auseinanderklaffendes Gesamtwerk entsteht, ein Mischmasch« (S.425). Dennoch will Remak keineswegs »eine nach allen Regeln der Novellistik gebaute Novelle nun *eo ipso* gut« heißen, sondern er betont: »Die ausgezeichnetsten Novellen sind eine Verschmelzung von Typischem und Individuellem«. Darum will er am Beispiel Gottfried Kellers zeigen, »wie sich das typisch *Novellistische* in drei *Novellen* auswirkt; wie der unwiederholbare Künstler das wiederholbare Kunstgesetz gestaltet; wo das einmalig Subjektive sich von dem typisch Objektiven entfernt, und mit welchen Ergebnissen« (S. 426). Remak geht, wie er selbst sagt, von einem »normativen Blickwinkel« aus, er glaubt, »daß es möglich und wünschenswert ist, normative Werte aus den qualitativ besten oder charakteristischsten Werken einer Gattung und Periode zu entnehmen und die Variationen dieser Normen an diesen selben – und verwandten – Werken zu erproben ... Eine solche Auslese erwirbt objektive Fundierung durch die wiederholte subjektive Auswahl aufeinanderfolgender Generationen«. So sieht er »gewisse Grundzüge des Novellistischen als geschichtlich gesichert, als normative Vergleichspunkte« an, nämlich: »*eine Begebenheit / sich ereignete / unerhörte* (ironisch-paradoxe) / Neigung zur *Katastrophe / Falke, Silhouette, Dingsymbol* (Leitmotiv)« (S.427). Man könnte sogleich den Einwand erheben, daß diese Zusammenfassung bekannter Novellentheorien keineswegs als sichere Grundlage angesehen werden darf, wie die neue Forschung zeigt. Aber aus Anlage und Vorhaben der Remakschen Untersuchung ist dieses Verfahren zunächst gerechtfertigt, zumal Remak selbst betont, daß damit »keineswegs der Möglichkeit oder gar Notwendigkeit einer fortgesetzten Debatte über das Zutreffen dieser Gesichertheit widersprochen werden« solle und daß er sich damit bewußt »auf eine Hypothese stützen« wolle (S. 439). Die angegebenen Punkte der Theorie prüft Remak im einzelnen durch an Hand der Kellerschen Novellen 'Kleider machen Leute', 'Die drei gerechten Kammacher' und 'Romeo und Julia auf dem Dorfe'. Er kommt zu dem Ergebnis: »Diesen erprobten Begriffen gab er neue Schattierungen, Erweiterungen, Tiefen ... Zu diesen novellistischen Prinzipien tritt Keller als Mensch und Dichter schlechthin« (S. 438). Die Remaksche Untersuchung erweist sich als aufschlußreich, weil man selten so klar und folgerichtig den Versuch unternommen hat, die Novellentheorie in ihrer üblichen Ausprägung auf die Dichtung zu übertragen. Das Ergebnis freilich ist negativ. Das Verfahren trägt weniger dazu bei, die Kenntnis der drei Dichtungen zu vertiefen, als vielmehr dazu, diese Dichtungen nach der Theorie auszurichten. Das wird besonders deutlich, wenn es heißt: »Wir tun Keller wohl aber kein Unrecht an, wenn wir zugeben, daß in den 'Kammachern' Handlungssilhouette, Allegorien, Dingsymbole und Leitmotive kaum ausreichen, um der auf der Grenzlinie zwischen Erzählung und Novelle stehenden Geschichte den prägnanten novellistischen Zug zu verleihen; trotz prachtvoller Einzelheiten hat sich Keller doch vielleicht zu sehr mit Katalogisieren, Kommentieren und Fabulieren aufgehalten und dieser Erzählung etwas bizarr-Gesuchtes mit auf den Weg gegeben, das selbst ihre großartige, ironisch-humorvolle Bitterkeit nicht ganz überbrücken kann« (S. 434). Ein solches Urteil kommt zustande, weil Remak von einer bestimmten Novellentheorie ausgeht. Dadurch wird der Blick auf das eigentliche Wesen der Dichtung verstellt, die Theorie erweist sich nicht als Hilfe, sondern als Hindernis. Bisher sind wir der Untersuchung in ihrem methodischen Gang gefolgt. Es ist jedoch nicht zu vergessen, daß ihr Ansatzpunkt schon brüchig ist, daß man keineswegs mit »erprobten Begriffen« arbeiten kann, daß es sich dabei oft, wie gezeigt wurde, um subjektive Auslegungen einzelner Dichter und Kritiker handelt. An die Begriffe Falke und Silhouette konnte sich Keller auch selbst nicht halten, denn Heyses Novellentheorie erschien 1871, während 'Romeo und Julia' und die 'Kammacher' 1856 veröffentlicht, 'Kleider machen Leute' am Beginn der sechziger Jahre entworfen wurden.

Wie verhält es sich mit anderen Versuchen, die Interpretation durch Einbeziehung der Novellentheorie zu vertiefen? In seinen Interpretationen deutscher Prosadichtungen der Gegenwart führt Werner Zimmermann [249]) wiederholt die Novellentheorie in ihrer strengen Art an, wie sie Johannes Klein vertritt, befaßt sich jedoch nie grundsätzlich mit ihr. Er betont, daß seine Interpretationsmethode »ausschließlich durch das Formgesetz der jeweiligen Dichtung selbst bestimmt wurde« und daß Übereinstimmungen des methodischen Ansatzpunktes »im Formgesetz der Gattung begründet« lägen (II, S. 12). Als Beispiel für solche Übereinstimmungen nennt er unter anderem die Betrachtung »des Leitmotivs, des zusammenfassenden Symbols und des zentralen Ereignisses« (II, S. 13). Er benützt die Novellentheorie als Mittel, um den Zugang zu bestimmten Dichtungen zu öffnen. Freilich eben nur zu bestimmten Dichtungen, und damit schon vermag Zimmermann die Übernahme der Novellentheorie zu regulieren und zu korrigieren. Ganz selten wendet er sie (in der Kleinschen Ausprägung) konsequent auf seine Interpretationen an: etwa bei Bergengruens 'Feuerprobe' (II, S.17) oder bei dessen 'Drei Falken' (III, S. 135). Man sieht, daß dies an Dichtungen geschieht, die von vornherein nach jenem Novellenideal ausgerichtet sind. Bei Sudermanns 'Reise nach Tilsit' werden die Forderungen der Theorie zwar genau verfolgt, aber es wird andererseits »auch die Zuordnung zur Form der Erzählung« als gerechtfertigt angesehen (I, S.24). Meist jedoch dienen die theoretischen Novellenmerkmale zu nicht viel mehr als zu einer ersten Hinführung an die Dichtung und zu einer äußeren Bestimmung der Gattung, die Zimmermann gerne vornimmt. Die Interpretationen selbst beachten dann die Theorie wenig oder gar nicht. Es wird bei Hauptmanns 'Bahnwärter Thiel' zuerst von der »unerhörten Begebenheit« gesprochen (I, S. 39); Schäfers 'Fremdes Fräulein' wird gegen J. Klein als Novelle mit ihren typischen Merkmalen gekennzeichnet (I, S. 114); bei Hofmannsthals 'Reitergeschichte' wird für den Unterricht nach der »unerhörten Begebenheit« gefragt (I, S. 145); dasselbe bei Kreuders 'Phantom der Angst' (II, S. 184); bei Benders 'Die Wölfe kommen zurück' wird auf die größere Nähe zur Novelle hingewiesen (III, S. 212). Aber das alles bleibt für die Interpretation ohne weitere Folgen, was sich nur als Vorteil erweist. Zimmermann betont, daß solche Feststellungen kein Werturteil bedeuten, »denn der Rang einer Dichtung hängt nicht davon ab, wie weit sie der von der Poetik erarbeiteten 'Idee' entspricht«. Wenn er fortfährt: »Aber für die Erkenntnis

---

[249]) W. Zimmermann (= Anm. 185).

der Eigengesetzlichkeit des Einzelwerkes ist es wichtig zu wissen, wodurch sich seine Erscheinungsformen von dieser Idee unterscheidet« (III, S. 213), so scheint er freilich zu übersehen, daß diese »Idee« keineswegs so klar feststeht und daß sie daher auch kein sicheres Maß für die Erscheinungsform des Einzelwerkes zu bieten vermag. Bei manchen Dichtungen, für die man es erwarten könnte, kommt die Novellentheorie überhaupt nicht zur Sprache, etwa bei Strauß 'Der Laufen' (I, S. 88) oder bei Paul Ernst (I, S. 102). Oft begnügt sich Zimmermann mit der Bezeichnung Erzählung, ohne auch hier eine grundsätzliche Stellung zu dieser Gattung einzunehmen. Es ergibt sich, daß die Forderungen der Novellentheorie für Zimmermann, wiewohl er sich auf sie bezieht, äußere Zutat bleiben, wodurch er sich die nötige Freiheit zu seinen tüchtigen Interpretationen bewahrt, die zwar für die Schule bestimmt sind, doch auch der Forschung wertvolle Dienste leisten können.

*

Suchen wir die Frage nach dem Verhältnis von Theorie und Dichtung noch auf andere Weise zu beantworten: indem wir nämlich eine bestimmte Dichtung herausgreifen und an diesem Beispiel die verschiedenen Interpretationen durchmustern. Wir können auf diese Art sowohl die einzelnen Untersuchungsmethoden der Novellenforscher aufzeigen und vergleichen, als auch feststellen, was die von ihnen vertretenen Theorien zur Erkenntnis der Dichtung beitragen.

Als besonders geeignet für diesen Zweck erweist sich Brentanos 'Geschichte vom braven Kasperl und dem schönen Annerl', weil diese Dichtung allgemein als Novelle anerkannt ist, wie auch der einzelne diesen Begriff auffaßt, und alle Forscher sich dazu mehr oder minder eingehend äußerten. So betont Walter Silz: *The story exhibits all the chief features which theorists of the Novelle, before and since its time, have set forth as characteristic of this genre*[250]).

Johannes Klein stellt der Besprechung der Einzelnovellen jeweils eine »Strukturskizze« voraus, wie er selbst es nennt, und schon im Vorwort zur ersten Auflage seines Buches verwahrt er sich heftig dagegen, sie mit Inhaltsangaben zu verwechseln. Dennoch sah die Kritik sie als solche an, und wenn Klein vorgeworfen wurde, daß sie zuweilen sogar irreführend seien[251]), so trifft das auch für unseren Fall zu. Klein unterlaufen Ungenauigkeiten (der Kopf des Jägers Jürge beißt in das Röckchen, nicht in die Schürze des kleinen Annerl, wird aber von der Schürze der Großmutter bedeckt), er bringt selbständige Ergänzungen an, die im Text nicht stehen (Kasper meine von Annerl, daß »die Treue ihre höchste Ehre wurde«, und er nehme Urlaub, weil ihn »Unruhe um sie« ergriffen habe), er verwendet irreführende Formulierungen (Annerl sei »zu höherer Auffassung von der Ehre« gebracht worden – das klingt nur positiv, während die Großmutter es ganz anders beurteilt). In der Besprechung selbst geht Klein seinen »Grundformen« nach: als das zentrale Geschehnis, das man aber nur dunkel heraussspüre und erst am Leitmotiv der Ehre erkenne, bezeichnet er den freiwilligen Tod zweier Menschen um der Ehre willen. Daraus ergebe sich die »Idee, die besagt, daß Annerl einerseits den höheren Ehrbegriff Kasperls noch nachträglich erfüllt (Treue als Ehre), daß sie andererseits ihn sogar überholt«. So seien hier wie in einer klassischen Novelle »Ereignis, Leit-

---

[250]) W. Silz (= Anm. 78), S. 17.
[251]) W. Killy (= Anm. 43), S. 245 ff. – W. Grenzmann, Anzeiger f. dt. Altertum, Bd 69, 1956, S. 177 ff.

motiv und Idee so eng verbunden, daß man von allen dreien spricht, wenn man eins von ihnen erläutert«[252]).

Halten wir dagegen, wie Silz hier die üblichen Novellenkennzeichen bestimmt: *a single central conflict that affects the lives of a few nature individuals.* Das kann mit Klein noch übereingestimmt werden. Silz stellt ferner einen Wendepunkt nach Tieck fest: *the hero's denunciation of his father and brother,* und einen Falken nach Heyse: *at least one may see something like this in Kasper's tinsel wreath.* Klein läßt den Falken mit dem Leitmotiv zusammenfallen, Silz erwähnt außerdem: *it has 'Leitmotive' aplenty.* Und schließlich: *its dominant 'Idee' could be summarized briefly – and paradoxically – as too much of honor, or culpable excess in a virtue.* Mit diesen Unstimmigkeiten der Beurteilung ist es nicht genug. Lockemann sieht den Wendepunkt darin, daß »Liebe und Gnade, symbolisiert in dem Schleier mit den Rosen, ... trotz Hinrichtung und Tod ... die Dämonie des chaotischen Ehrbegriffs« überwinden. Für Himmel ist der »Wendepunkt der Gesamtnovelle« durch den Traum Kaspers kenntlich, »während man in der Kasper-Novelle den Wendepunkt in seinem Entschluß sehen muß, den Räubern zu folgen, wodurch er entdeckt, daß seine Verwandten ehrlos geworden sind«. Ähnliches hatte für die Kasperhandlung schon Wiese gesagt. Und während Wiese von »drei novellistischen Begebenheiten« spricht, betont Heinrich Henel (als Beispiel für seine Auffassung von der deutschen Novelle des 19. Jahrhunderts mit mehreren unerhörten Begebenheiten gegenüber der Renaissancenovelle mit nur einer): »Brentanos 'Kasperl und Annerl' besteht aus vier solchen Begebenheiten ('Mordeltern', Selbstmord aus verlorener Ehre, verhängnisvolles Richtschwert, verspätete und verschmähte Gnade), und diese sind bereits kunstvoll verschlungen«[253]).

Wenn dem Leser nach diesem Überblick der Kopf schwirrt, soll er daran denken, daß es sich nur um die Bestimmung der scheinbar so einfachen Kennzeichen der verbreiteten konventionellen Novellentheorie handelt. Wenn schon diese so verschieden gesehen werden können, – welche Bedeutung für die Theorie bleibt dann noch übrig? Für die Novelle selbst sind höchstens einige kompositorische Hinweise gewonnen. Doch sehen wir weiter. Im ganzen wird das Werk genannt von Silz eine »Problem-Novelle«, von Klein »ein balladisch gefärbtes Vorspiel zur lyrischen Novelle«, von Hermann Pongs eine »lyrische Stimmungsnovelle«. Dieser findet einen »naiven lyrischen Gesamtton, wo die Widersprüchlichkeit von Wunderwelt und Alltag aufgehoben ist in die höhere Einheit eines gott- und weltgläubigen Gemüts«. Was an Handlung geschehe, sei nur »Bewährung für das Wunder dieses Glaubens, der aus der Alten hervorbricht wie aus der Volksseele selbst«. Als symbolischen Ausdruck dafür sieht Pongs das alte Lied, »das in seiner bedeutsamen mehrfachen Wiederkehr die Einheit der lyrischen Stimmung als die Einheit der inneren Form betont bei loser äußerer Fügung und ungezwungener Rahmentechnik«[254]). In solchen Äußerungen fehlt jedes Verständnis für die Form, und da man keine »äußere« finden kann, rettet man sich in eine »innere«. Der Dichtung wird ein solches Verfahren nicht gerecht, es zeigt nur das gewaltsame Vorgehen der Methode auf. *It is essentially a work of Stimmung,* sagen auch Bennett-Waidson[255]). Johannes Pfeiffer bezeichnet die Novelle mit dem Stichwort »musikalische Erzählform«, und nennt die Komposition »ausgesprochen musikalisch: sie verknüpft die Vorgänge nach Leitmotiven und wechselt rhythmisch zwischen

---

[252]) J. Klein (= Anm. 36), S. 149–151.
[253]) H. Henel (= Anm. 192), S. 117. – Die übrige angeführte Literatur vgl. in den folgenden Anm.
[254]) H. Pongs (= Anm. 87), S. 178.   [255]) Bennett-Waidson (= Anm. 77), S. 71 f.

raffender und dehnender wie zwischen anschwellender und abklingender Darstellung«. Genaueres Beachten der Novelle zeigt freilich, daß das gar nicht stimmt, wie denn auch der so gesehene Vergleich mit dem Musikalischen schief wirkt. Pfeiffer beschränkt sich jedoch auf solche allgemeine Äußerungen, zwischen die er reichlich Zitate streut, oder besser gesagt, er verbindet lange Zitate durch überleitenden Zwischentext. So bleibt er in der Paraphrase und Phrase stecken, scheut aber vor Kritik an Brentano (betreffend den Brief Grossingers und den Schluß) nicht zurück[256].

Der in der Novelle so häufig vorkommende und so mannigfach abgestufte Ehrbegriff wird von Johannes Klein durchaus positiv beurteilt; schon der des jungen Annerls, wie die vorhin zitierte Formulierung zeigt, ebenso der Kaspers, auch wenn hier angefügt ist: »dennoch wäre ein tieferer Ehrbegriff denkbar«. Am Schluß sieht Klein »das Erlebnis der Ehre in eine andere Welt« eingetreten, in gerader Linie: »Von der Ehre steigt die Bewegung über die höchste Ehre in der Liebe zu Gott«. Genau gegenteilig faßt Fritz Lockemann die Novelle auf[257]. Wie überall, so sucht er auch hier sein novellistisches Strukturgesetz der Spannung von Ordnung und Chaos wiederzufinden. Das letzte sieht er ausgedrückt in »der dämonischen, in Unheil, Tod und Chaos führenden Ehrauffassung, die alle Figuren der Kernnovelle treibt«; ihr entgegengesetzt »die höhere Ordnung der Liebe und Gnade«, durch die beiden Rahmenfiguren (Großmutter und Ich-Erzähler) vertreten. Der Dichtung entspricht eine solche Zweiteilung nicht, denn wie der Ehrbegriff in vielerlei Gestalt und Wert auftritt, so drücken die Begriffe und Symbole von Liebe und Gnade keineswegs eine einheitliche Funktion aus. Gerade die fließenden Grenzen sind charakteristisch, wie noch gezeigt werden wird.

Von einer festen Vorstellung geht auch Bernhard v. Arx bei seiner Interpretation aus, von seinem novellistischen Menschentyp, als den er Brentano zu erkennen glaubt[258]. Er stellt fest, daß Brentano »des überschauenden, planenden und beziehenden Geistes also entbehrt«. Wenn er dennoch eine Novelle geschrieben habe, so deshalb, weil »der Vorwurf Brentano zwingt, ... eine gewisse umsichtige Planmäßigkeit zu entwickeln. Brentano muß seine Passivität aufgeben, er selbst soll führen, statt immer geführt zu werden«. Jedoch selbst »innerhalb eines bescheidenen Rahmens« gebe er von Zeit zu Zeit »der Faszination eines bloßen Reizes« nach, er vergesse, »daß er sich auf dem Wege zu einem Ziel hin befindet«, es drohe ihm »die Novelle in einzelne Reizwirkungen auseinanderzufließen«. So könne Brentano »nicht durchhalten«, so sei er auf das Einzelnste verwiesen. Allein gerade das genüge ihm nicht. »Wie alle Romantiker ziehen auch ihn die Kräfte an, die das All durchdringen. Brentano aber fühlt sich diesen Mächten nicht gewachsen; ihnen ist er fast wehrlos ausgesetzt«. Dennoch könne er ohne sie nicht sein, das sieht Arx im »Desinteressement an der im völlig Realen spielenden Kasperl-Handlung« bewiesen. In der Annerl-Handlung dagegen breche das Übernatürliche in die reale Welt ein. Ohne dieses wäre sie »nichts als eine höchst uninteressante Verführungsgeschichte mit dem üblichen traurigen Ausgang. Sie verdiente ebenso wenig erzählt zu werden, wie es im Grunde das Geschehen um Kasperl verdient. Was tut denn Brentano eigentlich anderes als sich über preußisch-französische Ehrbegriffe mokieren«. Diesem Zitat ist eigentlich nichts mehr hinzuzufügen, um den Geist dieser Interpretation erkennen zu lassen. Wie beurteilt sie noch die Annerl-Ge-

---

[256] J. Pfeiffer (= Anm. 216), S. 35–38. – Das Zitat des Titels ist falsch, bei Brentano fehlt der Artikel.
[257] F. Lockemann (= Anm. 70), S. 95–97.
[258] B. v. Arx (= Anm. 64), S. 121–128.

schichte mit der Hereinnahme übersinnlicher Mächte? »Da muß man mit den Geistern, die man gerufen hat, damit die Geschichte überhaupt interessant werde, allein fertig werden. Das aber wird Brentano nicht. Ausweichen kann er auch nicht. So wird er zwangsläufig von der Sturzflut des ganz Anderen fortgerissen bis zum schrecklichen Ende«. Die Schlußfolgerung lautet: »Könnte Brentano seine Stoffe aktiv meistern, so wäre ... für seine Augenblicksreize die kurze Novelle wie für die meisten Romantiker die glücklichste Gattung. Da er aber passiv ist, wird er bei der ersten Gelegenheit, wo Übermächtiges in die Realität einbricht, hin-gerissen. So entsteht ungewollt aus der ʿGeschichte vom braven Kasperl und dem schönen Annerlʾ eine 'passive Novelle'«. Diese Untersuchung spricht sich ihr Urteil selbst. Was es so vernichtend ausfallen läßt, ist nicht nur die Verständnislosigkeit gegenüber der Dichtung, sondern vor allem die daraus abgeleiteten Vorwürfe, der Tadel an Mensch und Werk. Das aber ist wieder die Basis für die vorgetragene Novellentheorie, wenn nicht umgekehrt diese Theorie das Leitmotiv für die Interpretation gegeben hat.

Es zeigt sich, daß diejenigen Untersuchungen, die wir in unserem II. Teil als normativ bezeichneten, zwar eine feste Verbindung zwischen Theorie und Interpretation herstellen, das einzelne Dichtwerk aber auch nach dieser Theorie erfassen, ohne sein Eigenleben zu berücksichtigen. Die als historisch bezeichneten Darstellungen gehen viel freier vor, sind sie ja nicht an einen eingeengten Novellenbegriff gebunden. Josef Kunz sieht in Verfolgung seiner Entwicklungslinien [259]), zunächst die »Isolierung der einzelnen Novelle«, die aber damit nicht auf den Rahmen verzichtete. Er betont im Gegenteil die Bedeutung des Rahmens und der Erzählsituation. Im seelischen Bereich findet er eine »Entleerung und Entmächtigung des personalen Bewußtseins«, dem »wiederum genau die innere Konsequenz des Geschehens« entspreche. In diesem Sinne faßt er auch die Gestalt der Großmutter auf. Man dürfe sich bei ihrer Haltung nicht darüber hinwegtäuschen, »daß es im Grund ein Schicksalsglaube ist, der den dunkelsten und fragwürdigsten Gewalten freie Hand läßt«. Von daher arbeitet er die Nachbarschaft zu Tieck heraus.

Walter Silz, der vom Verhältnis Realismus – Novelle ausgeht [260]), möchte das Werk als Problem-Novelle, aber auch als die erste deutsche »Dorf- und Bauernnovelle« bezeichnen, *in so far as it is the earliest Novelle to deal with the peasant folk and with the tragedy of humble lives.* Diese Einstufung ist nichts Neues, sie wird auch von Bennett vorgebracht und hat in der Literaturgeschichte ihren festen, freilich keineswegs sehr berechtigten Platz. So fährt Silz fort: *but Brentano's story is far more extensively overrun with the lianas of fairy-tale, fate-tragedy, and superstition,* stellt jedoch fest: *Such contrivances and arabesques of Brentano's irrepressible fancy add to the mystery and picturesqueness of his tale, but lessen its realistic and tragic force.* Nach Bemerkungen über Motivik, Handlungsführung, Aufbau und Erzähler kommt Silz zu seinem Hauptthema zurück. *The 'lower-class plot' is so central that the upper-class plot can only obscure it. And the lower-class figures are the more convincingly drawn.* Er findet auch das Ende *unhappily moralistic,* ohne die Widerspiegelung darin zu erwähnen. Als das wichtigste Motiv und das zentrale Problem der Geschichte sieht er die »Ehre« an. Kasper *comes to grief, like Kohlhaas, because he carries a virtue to excess, insisting on an absolute in a world of moral relativities.* Auch Annerl wird einbezogen: *Both die for honor's sake, rejecting all compromise.* Als die Hauptfigur wird die Großmutter herausgestellt, über sie heißt es auch: *In her unsentimental acceptance of adversity, in her native dignity and devoutness, Anna Margaret seems to personify the immemorial,*

---

[259]) J. Kunz (= Anm. 74), Sp. 1815 f.   [260]) W. Silz (= Anm. 78), S. 17–28.

anonymous, and inarticulate suffering of the peasantry, their infinite endurance, their seemingly inexhaustible spiritual resources. Silz geht damit, im Banne seiner These, denn doch über den Text hinaus. Zusammenfassend sagt er: *The world of 'Kasperl und Annerl', for all its massive realness, still trails the clouds of Romantic fancy from which it came. The reality here is still, on the whole, romanticized and unspecific.* Gerade für Silz ist natürlich unser Beispiel nicht sehr günstig, hier jedenfalls zeigt auch er bisweilen Härten gegenüber dem Kunstwerk.

Zum Unterschied von den bisher besprochenen Arbeiten, welche die Novelle entweder unter ein normatives Schema stellen oder in eine bestimmte historische Entwicklung einreihen, geht Benno v. Wiese allein vom Kunstwerk aus [261]), verzichtet allerdings darauf, den geschichtlichen Zusammenhang unmittelbar aufzuzeigen. Er bietet zuerst eine interpretierende Nacherzählung, d. h. er verflicht in die genaue Inhaltsangabe seine feinen und aufschlußreichen Beobachtungen über das Kunstwerk. Er weist auf die beiden Erzähler und auf die Art des Erzählens hin, er setzt sich mit dem Ehrbegriff auseinander, aber weitaus eindringlicher und verständnisvoller, als es bisher geschah. So kann er die Dialektik dieses Ehrbegriffes aufzeigen: »Ehre vor den Menschen und durch die Menschen auf der einen Seite, Ehre vor sich selbst und vor der eignen Brust auf der andern«; ebenso, wie relativ die menschliche Ehre bleiben muß, »nur im Bündnis mit der Gnade, das heißt nur dienend« erscheine sie als positiv. Wiese behandelt weiters die Dingsymbole, die auf ein unabwendbares Schicksal deuten. Schließlich stellt er »drei novellistische Begebenheiten« fest, die kunstvoll miteinander verflochten seien: erstens die Geschichte Kaspers, eine »'Novelle' von der Ehre«. Zweitens »die 'Novelle' von dem unglücklichen Annerl«, die zwei voneinander unabhängige Motive enthalte, die falsche Ehre und die übernatürlichen Mächte. Drittens die Novelle der Rahmenhandlung mit Herzog und Gräfin, in ihrem Mittelpunkt das Dingsymbol des Schleiers mit den Rosen. Die Gestalt der Großmutter halte die drei Erzählstränge zusammen. Wiese wendet sich gegen die Bezeichnung Dorfnovelle, er stellt das Werk »zwischen Märchen und Wirklichkeit«. Die Ehre werde, trotz ihrer realistischen Problematik, zu »einer geheimnisvollen, bösen Zaubermacht«. Um das »sprengende Thema« gestalten zu können, verwende Brentano die Dingsymbole und die allegorischen Zeichen. »Novellistisch ist aber auch die kunstvolle Verflechtung der drei Begebenheiten in dem Kontrast von subjektivem Erzählen und objektivem Vorgang, von Rahmen und Ereignis«.

Fassen wir vorläufig zusammen, so können wir feststellen, daß keine Interpretation, sofern sie von einer bestimmten Novellentheorie ausging, etwas für unser Beispiel als Dichtung zu leisten vermochte, ja daß die Interpretation dann im Gegenteil nicht selten der Dichtung Gewalt antat und sie nach dieser Theorie auslegte. Auch wo die Novellentheorie nur am Rande erwähnt wurde, konnte sie keine Hilfe bieten und nichts oder nicht mehr aussagen, als was der Interpret aus der Dichtung selbst gewonnen hatte. Dadurch, daß unser Beispiel von allen Forschern als Novelle anerkannt und von den meisten behandelt ist, ergaben sich die widersprüchlichsten Auffassungen, die allein schon stutzig machen müssen. Wie aber ist die Novelle nun zu beurteilen? Wir sind wohl in unserer Musterung auf manche feine Beobachtung gestoßen, wir haben manchen Zugang zur Novelle offen gefunden. Aber gibt es eine Interpretation, welche die Novelle in ihrer Gesamtheit so überzeugend erfaßt, daß sie die Widersprüche entkräftet und die Vorwürfe

---

[261]) B. v. Wiese, Nov. I (= Anm. 235), S. 64–78. – In seinem Büchlein 'Novelle' (= Anm. 241), S. 53 f., gibt Wiese eine Zusammenfassung seiner Interpretation.

widerlegt? Es gibt in der Tat eine solche. Es ist die Untersuchung von Richard Alewyn[262]), und wir stehen nicht an, sie zu den hervorragendsten Interpretationen der deutschen Literaturwissenschaft zu zählen. Aber was sie auch alles betrachtet, und sie berücksichtigt wirklich alle möglichen Faktoren, eines berührt sie nicht: die Novellentheorie. Nur ein einzigesmal und nebenbei findet sich der Begriff Novelle in der Untersuchung. Freilich: auch in Alewyns Interpretation werden bestimmte Kategorien angewendet, um das Kunstwerk aufzuschließen. Aber die sind nicht von der Gattungspoetik hergenommen. Es sind nicht die Novellenmerkmale, sondern es sind die wahrhaft typischen Erscheinungen der Epik, typisch im Sinne Lämmerts, die Alewyn untersucht: die Komposition, die Leitthemen, die Personen, vor allem die Erzählform und Erzählhaltung, der Erzählraum und die Erzählzeit, dazu noch die Symbole, nicht nur in ihrer Bedeutung, sondern – wieder vor allem – in ihrer Funktion.

Schon in der Untersuchung des Stoffes, der beiden Geschichten von Kasperl und dem Annerl, zeigt Alewyn Überraschendes auf: daß nämlich die beiden Geschichten nicht nur getrennt, sondern beziehungslos nebeneinander stehen, weder verschmolzen, noch auch antithetisch gegeneinander abgesetzt. Wie die Gestalten kaum zusammengehören, so streben ihre Lebensläufe auseinander und werden von verschiedenen Gesetzen beherrscht, so ist die Erzählweise verschieden. Daran ändert auch eine gewisse Verschränkung der Leitthemen nichts. Und ausdrücklich wendet sich Alewyn gegen die so oft festgestellte zentrale Idee von der Ehre. Er weist unter anderm darauf hin, daß Kasper und Annerl ja gerade durch ihren Tod, der angeblich die Ehre wiederherstellen soll, in neue Unehre geraten. Dennoch vermag er einen Zusammenhang festzustellen: es ist das gemeinsame und ehrliche Grab, der Punkt, »in dem die parallelen Lebenslinien noch jenseits des Todes konvergieren und aus zwei Geschichten zugutertletzt doch noch eine wird« (S. 147). Das Grab wiederum »ist die Stelle, an der Diesseits und Jenseits aneinander grenzen, und damit der wichtigste Ort der Schöpfung, so wie die Auferstehung der wichtigste Augenblick des Erdendaseins ist« (S. 150). Das glaubhaft zu machen, dafür habe Brentano die Gestalt der Großmutter erfunden – und in der Tat deckt sich ihr Auftreten vollkommen mit diesem Anliegen. So kann Alewyn schon damit Neues, noch nicht Beachtetes aufzeigen. Aber dies ist erst der Anfang. Es könnte nun so aussehen, als ob es mit Form und Geschlossenheit doch nicht soviel auf sich habe. Die Untersuchung der Erzählart erweist das Gegenteil. Natürlich hatte man auch bisher die Doppelung der Erzählung und die Rahmung bemerkt. Aber erst Alewyn zeigt durch die Gegenüberstellung der Großmutterwelt mit der modernen Welt die wundervolle Struktur der Dichtung in ihrer ganzen Tiefe. Er legt dar, wie es um den Rahmen bestellt ist und in welchem Verhältnis der Ich-Erzähler und die Großmutter als Erzählerin stehen, wie sich der Zuhörerraum zum Geschehnis in der Tiefe verhält, wie hier – als Gegenwart und Vergangenheit – zwei verschiedene Zeitstufen, aber gleichzeitig auch zwei verschiedene Zeitordnungen walten. Und er zeigt schließlich, auf welche Weise der Zusammenschluß zwischen den beiden so verschiedenen Welten erreicht ist, wie die Binnenhandlung in die Außenhandlung aufgeht und der chronologische Kontakt zwischen beiden hergestellt wird. Diesen Augenblick, da dem Zuhörer und Leser schockartig klar wird, wie aktuell das scheinbar so ferne Geschehen um Annerl ist, bezeichnet Alewyn als »Wendepunkt der Geschichte«, aber »nicht weil hier etwas geschieht, sondern weil etwas enthüllt wird« (S. 166). So meint er auch damit keineswegs

---

[262]) R. Alewyn, Brentanos ›Geschichte vom braven Kasperl und dem schönen Annerl‹, in: Gestaltprobleme der Dichtung (= Anm. 33), S. 143–180.

den Begriff Wendepunkt aus einer Novellentheorie, sondern ein allein aus diesem Werk gewonnenes und für dieses Werk zutreffendes Element der Struktur. Nach dem dergestalt erzielten »Chock« ändert sich nicht nur der Schauplatz und die Zeitauffassung, sondern es tritt auch eine neue Handlung dazu, eine Parallelhandlung zur Kasperl- und Annerlgeschichte: die Geschichte um den Herzog und Grossingers Schwester. Von hier aus gelingt es Alewyn, das oft getadelte Monument am Schluß der Geschichte als sinnvolles gültiges Glied des gesamten Kunstwerkes zu erklären, von hier aus und später noch einmal von der Betrachtung der Symbole aus. Von den Verdoppelungen und Wiederholungen ausgehend, die sich in der ganzen Erzählung von der Wort- bis in die Handlungsebene finden, fragt Alewyn schließlich nach Funktion und Bedeutung der vielen Symbole und Abstrakta für die Erzählung. Und er erkennt, daß sie – mit Ausnahme des Liedes von der Gnade [263]) und des Grabmals, wo sie sich zu autonomen Gebilden verdichten – nicht dazu dienen, die Erzählung zu artikulieren, sondern sie verfließen zu lassen, »indem sie über alle Abstände von Raum, Zeit und Person hinweg Kontakte herstellen und somit den Körper der Dichtung mit einem Gewebe von Assonanzen überziehen, in dem das Fernste und das Nächste verknüpft und vertauschbar erscheint, in dem alles Vergangene immer fortzuleben, alles Künftige immer schon dagewesen zu sein scheint«. In diesem Zusammenhang kommt Alewyn das einzigemal auf die Novelle als Gattung zu sprechen, aber auch hier nur am Rande und nur abwehrend: »Trotz der Schrecklichkeit ihres Geschehens ist diese Erzählung keine Novelle von Kleist, überhaupt keine Novelle, in welcher jedes Einzelne ein unerbittlich Einmaliges ist ... Hier ist jedes Einzelne von seiner Einzigkeit erlöst« (S. 174). Diese Äußerung hat ein bedeutendes Gewicht für die uns vor allem beschäftigende Fragestellung. Denn wenn man die Geschichte vom braven Kasperl so sieht, und nach Alewyns Untersuchung besteht kein Zweifel daran, dann entspricht sie keineswegs mehr einer Novellentheorie, dann wäre sie gar keine typische Novelle mehr, wie doch überall betont ist. Alewyns Analyse zeigt uns, daß eben kein Mittelpunktsereignis da ist und kein Falke und ein Wendepunkt nur im Sinne der autonomen Erzählung.

Das aber wäre das – von Alewyn freilich gar nicht beabsichtigte – Ergebnis seiner Interpretation für unsere Fragestellung. Indem hier die Novelle an sich verstanden ist, in behutsamer Würdigung des Ganzen und der Teile, wobei eines das andere bestätigt, wird uns ein Kunstwerk gezeigt, daß sich einem Schema nicht nur nicht fügt, sondern ihm widerspricht. Wenn man die 'Geschichte', wie Brentano sie bezeichnete, weiterhin als Novelle ansprechen will, dann nicht auf Grund irgendeiner Theorie. Mit Alewyns Interpretation scheint uns die gültige Deutung der 'Geschichte vom braven Kasperl und dem schönen Annerl' abgeschlossen zu sein, man kann bei einem Kunstwerk nicht sagen auf immer, aber gewiß auf eine sehr lange Zeit hin.

---

[263]) Das Lied wurde in den bisherigen Interpretationen zwar erwähnt (Silz: *A song with lute accompaniment, inserted in the manner of Romantic narratives, interweaves with the veil the motifs of Gnade, Liebe, Ehre, and Rose.* Wiese: »Begriffe und Bilder sind hier allegorisch ineinander verschlungen«), jedoch erst Alewyn zeigt, daß es ein wichtiges Glied der Handlung ist, darüber hinaus auch die Art der Struktur des Gesamtwerkes widerspiegelt. – In der verkleideten Gestalt sieht Alewyn den Herzog, während Klein und Wiese darin Grossingers Schwester vermuten. Es spricht alles, besonders das Lied, für Alewyns Auffassung, nur die Worte Grossingers: »Gerade weil er hinaufging, können Sie nicht hinauf, der Herzog hat Geschäfte mit ihm« – stellen sich dagegen. Aber Alewyn hat selbst (S.179f., Anm. 28) vermutet, daß in einer früheren Fassung das Stelldichein im Schloß stattgefunden haben könnte.

Mit Recht betrachtet daher Hellmuth Himmel das Werk zum Großteil im Anschluß an Alewyn[264]). Dazu greift er doch wieder auf die Pointierung der Ehrbegriffe zurück, diese erreichten bei Kasper und Annerl »in ungewöhnlicher Folgerichtigkeit jenen äußersten Punkt irdischer Ehre, an dem diese unabhängig vom Urteil der Mitwelt, also sittlich autonom wird.« In der Kasper-Handlung findet er eine Konsequenz des Charakters, die an Kleist erinnere, die Annerl-Handlung nennt er »eine Schicksalsnovelle mit sagenhaftem Einschlag«. Mit diesen Hinweisen auf die Novellentheorie und mit der Feststellung des Wendepunktes in Kaspers Traum begnügt er sich.

Dagegen hat Helmut Rehder[265]) in einer Einzelinterpretation einen neuen Versuch der Erklärung übernommen, trotz Alewyns Arbeit, die er wohlwollend als »umsichtig« bezeichnet (S. 329, Anm. 3). Er geht vom Schluß der Novelle, vom Denkmal aus, wo »der menschlich-versöhnliche Ton ... gegenüber künstlerischen Bedenken die Oberhand« behalte (S. 315). So werde von hier aus »die Sicht auf eine andere als nur künstlerisch-ästhetisch orientierte Deutung eröffnet« (S. 317). Eine solche, die in die »moralisch-metaphysische Sphäre« weist, will Rehder also geben. Er sieht im Standbild unter dem Symbol des Kreuzes – »das heißt, unter dem Hinweis auf die unsichtbar gegenwärtige Transzendenz« – die Prinzipien von Ehre, Gnade und Gerechtigkeit dargestellt, bewertet und kritisiert, »während die Geschichte selber als 'exemplum' diese Prinzipien in Handlung und zeitliches Geschehen übersetzt« (S. 317). Eine solche »moralisch-metaphysische« Auffassung eines Kunstwerkes ist natürlich ohne weiteres möglich, freilich unter einer Bedingung: diese – außerkünstlerische – Auslegung muß vollkommen mit den aus der künstlerischen Struktur gewonnenen Erkenntnissen übereinstimmen, ja von ihnen gestützt und bewiesen werden. Das ist bei Rehders Deutung nicht der Fall. Er setzt sich über die von Alewyn erkannte künstlerische Eigenart der Novelle hinweg und kritisiert, was Alewyn bereits von der Dichtung her erklärt hatte (etwa die Physiognomien von Herzog und Fürstin auf dem Grabmal, die »durch eine willkürliche Laune ihren Platz erhalten« hätten, oder den plötzlich auftauchenden Schleier mit den Rosen). Er beurteilt die Handlungen der Personen verständnislos von oben her (etwa wenn er das Bemühen des Scharfrichters, das kleine Annerl vor ihrem Schicksal zu bewahren, »toll- und dumm-abergläubisch« und ihn selbst »beschränkt und finster« nennt, SS. 319 u. 327, oder wenn er den mittelalterlichen êre-Begriff ins Spiel bringt). Er unterstellt ihnen Motive, die nicht nur keinerlei Grundlage in der Erzählung finden, sondern ihrem Wesen widersprechen (etwa beim Tod Annerls: »die in der Stunde der Verlassenheit noch den Schein wahren will und lieber ihre Existenz preisgibt, als ihre Heimlichkeit und ihren Stolz« S. 321; oder beim Tode Grossingers, der dadurch motiviert wird, daß »durch die Enthüllung seiner Schande seine Hoffnungen auf ein künftiges Leben, das heißt, seine Laufbahn am Hofe zerstört worden sind« S. 321, er sterbe »in der galanten und korrekten Form eines 'gentleman', der bis zu seinem letzten Augenblick an nichts anderes als die Befriedigung seines eigenen Vorteils glaubt« S. 322). Die Stellung der Herzogs ist ebenfalls mißverstanden (»Willkürlichkeit der Fürstenjustiz«, S. 325), wie nach Rehder der letzte Teil der Erzählung überhaupt »einer Bewertung der menschlichen Gerechtigkeit« gilt (S. 323). Aus demselben Geist wird das Lied von der Gnade beurteilt: es ließe »den Hinweis auf die Transzendenz

---
[264]) H. Himmel (= Anm. 75), S. 128–130.
[265]) H. Rehder, Von Ehre, Gnade und Gerechtigkeit: Gedanken zu Brentanos 'Geschichte vom braven Kasper [sic!] und dem schönen Annerl', in: Stoffe, Formen, Strukturen (= Anm. 248), S. 315–330.

zu leeren künstlerischen Formen erstarren« (S. 327). Es ist klar, daß, was auf solcher Basis an Erkenntnis über Ehre, Gnade und Gerechtigkeit gewonnen wird, der Erzählung kaum mehr entsprechen kann. Es beruht auf subjektiver Umdeutung.

*

Die vergleichende Betrachtung des einen Beispieles hat uns freilich zu einem beunruhigenden Ergebnis geführt. Die Novellentheorie, in welcher Form immer, konnte sich als Hilfsmittel zur Deutung eines Kunstwerkes kaum bewähren, sie drohte vielmehr die Sicht darauf zu verstellen. Haben wir dabei die Theorie vom Standpunkt einer einzelnen Dichtung aus durchgeprüft, so wollen wir nun umgekehrt einige dichterische Werke an der Theorie messen.

Niemand würde es wagen, Eichendorffs 'Taugenichts' nicht in eine Darstellung der deutschen Novelle aufzunehmen. Es ist also wohl eine Novelle und wird auch vom Dichter so genannt. Aber wo finden sich die Novellenmerkmale? Die Novellentheorien gehen da seltsame Wege, um diese Dichtung miteinbeziehen zu können. Klein nennt sie »aus ihrem eigenen Formgesetz entstanden«. Das Ereignishafte liege nicht in irgendeinem auffälligen Geschehnis, sondern in der »Bindung an die Liebesmitte«, die Handlung habe kein »ungewöhnliches«, sondern ein »allgemeingültiges« zentrales Geschehnis. Er gibt zu: »Durch einzigartige lyrische Motivführung an die deutliche Novellenform grenzend, bleibt das Werk Erzählung«[266]. Auch Lockemann bezeichnet sie als »Grenzform der Novelle«, doch er nimmt sie auf, obwohl er hier überall nur der Ordnung und nirgends dem Chaos begegnen kann. Es sei hier die Erzählung der Gefahr erlegen, »daß die Spannungen aus der Welt verschwinden«. Als unerhörtes Ereignis sieht er die Haltung des Taugenichts[267]. Pongs nennt den 'Taugenichts', wie die Kasperlgeschichte, eine »lyrische Stimmungsnovelle«. Sie habe eine »innere 'Pointe'«, weil nämlich der religiöse Grundton »weltfroh, weltheiligend« sei. Die Stimmungsnovelle gewinne hier »bei aller Offenheit der Form eine innere Geschlossenheit« und darin offenbare sich »die ungemein schöpferische Wandlungsfähigkeit der Urform der Novelle, die hier von einem ganz anderen Lebensgefühl her zu organischer Formvollendung gediehen ist«[268]. So wird aus der Not eine Tugend gemacht. Wenn Pongs einschränkt: »Der Schein der Einheit, den lyrische Stimmung gibt, kann allerdings nie Gestalt ersetzen«, irrt er wieder, denn die Taugenichtsnovelle ist streng genug gebaut. – Um vieles leichter und selbstverständlicher können jene Novellengeschichten das Werk einordnen, die nicht normativ, sondern historisch eingestellt sind. Dennoch können sie sich in Widersprüche verstricken. Hat Benno v. Wiese in seinem Novellenbüchlein zuerst betont: »Was jedoch die Novelle in erster Linie braucht, wird immer das novellistische Ereignis und seine jeweilige Formung sein«, so muß er für den 'Taugenichts' einräumen: »Allerdings ist die Konzentration auf das eine novellistische Ereignis dabei weitgehend aufgegeben«. In seiner ausführlichen Interpretation im ersten Novellenbuch führt er aus, es sei »ein novellistischer, ja darüber hinaus romanhafter Stoff«, eine »novellistische Erzählung in der Gestalt eines Glücksmärchens oder, wenn man will, ein Glücksmärchen in der Gestalt einer novellistische Erzählung«[269]. So zeigt uns der 'Tauge-

---

[266] J. Klein (= Anm. 36), S. 157–160.
[267] F. Lockemann (= Anm. 70), S. 104 f.
[268] H. Pongs (= Anm. 87), S. 178 f. – Auch B. Markwardt (= Anm. 136), III, S. 686, nennt den 'Taugenichts' eine »lyrische Stimmungsnovelle«.
[269] B. v. Wiese, Nov. (= Anm. 241), SS. 12 u. 53. – Ders., Nov. I (= Anm. 235), S. 79 bis 96.

nichts' die Zwiespältigkeit der Theorie von der anderen Seite. Wenn der 'Taugenichts' eine Novelle ist, der Theorie aber Schwierigkeiten bei der Einordnung bereitet, dann sind daraus Folgerungen zu ziehen, aber Folgerungen nicht für das Dichtwerk, sondern für die Theorie und ihren Novellenbegriff.

Bemüht man sich einerseits, ein Kunstwerk als Novelle zu rechtfertigen, um es nicht ausklammern zu müssen, so gibt es andererseits Dichtungen, die alle Merkmale der Novellentheorie eindeutig aufweisen und doch von niemandem als Novelle betrachtet werden. Die Erzählung von Charles Sealsfield 'Die Prärie am Jacinto', die in seinem Roman 'Das Kajütenbuch' eingeschoben ist, zeigt alle Novellenkennzeichen, die man sich nur wünschen kann: Rahmen, unerhörtes Ereignis, Wendepunkt, und im riesigen Lebenseichenbaum, dem »Patriarchen«, ein Bildsymbol von großer dichterischer Kraft, welches das Spitzenmotiv und der (auch räumliche) Mittelpunkt der Erzählung ist. Aber bis auf Himmel, der zumindest den Roman einmal nennt[270]), finden wir nirgends auch nur eine Erwägung.

Schließlich noch ein – wieder anders geartetes – Beispiel. Tieck nennt seinen 'Jungen Tischlermeister' eine »Novelle in sieben Abschnitten«. Und nicht nur das. Im Vorwort zu diesem Werk schreibt er: »Da ich die Form der Novelle auch dazu geeignet halte, manches in conventioneller oder echter Sitte und Moral Hergebrachte überschreiten zu dürfen (wodurch sie auch vom Roman und dem Drama sich bestimmt unterscheidet), so mache ich in dieser Beziehung nur auf jene Andeutungen aufmerksam, welche die Vorrede zum elften Bande meiner gesammelten Schriften beschließt.«[271]) Das heißt, daß Tieck mit dem Hinweis auf seine alte Novellentheorie ganz bewußt und ausdrücklich die Bezeichnung rechtfertigt. Als Dichter hat er zweifellos das Recht dazu. Doch ist es dem Literarhistoriker ebenso zweifellos erlaubt, dem Dichter nicht zu folgen? Denn das geschieht hier. Novellenforscher, die sich gern auf Tiecks Theorie berufen, wie Klein oder Lockemann, lassen das Werk stillschweigend weg. Auch historisch eingestellte Forscher lehnen es als Novelle ab. Josef Kunz schreibt: »Wenn die Vielheit der Handlungskreise, die Episodenbildung und die Erörterung vor allem formale Kennzeichen des Romans sind, so sind diese Erzählungen tatsächlich in stetigem Übergang zu diesem hin, besonders deutlich in dem 'Jungen Tischlermeister' ... Jedenfalls fehlt diesen Novellen jede Eindeutigkeit in bezug auf die Gattungsform.« Auch Wiese sagt, Tieck nähere sich hier »einer Gestaltungsform, die Novelle und Roman miteinander vermischt«, und Himmel bezeichnet das Werk als Tiecks »sogenannte Novelle«. Nur Bennett-Waidson nehmen den 'Tischlermeister', *the longest of the Novellen*, auf und reihen ihn als Novelle ein[272]).

Betrachten wir das Werk selbst, so finden wir einen strengen, fast schematischen Aufbau, der die an sich karge Fabel und die Episoden fest zusammenhält. Die sieben Abschnitte sind so verteilt, daß der I. und VII. zu Hause, der II. und VI. auf der Reise und der III., IV. und V. auf dem Schloß spielen. Diese symmetrische Anordnung wird durch die verschiedensten Beziehungen verstärkt. Die Stimmungsbilder auf der ersten und auf der letzten Seite des Textes entsprechen einander genau, fast wörtlich, nur stehen sie unter verschiedenen Vorzeichen. Die so vorgeführte Welt des Tischlermeisters dringt zweimal in die Schloßwelt ein. Auch die Darstellung dieser Schloßwelt selbst ist wieder wohl gebaut und gerundet, das

---

[270]) H. Himmel (= Anm. 75), S. 212.
[271]) L. Tieck, Schriften, 28. Bd, Berlin 1854, S. 7.
[272]) J. Kunz (= Anm. 74), Sp. 1840. – B. v. Wiese, Nov. (= Anm. 241), S. 51. – H. Himmel (= Anm. 75), S. 211. – Bennett-Waidson (= Anm. 77), SS. 1 u. 92.

ist an den Theateraufführungen zu sehen. In der Mitte steht die Begegnung Leonhards mit Charlotte. Auch die Reiseabschnitte zeigen deutliche Verschränkungen. Die Personen, die in den ersten beiden Abschnitten erwähnt werden, erscheinen in den letzten beiden (Kunigunde, Wassermann, der starke Zwerg, der Bruder der Braut des Magisters. Der Schauspieler wird auch in das Mittelstück hineingenommen). Schließlich erfüllen die vielen aneinandergereihten Episoden ihre Funktion im Aufbau und stehen in gewissen Beziehungen zueinander. Von einer losen Form kann man also gewiß nicht sprechen, eher, daß sie etwas konstruiert wirkt. Aber Geschlossenheit ist zweifellos vorhanden.

Unsere Beobachtungen treffen prinzipiell mit den Erkenntnissen Marianne Thalmanns zusammen, die sich in ihrem neuen Buch über Tieck [273]) eindringlich mit seiner Novellistik beschäftigt, während sie auf seine Novellentheorie selbst nur kurz eingeht (S. 27 f.). Sie arbeitet die »Erzählform« der Tieckschen Novellen heraus und erkennt als Grundriß »eine ornamentierte und aufeinander abgestimmte Randkonstruktion um ein Mittelstück von phantasievollen Möglichkeiten«. Beides stehe in Beziehung zueinander, »aus der Ornamentik der Randteile ergibt sich von vornherein die Bedeutung des Mittelstücks, in dem das Kuriose, Wunderbare und auch die Wende vor sich geht«. So lehnt sie auch den Vorwurf der Formlosigkeit ab: »Tieck läßt keine losen Fäden« (S. 128 f.).

Mit allen diesen Beobachtungen wollen wir nicht dafür eintreten, daß 'Der junge Tischlermeister' unbedingt eine Novelle genannt werden müsse. Aber wir wollen zu bedenken geben, ob nicht doch auch der Wille des Dichters zu berücksichtigen sei. Wenn er sich nicht oder nicht mehr mit der allgemeinen Vorstellung von der Novelle trifft, muß denn dann die Folgerung auf Kosten des Dichters gezogen werden? Wir gelangen hier zu einer ähnlichen Fragestellung wie nach der Betrachtung des 'Taugenichts'.

An den Schluß dieses Abschnittes, der das Verhältnis von Theorie und Interpretation an einigen Beispielen aufzeigen wollte, ist noch eine allgemeine Überlegung zu stellen. Die Theorie sollte und müßte sich an der Interpretation bewähren. Aber die Interpretation ist eben auch keine unveränderliche Größe. Sie hängt von der Fähigkeit, der Einstellung, dem Wissen, dem Verständnis des Interpretierenden ab, und sie wird von den einen freudig anerkannt, von den anderen als irrig beiseite geschoben werden. Ein fester Maßstab im naturwissenschaftlichen Sinn ist nicht zu gewinnen, das ist nichts Neues. Aber wenn die Interpretation auch keine absolute Beweiskraft besitzt, so ist doch zu erkennen, wie sie der Dichtung gegenüber sich verhält und wie sie vorgeht, welche Glaubwürdigkeit und Überzeugungskraft ihr innewohnt. Die Frage etwa nach einer offenen oder geschlossenen Form, nach einer vorhandenen oder fehlenden strengen durchkomponierten Gestaltung ist nicht so leichthin zu beantworten. Zu eilfertig werden hier bisweilen Urteile gefällt, von denen es wiederum abhängig gemacht wird, ob und wie man die Dichtung seiner Vorstellung von der Novelle einreiht. Erst eine Analyse, die vom Text selbst und seiner eindringlichsten Betrachtung ausgeht und, wenn nötig, alle historisch literarischen Bedingnisse berücksichtigt, kann die Struktur und das Wesen des Dichtwerkes offenbar machen. So ist denn doch auf die Interpretation des Kunstwerkes, verstanden im besten und weitesten Sinn, als letzte Instanz zurückzugreifen.

---

[273]) M. Thalmann, Ludwig Tieck. »Der Heilige von Dresden«. Aus der Frühzeit der deutschen Novelle (= Quellen und Forschungen zur Sprach- und Kulturgeschichte der germanischen Völker, N.F. 3 [127]), Walter de Gruyter & Co, Berlin 1960, VIII + 194 S.

VI

Unseren Gang durch die Literatur über die Novelle haben wir mit dem Allgemeinen: der Problematik der Gattungslehre, begonnen und sind nun, mit der Betrachtung des Einzelnen, des Kunstwerkes an sich, an das Ende gekommen. Dazwischen breitet sich die Theorie von der Novelle aus. Wir haben eine Fülle von einander widersprechenden Meinungen kennengelernt, und wir könnten es dabei bewenden lassen. Es wäre ein gefährliches Unterfangen, diese Vielfalt in wenigen Punkten zusammenfassen zu wollen. Leicht vermöchte der Vorwurf erhoben zu werden, daß damit eine unzulässige Vereinfachung verbunden sei. Dennoch wollen wir den Versuch wagen. Dieser Forschungsbericht wird vielleicht der weiteren Diskussion mehr dienen, wenn er sich bemüht, die mannigfaltigen Ansichten auf einige Grundlinien zurückzuführen, ob man diesen nun zustimmen oder ob man sie ablehnen wird.

Die Beschränkung auf einige grundsätzliche Fragen erweist sich als Notwendigkeit, soll das Problem Novelle noch fruchtbar debattiert werden. Ist die Lage im Augenblick doch so, daß die vielen Meinungen und der erbitterte Streit um das, was eine Novelle ausmache, in anderen Zweigen unserer Wissenschaft, die sich nicht oder nur mittelbar damit beschäftigen, eine berechtigte Scheu hervorgerufen haben, sich des Begriffes Novelle zu bedienen. Wer kann es sich leisten, ein Werk eine Novelle zu nennen, wenn daran sofort von den verschiedenen Forschern die verschiedensten Schlußfolgerungen geknüpft werden? So betritt die mit der Problematik vertraute wissenschaftliche Forschung äußerst vorsichtig den umstrittenen Raum Novelle und läßt sich mit Recht lieber gar nicht auf eine genauere Stellungnahme ein. Ein solches Vorgehen zeigt etwa Richard Brinkmann. Obwohl er sich eindringlich mit einer anerkannten Novelle, dem 'Armen Spielmann', beschäftigt, hält er es doch für nötig, den Terminus Novelle ausdrücklich zu rechtfertigen, doch »ohne damit eine exakte formkritische Aussage machen zu wollen«[274]). Für die zwei anderen von ihm behandelten Dichtungen, Otto Ludwigs 'Zwischen Himmel und Erde' und Keyserlings 'Beate und Mareile', zieht er überhaupt den Terminus Erzählung vor. Bei den herrschenden Meinungsverschiedenheiten bleibt einer verantwortungsvollen Forschung gar nichts anderes übrig, als sich aus diesem Streit heraus zu halten und sich mit einem Wall von Vorbehalten zu umgeben.

Der vornehmliche Grund für dieses Mißtrauen ist, daß der Novellenbegriff von vornherein uneinheitlich angewendet wird. Er vermag die verschiedensten Bedeutungen zu umfassen. Von einer historischen Sicht aus ist das durchaus verständlich und gar nicht beunruhigenswert. Es ist zu allen Zeiten und in allen Literaturen so gewesen, daß der Begriff nach und nach die verschiedensten Inhalte in sich aufnahm. Das hat der Romanist Werner Krauss für die Geschichte des Begriffes *novela* im Spanischen deutlich aufgewiesen[275]). Er zeigt, wie dieser Terminus zunächst »nicht die ästhetische Form einer Gattung, sondern die Lockung einer gehaltlosen Lektüre« kennzeichnet (S. 54), wie er durch Cervantes eine neue moralische Position gewinnt, wie er sich später in der Bedeutung dem (episch verstandenen) Abenteuerroman nähert und wie er dann »die erzählende Literatur

---

[274]) R. Brinkmann (= Anm. 186), S. 87, Anm. 1.
[275]) W. Krauss, Novela – Novella – Roman, in: W. Krauss, Gesammelte Aufsätze zur Literatur- und Sprachwissenschaft, Verlag Vittorio Klostermann, Frankfurt a. M. 1949, S. 50–67. – Vorher gedruckt unter dem richtigeren Titel: Novela – Novelle – Roman, Zs. f. rom. Philologie, 60. Bd, 1940, S. 16–28.

überhaupt« vertritt (S.63). So hätte »die werdende Literaturgeschichte des 18. Jahrhunderts in dem verallgemeinerten *novela* ein Äquivalent zu dem vielseitig verwendbaren französischen *roman*« gefunden. Aber erst die romantische Generation, welche die geistige Würde des Romans entdeckte, hätte es vermocht, »aus dem Wort *novela* eine literarhistorische Kategorie zu gewinnen« (S. 66). Diese Untersuchungen berühren uns nur am Rande, aber sie zeigen eindringlich und warnend, wie wenig man einen bestimmten literarischen Terminus ein für allemal mit bestimmten festumgrenzten Bedeutungen füllen darf, wie sich dieser Terminus vielmehr in lebendiger Entwicklung völlig anderen, ja konträren Inhalten zuwenden kann. Für das Italienische hat uns Karl Vossler Winke in dieser Richtung gegeben[276]).

Im Deutschen sind die Bedeutungsverschiedenheiten freilich nicht so groß, aber sie werden, da sie vorhanden sind, dadurch nur umso gefährlicher. Das romanische Beispiel muß uns zur Vorsicht auch in unserem Bereich mahnen, in dem man solche Unterschiedlichkeiten verhältnismäßig selten beachtet hat. Eine Ausnahme ist Friedrich Sengle, der immer darauf hinwies, daß die Biedermeierzeit etwas ganz anderes unter dem Begriff Novelle verstand als das spätere 19. Jahrhundert: dort eine noch durchaus unfeste Form, Skizzen und Studien, hier eine ausgefeilte künstlerische Gestaltung (vgl. Anm. 83 f.). Deutlich zeigt sich die verschiedene Bedeutung des Begriffes in seinem Verhältnis zum Roman. Für die frühe Biedermeierzeit stellt Sengle kaum einen Unterschied fest. Mörike nannte denn auch seinen 'Nolten' eine Novelle. Aber selbst in der Gegenwart gibt es Beispiele, die den Novellenbegriff ungebräuchlich und weit fassen. So hat man vorgeschlagen, Brochs 'Tod des Vergil' als Novelle zu bezeichnen[277]). Aus der Verschiedenheit der Bedeutungen in den verschiedenen Zeiten erklären sich vor allem die verschiedenen Bedeutungen im heutigen Gebrauch. Hier kann wiederum das Verhältnis zum Roman die Unterschiede aufzeigen, die heute im Begriff Novelle herrschen. Trennen die einen die Novelle streng vom Roman (Klein, Silz, u. a.), so lassen andere sie zu ihm übergehen oder teilweise ganz mit ihm zusammenfallen (Koskimies oder Markwardt, der daher über Mörikes eben genannten Roman sagt: »Und was war sein vermeintlicher Jugendroman 'Maler Nolten' denn anders als eine romanhaft-märchenhafte ausgedehnte lyrische Stimmungsnovelle mit Neigung zur psychologischen Problemnovelle«). Wieder andere Meinungen stehen dazwischen (etwa Kunz). Die eine wie die andere Auffassung kann wiederum aus ganz unterschiedlicher Sicht erfolgen, denn zweifellos gehen Klein und Silz oder Markwardt und Koskimies völlig verschiedenartig an die Novelle heran[278]).

Wechselt der Name Novelle seine Inhalte, so kann es andererseits für denselben Inhalt verschiedene Namen geben. Der Dichter selbst scheut mitunter nicht davon zurück, die Bezeichnung für dasselbe Werk zu wechseln, wie wir das bei Paul Ernst verfolgen konnten[279]). Ein anderes Beispiel aus der unmittelbaren Gegenwart: Eine zeitgenössische deutsche illustrierte Zeitschrift, die 'Praline', pflegt in jedem Heft »den abgeschlossenen Praline-Roman« zu bieten. Das aber sind des öfteren

---

[276]) K. Vossler (= Anm. 107), S. 306 f.
[277]) Dies wird erwähnt von R. Brinkmann, Romanform und Werttheorie bei Hermann Broch. Strukturprobleme moderner Dichtung, DVjs., Jg. 31, 1957, S. 192, Anm. 78.
[278]) Die angeführten Namen sind natürlich nur einige Beispiele. – Vgl. dazu J. Klein (= Anm. 36), S. 8 f. – W. Silz (= Anm. 80), S. 86. – R. Koskimies (= Anm. 195), S. 76 ff. – B. Markwardt (= Anm. 136), IV, S. 481 u. ö.; Zitat S. 86. – J. Kunz (= Anm. 74), Sp. 1837 u. ö.
[279]) P. Ernst geht vom Namen »Novelle« auf »Geschichte« über, vgl. Text zu Anm. 164.

Werke, die man sonst Novellen nennt, etwa der 'Corregidor' des spanischen Dichters Pedro Antonio de Alarcon. Das heißt, daß man es für vorteilhafter hält, vom Namen Novelle abzugehen und dafür den Namen Roman oder auch »Kurzroman« zu verwenden. Auch auf höherer Ebene und bei Neuschöpfungen finden wir die Erscheinung, daß das, was man früher als Novelle zu bezeichnen pflegte, heute unter die Kategorie Roman gereiht wird: der neue französische Roman geht so vor [280]). So ist zu erkennen, daß der Begriff Novelle von vornherein keineswegs tragfähig ist. Er umfaßt nicht alles Einschlägige oder wird verdrängt und er wechselt seine Bedeutungen oder drückt Verschiedenartiges aus, und das nicht nur im Laufe der Entwicklung, sondern auch während derselben Zeit. Nur eine streng historisch vorgehende Forschung kann hier Klarheit schaffen.

Wenn das Wort als Kriterium wegfällt, gibt es dann eine Sache Novelle, das heißt, eine bestimmte literarische Erscheinung, die in gewissen Zügen immer gleich ist und der man nun – nachträglich zum Teil – den Namen Novelle geben kann? Gibt es eine solche Sache Novelle, die in ihren Grundelementen nicht wechselt, also immer konstant und daher typisch ist?

Dies festzustellen, ist ein großer Teil der Novellenforschung bemüht. Man hat die unterschiedlichsten Blickpunkte gewählt, um dieser Frage beizukommen. Man hat auf die historischen Novellentheorien zurückgegriffen oder man hat neue Kriterien gefunden oder zu finden geglaubt, um die unveränderlichen Elemente einer Erscheinungsform Novelle festhalten zu können. Man ist von formaler, inhaltlicher, erzähltechnischer, soziologischer Seite an das Problem herangegangen, aber eine unvoreingenommene Sicht muß letzten Endes immer erkennen, daß alle diese Merkmale, so geistreich sie im einzelnen vorgebracht sein mögen, keineswegs auf eine beschränkte Erscheinungsform Novelle zutreffen, sondern allenthalben in der Erzählkunst, wenn nicht in der Dichtung überhaupt, wirksam sind.

Die konventionellen Novellenmerkmale gibt es keineswegs nur in der Gattung Novelle, es gibt sie ebenso als Strukturelemente im Roman. Das gilt selbst für das »zentrale Geschehnis«, die »unerhörte Begebenheit«. Zum »Wendepunkt« hat auch Koskimies ausgeführt, daß dieser kein Vorrecht der Novelle sei, sondern »daß man ihn in aller Erzählkunst antrifft«; dasselbe meint er von dem »Falken« und von der »Silhouette«. Vom »Falken« heißt es bei Silz: *A Novelle does not have to have a 'falcon'; only a few of Boccaccio's do, and not very many such central symbols occur in German Novellen by actual count. On the other hand, a novel may have one; the talisman in Scott's novel of that name functions in general like the amulet in Meyer's Novelle.* Ähnliches weist Silz für »Wendepunkt« und »Leitmotiv« nach. Ja beim »Leitmotiv« muß selbst Johannes Klein zugeben, daß es fehlen kann [281]). Nicht nur mit diesen Kennzeichen verhält es sich so. Lockemanns novellistische Spannung von Ordnung und Chaos ist nicht einmal auf die Erzählkunst eingeschränkt. Und wenn er dann, mit vielen anderen, den Rahmen als ein weiteres Kennzeichen der Novelle auffaßt, und, falls der wirkliche Rahmen verschwinde, einen fingierten Rahmen gelten lassen will, so hat er wieder ein Element j e d e r epischen Dichtung genannt. Ähnlich

---

[280]) Vgl. etwa Gerda Zeltner-Neukomm, Das Wagnis des französischen Gegenwartsromans (= Rowohlts deutsche Enzyklopädie, Bd 109), Hamburg 1960, S. 8: »Was heutige Franzosen unentwegt mit 'Roman' überschreiben, das teilt mit einem Roman im alten Sinn oft nur noch die äußere Aufmachung. So ist beispielsweise auch, was in klassischer Epoche die Novelle auszeichnet (das Fragmentarische, die Konzentration auf einen kurzen Zeitabschnitt, auf den dramatischen Durchbruch statt vollständiger Entwicklung), geradezu ein Charakteristikum des neuen Romans geworden«.
[281]) Vgl. in unserem II. Teil bei Klein. – Ferner R. Koskimies (= Anm. 195), S. 82, dazu

geht Humm vor, während Koskimies wiederum richtig auf die Allgemeingültigkeit hinweist [282]).

Die Versuche endlich, von den Erkenntnissen der modernen Literaturwissenschaft die Novelle aufzuschließen, bleiben in demselben Fehler befangen. Ob man von der Erzählhaltung und einer fiktiven Bindung des Erzählers ausgeht, die typisch für die Novelle sei (Erné, Schunicht, Wiese), ob man eine teleologische Struktur – oder wie immer man das nennt – für die Novelle in Anspruch nehmen will (Schunicht, Mackensen, Mulot, Maier, Zimmermann), ob man von doppeltem Boden und von bilateraler Struktur spricht (Erné, Schunicht, Mulot), ob man schließlich andere Merkmale sucht: Zufall, Zeichen, Ironie (Wiese), ob man die Eröffnungen der Novellen als typisch ansieht (Mulot, Erné) – das alles gilt nicht nur für die Novelle, sondern für jede erzählende Dichtung, wie das denn auch Koskimies oder Wiese im einzelnen oder im allgemeinen feststellten [283]).

Es soll gewiß nicht geleugnet werden, daß alle diese Kennzeichen in der Novelle, wie man sie jeweils versteht, auftreten. Aber das ist für ein Kriterium zu wenig. Genauso wie der Nachweis zu führen ist, daß diese Merkmale hier auftreten, wäre der Nachweis zu führen, daß diese Merkmale in anderen Formen der Erzählkunst n i c h t auftreten. Immer wäre zu prüfen, ob sie auch in anderen Gattungen vorkommen, bevor man sie für die eine in Anspruch nehmen will. Aber diese Gegenprobe ist man schuldig geblieben.

So sind alle diese Merkmale nicht typisch für die Novelle allein. Damit verlieren sie ihre Bedeutung, wohlgemerkt keineswegs für die erzählende Dichtung im allgemeinen, wohl aber als Kriterium für die spezielle Gattung Novelle. Die Novelle stellt sich aus dieser Sicht nur als ein künstlerisch hochstehendes Werk der Erzählkunst dar. Dazu kommt noch eines: wie diese Merkmale einerseits nicht auf die Novelle eingeschränkt sind, so finden sie sich andererseits gar nicht in jeder Novelle, wie das schon Silz in seinem oben zitierten Ausspruch feststellt. Dieser Einwand gilt vor allem für die älteren Kriterien, denn die jüngeren sind als Merkmale der erzählenden Dichtung überhaupt in der Novelle wie dort vorhanden.

Nun sind wir so weit, um an die am Eingang unseres Berichtes aufgeworfene Problemstellung anknüpfen zu können. Wir sehen, daß es den normativ eingestellten Arbeiten nicht möglich war, konstant geltende Merkmale für die Novelle nachzuweisen, den Novellenbegriff als Typus festzulegen. Die Auffassung Lämmerts, wie wir sie am Anfang besprachen (vgl. Anm. 20), hat sich als durchweg richtig erwiesen. Auch eine Synthese zwischen einer normativen und einer historischen Betrachtungsweise ist nicht gelungen. Bei solchen Versuchen wurde vielmehr der zunächst fest umrissene Begriff von der Novelle so ausgedehnt und auf so viele andere Erzählwerke verändert übertragen, daß er sich auflöste und damit sowohl dieser Novellenbegriff wie die Art der historischen Darstellung fragwürdig wurde. Eine historische Darstellung gelang nur dann, wenn sie sich frei von jedem Schema fortbewegen und den verschiedensten Erscheinungsformen folgen konnte.

Gewisse gemeinsame Kennzeichen konnten allerdings festgestellt werden, aber – und das ist entscheidend – nur innerhalb eines eng begrenzten Zeitraumes. Frei-

---

Anm. 197 u. den Text zu Anm. 201. – W. Silz (= Anm. 78), S. 9. – J. Klein (= Anm 36), S. 6.

[282]) Über Lockemanns »Spannung« vgl. den Text zu Anm. 73; über den Rahmen den Text zu Anm. 125 u. 129–131.

[283]) Vgl. den Text zu folgenden Anm. für: Erzählhaltung: Anm. 176–178 u. 239. – »Teleologisch«: Anm. 179–186. – »Bilateral«: Anm. 188 – »Zufall« u. a.: Anm. 240 – Eröffnungen: Anm. 180 f., dagegen Koskimies, Anm. 182 u. 199. – Gegen solche Einschränkungen wendet sich B. v. Wiese, vgl. den Text zu Anm. 244.

lich ist auch hier darauf zu achten, daß es sich nicht um allgemeingültige Elemente handelt (vgl. oben Anm. 189). Aber selbst der radikale Gegner jeder Festlegung von Merkmalen, Walter Pabst, gibt zu, daß dem Terminus Novelle »höchstens innerhalb abgegrenzter Entwicklungsphasen ein befristetes Dasein als Gattungsname zugebilligt werden kann«[284]). So kann man wohl von Novellen der Renaissance, Novellen des poetischen Realismus sprechen, und hier gewisse, aber auch nicht zu enge Merkmale vor Augen haben. Aber man darf zwischen diesen Gruppen keine Parallelen ziehen. Und keinesfalls ist ein solcher begrenzt gültiger Novellenbegriff zur Norm zu erheben (wie es bei dem der Renaissance geschah), um daran andere Zeiträume zu messen. Keinesfalls ist er auch für die eigenen Zeitgenossen zum Prüfstein zu machen, sondern es kann lediglich gefragt werden, wie sich ein Dichter zu den häufiger auftretenden Merkmalen oder zu einer bestimmten Theorie seiner Zeit verhält.

Der Historiker kann feststellen, wie die Novelle – die als Novelle bezeichnete Gattung – jeweils aussieht, er kann die Übergänge herausarbeiten und auf diese Weise eine echte geschichtliche Entwicklungslinie deutlich machen, aber er darf nicht für alle diese Formen gemeinsame Elemente erwarten. Wenn er die Entwicklung allein verfolgt, bei allen ihren Wandlungen mitgeht und alle neu sich bildenden Formen berücksichtigt, ohne an irgend etwas Einheitlichem festhalten zu wollen, dann freilich kann er in diesem Sinne auch von Typus sprechen, von einem Typus im historischen Sinn, wie ihn Heinrich Rickert herausgearbeitet hat: bei dem die Einheit allein durch die Merkmale und Eigenschaften in ihrer Entwicklung und Wandlung bestimmt wird[285]). Gebraucht man diesen Typusbegriff, dann ist es auch notwendig, immer zu betonen, wie man ihn aufgefaßt wissen will. Lämmert vorhin meinte einen anderen Typusbegriff, den er für die Gattungslehre ablehnte, einen unveränderlichen, überzeitlichen, und gerade einen solchen wenden die normativ eingestellten Untersuchungen auf die Novelle an. Eine solche normative Einstellung liegt auch vor, wenn man zwar die Wandlungen der Novellenform zugibt, aber dabei an einem unveränderlichen Kern festhält.

Es gibt nur eine historische, elastische Darstellung der Novelle, keine normativ einengende. Dennoch müssen dem Verfasser einer solchen historischen Darstellung gewisse Grundvorstellungen vor Augen schweben, wie weit diese auch sein mögen. Denn sonst würde er ja, um es überspitzt auszudrücken, statt einer Geschichte der deutschen Novelle eine Geschichte der deutschen Literatur schreiben müssen. Diese Grundvorstellungen werden verschieden sein, einmal enger, einmal weiter, dann auch ganz weit – aber sie werden dennoch immer vorhanden sein müssen[286]). Bei dem Versuch jedoch, andererseits, diese Grundvorstellung zu präzisieren, begibt man sich in die ständige Gefahr, wieder in ein normatives Schema hineinzugeraten, obwohl der Autor dies vielleicht gar nicht beabsichtigt. Es ist in vielen Fällen schwierig, wenn nicht gar unmöglich, aus den theoretischen Äuße-

---

[284]) W. Pabst in seinem Forschungsbericht (= Anm. 51), S. 106. – Ähnliches gesteht er ja auch mittelbar zu, indem er seine Vorstellung von der »Individualität der Form« dergestalt erweitert, daß er diese wirken sieht, »auch wenn sie über das Werk eines Einzelnen hinauswächst und den Erzeugnissen einer begrenzten Epoche gemeinsame Züge aufprägt« (S. 119).
[285]) H. Rickert, Die Grenzen der naturwissenschaftlichen Begriffsbildung, 2. Aufl., Tübingen 1913.
[286]) K. Viëtor (= Anm. 12) hat sich schon mit diesem Dilemma, freilich etwas anders gefaßt, auseinandergesetzt. – Es gilt auch für extreme Gegner jeder Einschränkung, etwa für W. Pabst, denn auch für ihn müssen solche (hier freilich sehr weit gefaßten) Grundvorstellungen existieren. Vgl. den Text zu Anm. 55f.

rungen zu beurteilen, wo bereits eine normative Auffassung vertreten wird und wo nicht. Die praktische Bewährung am Stoff läßt dann freilich wenig Zweifel über die betreffende Einstellung.

Aus der Erkenntnis, daß etwas Gemeinsames vorliegen muß, entspringen die verschiedensten Versuche. Heinz Otto Burger unterscheidet zwischen Wesensform und Erscheinungsform der Novelle. Herbert Seidler spricht von »Urangelegenheiten dichterischen Schaffens«, von »Grundformen einer bestimmten Art des Erzählens«, die sich auswirkten, die zur Entstehung geschichtlich konkreter Gattungen und Arten führten. Und auch Emil Staigers Definition von der Erzählung mittlerer Länge ist hier zu nennen[287]). Man sieht schon aus diesen Beispielen, wie von den verschiedensten Standpunkten aus um jene Einsicht gerungen wird. Scheint Staiger am weitesten zu gehen, so haben wir doch oben gezeigt, daß auch er nicht alle einschlägigen Werke einzubeziehen vermag. Noch allgemeiner könnte nur gesagt werden, daß die Novelle zur Epik gehöre. Damit freilich wird noch etwas anderes gesagt: daß die Epik nämlich eine typische Grundform sei, typisch auch im überzeitlichen Sinne. So stimmen wir hier mit Karl Viëtor und Fritz Martini überein, die, wie anfangs besprochen, die drei Grundgattungen Epik, Lyrik und Dramatik grundsätzlich von den Untergattungen oder Arten scheiden und ihnen eine ganz andere Gesetzlichkeit zubilligen[288]).

Zu den Bemühungen um eine bestimmte Grundvorstellung von der Novelle tritt auch die Unterscheidung der Novelle von einer künstlerisch gleichwertigen Erzählung[289]). Diese Unterscheidung hat den Sinn, die Struktur der einzelnen Dichtung besser aufzuschließen. Daraus erwächst sie. Aber die praktische Beschäftigung mit der Dichtung widersetzt sich einer solchen Einteilung. Wer hätte den Mut, in äußerster Konsequenz das Erzählgut mittlerer Länge wirklich in zwei Gruppen zu teilen? Auch würde eine solchermaßen durchgeführte Zweiteilung der geschichtlichen Wirklichkeit widersprechen. Das will jedoch diese Unterscheidung sicher nicht erreichen, geht sie ja von ganz historisch eingestellten Forschern aus, die neuerdings selbst von einer scharfen Trennung abrücken[290]). Dennoch trägt der Vorschlag, mehr will er ja gar nicht sein, wesentlich zur Klärung des Problems bei, indem er den Begriff Erzählung energisch aufwertet und ihn neben den der Novelle stellt.

Wie verhält es sich bisher mit dem allgemeinen Gebrauch des Begriffes Novelle, – jetzt ganz abgesehen von allen komplizierten Theorien und scharfsinnigen Untersuchungen? Da gibt es eine Reihe von Darstellungen, die sich alle ʻGeschichte der deutschen Novelleʼ nennen. Aber sie alle, von welcher Voraussetzung sie ausgehen mögen und ob sie es begründet oder gegen ihr eigentliches Konzept tun, sie alle behandeln das ganze künstlerisch hochwertige Erzählgut, sie beziehen alle »Erzählungen mittlerer Länge« ein, die dichterisch von Bedeutung sind, auch solche, die sie selbst ausdrücklich als »Erzählung« charakterisieren. Warum nennt sich keine einzige dieser Darstellungen eine ʻGeschichte der deutschen Erzählungʼ? Mancher Tadel wäre dann von vornherein weggefallen, mancher scharfen Kritik der Boden entzogen worden. Warum hat man es nicht getan? Offenbar deshalb,

---

[287]) H. O. Burger (= Anm. 191), S. 91. – H. Seidler (= Anm. 232), SS. 365 u. 375. Vgl. unsere Anm. 56. – E. Staiger, vgl. Anm. 31 ff. – Weiters etwa F. Martini, vgl. Anm. 46. u. 55.
[288]) Vgl. den Text zu Anm. 14, ferner den Text zu Anm. 66.
[289]) Vgl. oben H. Henel, F. Martini und J. Müller, Anm. 219 ff.
[290]) F. Martini in seiner Literaturgeschichte (= Anm. 48), vgl. auch bei Anm. 223. – J. Müller etwa in einem neuen Aufsatz: Thomas Manns Sinfonia Domestica, Zs. f. dt. Phil., Bd 83, 1964, S. 142–170.

weil der Name Novelle denn doch etwas künstlerisch Höherstehendes auszudrücken schien. Man soll hier noch nicht vom hohen Roß der Wissenschaft her sein Veto einlegen. Wir reden nur vom schlichten allgemeinen Sprachgebrauch. Und da fragen wir noch einmal anders herum: gibt es »schlechte« Novellen? Natürlich gibt es sie, wenn wir von einem historischen Standpunkt daran herangehen. In der Biedermeierzeit wurden genug künstlerisch minderwertige Werke geschrieben, die sich Novelle nannten. Vom allgemeinen Sprachgebrauch her aber muß man die Frage verneinen. Man stelle sich nur einmal die Wortbildung »Schundnovelle« vor: gewiß ein Mißton, während »Schundroman« durchaus üblich ist und auch die Bezeichnung »Schunderzählung« unseren Ohren nicht so dissonant klänge. Der Sprachgebrauch scheint mit dem Namen Novelle also etwas dichterisch Wertvolles zu verbinden. Damit wirkt er auf die Fachterminologie ein oder trifft sich mit ihr. Herbert Seidler fordert so für die Novelle die »bewußte künstlerische Gestaltung«, Benno v. Wiese betont, daß eine Novelle »ohne sorgfältige kompositorische Anordnung ihrer Erzählmotive ... andere, vielleicht sogar raffiniertere ... Mittel dafür als Ersatz brauchen« würde [291]. Auch die wie immer erstellten Novellenmerkmale enthalten stets, mittelbar oder unmittelbar, den Hinweis auf die künstlerische Gestaltung. So könnte man, von diesem Standpunkt aus, feststellen: Die Novelle ist eine künstlerisch gestaltete Erzählung, und man könnte zur Absicherung hinzufügen: die zu verschiedenen Zeiten verschiedene Formmöglichkeiten und Problemstellungen bevorzugt, ohne sich jedoch darauf festzulegen. Eine solche Formulierung vermöchte wohl auch jene Grundvorstellung auszudrücken, von der wir vorhin sprachen. Freilich ist nicht zu vergessen, daß diese Formulierung für eine historische Anschauung deshalb nicht gilt, weil es da ja tatsächlich auch künstlerisch minderwertige Novellen gibt.

Wenn wir also, einen Großteil der Forschung und ihrer Tendenz zusammenfassend und den Sprachgebrauch berücksichtigend, formulieren: Die Novelle ist eine künstlerisch gestaltete Erzählung, – dürfen wir dann auch diese Formel umdrehen? Können wir also sagen: Eine künstlerisch gestaltete Erzählung ist eine Novelle; oder wenn wir es deutlicher ausdrücken: kann man jede künstlerisch gestaltete Erzählung unter den Novellenbegriff stellen? Man kann es, wenn der Novellenbegriff weit genug ist, und man hat es in diesem Sinn auch ausgesprochen. Aber man hat es auch dort getan, wo man den Novellenbegriff eigentlich viel enger gefaßt hatte: dort, wo man alles hochwertige Erzählgut in eine Darstellung der Novelle aufnahm, obwohl man von einem begrenzten Begriff ausgegangen war; oder dort, wo sich die für die Novelle geforderten Merkmale als gültig für jede kunstvolle Erzählung erwiesen; oder dort, wo die Interpretation einer als Novelle bezeichneten Dichtung zeigte, daß wohl eine dichterische Durchformung, aber nicht die angegebenen Novellenmerkmale walteten. So wird denn, teils bewußt, teils unbewußt, teils sogar trotz gegenteiliger Aussage, der Begriff Novelle auf jede künstlerisch gestaltete Erzählung ausgedehnt, der Begriff Erzählung demgemäß aber im Werte vermindert.

Hier treten jene oben genannten Forderungen nach einer Gleichstellung der Erzählung in ihr Recht. Das Verdienst dieser Bemühungen besteht, unserer Meinung nach, nicht in der Trennung der Erzählung von der Novelle, auf die sie ja neuerdings selbst weitgehend verzichten; sondern es besteht in der Rehabilitierung des Begriffes Erzählung. Damit kommen sie aber auch dem heutigen Sprachgebrauch entgegen. Denn wenn wir vorhin gezeigt haben, daß jene Formulierung von der

---

[291] H. Seidler (= Anm. 232), S. 513. – B. v. Wiese, Nov. II (= Anm. 236), S. 22.

Novelle als einer künstlerisch gestalteten Erzählung umkehrbar ist und in der Forschung zum großen Teil umgekehrt wird, so gilt das für den allgemeinen Sprachgebrauch eben nicht. Für ihn wird keinesfalls jede künstlerisch gestaltete Erzählung als Novelle zu bezeichnen sein. Die Fachwissenschaft wird mit dem allgemeinen Sprachgebrauch die Verbindung zu halten suchen, aber sie wird sich auch über ihre eigene Terminologie einig werden müssen. Das ist in der Novellenforschung noch nicht gelungen.

Das zeigt sich noch einmal in der heftigen Diskussion um die moderne Novelle. War der Begriff schon vieldeutig, so wird er jetzt zur Kampfparole, und man hat das Gefühl, daß er bisweilen zum Sinnbild einer konservativen Kunstanschauung erhöht wird. So ist es nicht verwunderlich, wenn die verschiedensten Meinungen und Gegensätze aufeinanderprallen. Die Lage der Forschung wird dadurch nicht klarer. Welche Möglichkeiten zeichnen sich ab?

Wer von einem historisch freien Novellenbegriff ausgeht, wird die für das 20. Jahrhundert charakteristische Erzählkunst als Weiterentwicklung und Wandlung beurteilen und keinen Grund finden, ihr den Namen Novelle abzusprechen. So handeln Himmel und, mit gewissen Einschränkungen, Kunz und Wiese; auch Schunicht weist auf die Wandlung seines Novellentyps hin[292]). Wer andererseits von einer historischen Einsicht aus den Novellenbegriff auf eine bestimmte Ausprägung einschränkt: auf die Novelle des »bürgerlichen Realismus« etwa, der wird der modernen Erzählkunst den Namen Novelle verweigern und ihn nur in jenen literarischen Erzeugnissen noch berechtigt finden, die jener Ausprägung entsprechen. Aber er wird dann der – so verstandenen – Novelle »keine lebenskräftige echte Art mehr des literarischen Ausdrucks in unserer Zeit« zubilligen, wie Silz es tut; oder er wird sie, wie Martini, beurteilen als »Erzählformen, die der Wiederholung des Novellentyps des 19. Jahrhunderts in diesem 20. Jahrhundert, so kultiviert, beweglich und formsicher sie gelingen mag, unverkennbar imitatorische, epigonale Züge mitteilen«[293]). Gerade diese Erzählformen aber werden als glanzvolle Wiederauferstehung der echten Novelle gepriesen von denjenigen, die an einem normativen Novellentypus festhalten. So lesen wir bei Klein: »Da die Zeitkräfte immer fragwürdiger und nihilistischer werden, gerät sie [die Novelle] geradezu in den Protest und auf die Seite der Überlieferung.« Besonders radikal äußert sich Pongs in dieser Richtung, er findet in den Novellen Friedrich Franz v. Unruhs »die strenge, untadelig gebaute Gattungsform der exemplarischen Novelle, die unmittelbar hineinzielt ins Herz der Zeit«, und er scheut vor dem Vergleich mit Goethe und Kleist nicht zurück[294]).

Aus den verschiedenen Einstellungen heraus wird ebenso das Verhältnis zur Kurzgeschichte gesehen. Erklären sie die einen als legitime Nachfolgerin der Novelle im alten Sinn, so lehnen die anderen jede Verbindung ab. Dazwischen gibt es viele Übergänge[295]).

Der Streit um die moderne Novelle erhält dadurch neuen Antrieb, daß man den

---

[292]) Vgl. H. Himmel (= Anm. 75), S. 390ff. – J. Kunz (= Anm. 74), Sp. 1881ff. – B. v. Wiese, Nov. I (= Anm. 235), S. 31; Nov. (= Anm. 241), S. 79f. – M. Schunicht (= Anm. 152), S. 64.
[293]) W. Silz (= Anm. 80), S. 100. – F. Martini (= Anm. 45), S. 260.
[294]) J. Klein (= Anm. 36), S. 56. – H. Pongs (= Anm. 90), S. 17, vgl. auch unsere Anm. 94.
[295]) Vgl. allgemein: N. Erné (= Anm. 181), S. 98–118. – Bennett-Waidson (= Anm. 77), S. 241ff. – Dagegen: J. Klein (= Anm. 36), S. 16ff. – Dafür: J. Klein (= Anm. 37), S. 169. – W. Killy (= Anm. 43), S. 246. – R. Koskimies (= Anm. 195), S. 75. – Unergiebig ist K. Doderer (= Anm. 63), weil er auf die Novelle zu wenig eingeht.

Begriff Novelle nun auch bewußt auf ganz moderne literarische Erzeugnisse anwendet, freilich aus verschiedenen Gründen. Gottfried Benn hat eine 'Berliner Novelle' geschrieben und es sei dahingestellt, wieweit dieser Titel ironisch gemeint ist. Walter Jens stellt in seiner Studie über die Gegenwartsliteratur einmal als »zentrale Medien: Novelle und Hörspiel« hin und er charakterisiert moderne Erzählungen durch die üblichen Novellenmerkmale, wenn auch mit modischer Terminologie. Günther Grass schließlich hat sein Prosastück 'Katz und Maus' ausdrücklich im Untertitel »Eine Novelle« genannt. Wie Wolfgang Maier ausführt, sicher nicht ohne Aggressivität gegen Vorstellungen, welche glaubten, »diese oder jene Formkategorie, an irgendeinem Punkt der Geschichte entwickelt, sei heute nicht mehr zu erfüllen«[296]).

Es ist nun freilich abzuwarten, ob der Name Novelle wieder allgemein üblich wird oder ob es bei solchen Vorstößen bleibt. An der Sachlage selbst würde das nichts ändern. Der ganze Streit um die moderne Novelle erledigte sich von selbst, wenn man sich über den Novellenbegriff einigen könnte. Hat man ihn seiner normativen Last, die er nie wirklich zu tragen vermochte, entledigt, so besteht kein Grund, ihn der modernen Erzählung zu verweigern.

Am Problem der modernen Novelle konnten die verschiedenen Möglichkeiten der Auffassung nocheinmal kurz überblickt werden. Eine grundsätzliche Einigung und terminologische Klärung tut not, soll man nicht ständig aneinander vorbeireden, indem jeder nur auf seinem eigenen Novellenbegriff beharrt. Blickt man auf diesen Forschungsbericht zurück, so zeigt sich, daß ein fest bestimmter Novellenbegriff weder auf die historische Wirklichkeit zutraf, da sich die Novelle immerfort gewandelt hatte, noch auch einen Zugang zum einzelnen Kunstwerk vermittelte. Sollte man sich daher nicht entschließen, den Novellenbegriff aus einer engen Beschränkung auch theoretisch zu befreien, nachdem er praktisch seine Fesseln ohnehin stets gesprengt hatte? Der Novellenbegriff wäre dann nur als durchaus veränderlich und wandelbar aufzufassen. Neben ihm könnte frei der Begriff der Erzählung stehen, so daß man sich in Zukunft nicht mehr zu scheuen brauchte, von der deutschen Erzählung zu sprechen.

---

[296]) W. Jens, Deutsche Literatur der Gegenwart. Themen, Stile, Tendenzen, R. Piper & Co Verlag, München 1961, S. 144 ff. – W. Maier (= Anm. 184), S. 68 f. will herausarbeiten, was Grass angewendet habe, um »auf einen möglichen Weg zur Novelle zu kommen«: eine Fabel, auch wenn sie gebrochen sei; Episoden, die zugleich die Beharrung auf bestimmten Momenten bedeuteten; einen Motivplan, der den sukzessiven Zeitplan ersetze. Was Maier sonst ausführt, haben wir in unseren Bericht aufgenommen.

ANHANG

Die Buchausgabe unseres Berichtes möge dazu benutzt sein, einige Nachträge anzufügen und auf einige Neuerscheinungen hinzuweisen. Es ist jedoch zu betonen, daß die zu besprechenden Fälle weder den Gang der vorliegenden Untersuchung noch ihre Ergebnisse und Folgerungen in Frage stellen oder gar umstoßen. Sie bestätigen und ergänzen vielmehr, wie immer sie zu beurteilen sein werden, den eingeschlagenen methodischen Weg und die erarbeiteten Resultate, so sehr, daß sie sich bruchlos in die vorgegebene Gliederung des Berichts einzufügen vermögen. So soll auch danach im folgenden vorgegangen werden.

Zu II

Zum Abschnitt *Historische Untersuchungen* (oben S. 25–32) sind die Ausführungen von Georg Lukács zu nennen, die er in seinem Aufsatz über Gottfried Keller eingeschaltet hat[297]) und die man wohl als seine Theorie der Novelle bezeichnen darf. Aber durch die bekannte Position von Lukács bedingt[298]), nehmen seine Ausführungen über die Novelle in mehr als einer Beziehung eine Sonderstellung innerhalb der oben behandelten historischen Betrachtungsweise ein. Das ist von unserem speziellen Blickpunkt aus im einzelnen zu verfolgen.

Zunächst setzt Lukács bei der üblichen Novellendefinition an, bei Goethes »unerhörter Begebenheit« und Tiecks »Wendepunkt«. Aus einem angeblichen Tieck-Zitat – das aber auch in Tiecks eigener Formulierung die gezogenen Schlußfolgerungen nicht rechtfertigen würde[299]) – leitet Lukács für die Novelle ab, »daß

---

[297]) G. Lukács, Deutsche Literatur in zwei Jahrhunderten (= G. Lukács Werke, Bd. 7), Luchterhand Verlag, Neuwied u. Berlin 1964, 626 S. – Darin aufgenommen das Werk 'Deutsche Realisten des 19. Jahrhunderts' (erschienen zuerst 1952), in dem wiederum der Keller-Aufsatz (von 1946) steht. – Das Novellenkapitel S. 373–392.

[298]) Zur Beurteilung von Lukács in unserem Zusammenhang vgl. etwa F. Martini, Forschungsbericht (= Anm. 47), S. 582 ff. – Wolfgang Preisendanz, Humor als dichterische Einbildungskraft. Studien zur Erzählkunst des poetischen Realismus (= Theorie und Geschichte der Literatur und der schönen Künste, Bd 1), Eidos Verlag, München 1963, SS. 145 u. 323. – Martini (= Anm. 44–48) und Preisendanz (a.a.O., bes. S. 178 ff.) zeigen ihrerseits, wie aus der Zusammenschau von allgemein geschichtlichen, gesellschaftlichen oder weltanschaulichen Vorgängen und von besonderen ästhetisch-literarischen Erscheinungen höchst bedeutungsvolle Ergebnisse für die Geschichte der Dichtung zu gewinnen sind, ohne diese selbst zu vergewaltigen.

[299]) Lukács schreibt wörtlich: »Tieck führt die Goethesche Bestimmung folgendermaßen weiter aus: 'Eine hervortretende Spitze, einen Brennpunkt sollte die Novelle haben, in welchem ein bestimmtes Ereignis in das hellste und schärfste Licht gesetzt wird... Dieses Ereignis mag alltäglicher, ja scheinbar geringfügiger Natur sein, und dennoch ist es wunderbar, ja vielleicht einzig, weil es nur unter diesen Umständen geschehen und nur diesen Personen widerfahren kann.'« (S. 373 f.). Dieses Zitat, das nicht weiter ausgewiesen ist, stammt aber nicht von Tieck, sondern von Rudolf Köpke, der damit nur auf die Forderung der Tieckschen Novellentheorie verweist (Vgl. R. Köpke, Ludwig Tieck. Erinnerungen aus dem Leben des Dichters nach dessen mündlichen und schriftlichen Mit-

Tieck aus ihrer Bestimmung die Folgerung zieht, die Novelle habe als geeignetesten Stoff das Leben der Gegenwart. Sie könne alle Klassen der Gesellschaft in komplizierter Wechselwirkung darstellen...«. Und Lukács schließt weiter: »Die Novelle soll also das Leben der Gesellschaft durch eine außergewöhnliche individuelle Begebenheit wie in einem Brennpunkt zusammenfassen« (S. 374). Damit jedoch sind Tiecks (wirkliche und angebliche) Äußerungen bereits eigenwillig und ohne weitere Begründung umgedeutet, denn Lukács meint sowohl mit dem »Brennpunkt« – das Wort fehlt bei Tieck selbst, der nur von »Wendepunkt« spricht – als auch und vor allem mit dem Begriff der »Gesellschaft« etwas anderes als Tieck[300]). Was Lukács darunter versteht, nämlich das allein vom marxistischen Standpunkt aus betrachtete historisch-soziologische Phänomen, wird bald deutlich genug, aber schon hier hat er durch seine Folgerung, im Wortlaut noch fast unmerklich, den Sprung ins außerdichterische sozial-politische Gebiet vollzogen, als dessen Spiegel er nun die Novelle hinstellt.

Das zeigt sich sofort in der Unterscheidung, die Lukács zwischen der alten und der neuen Novelle[301]) macht. Darin drücke sich »schriftstellerisch die Veränderung der gesellschaftlichen Wirklichkeit aus, deren Widerspiegelungen beide Arten der Novelle sind« (S. 374). Boccaccio habe in einer noch feudalen Gesellschaft feststehende gesellschaftliche Typen vorgefunden, die er ohne psychologische Ableitung schlicht und anschaulich hätte darstellen können. Für die moderne Novelle aber sei »das Typische nicht mehr mit künstlerischer Evidenz gesellschaftlich unmittelbar gegeben« (S. 374). Durch die Wirkung der kapitalistischen Arbeitsteilung sei eine Individualisierung der Menschen in der bürgerlichen Gesellschaft eingetreten, so daß die moderne Novelle ihre Charaktere erst künstlerisch abzuleiten gezwungen sei, somit »das wirklich Typische an den Gestalten erst als Produkt einer bedeutenden künstlerischen Arbeit, ... als schriftstellerische Aufhebung der ursprünglich vorhandenen bloßen Individualitäten überzeugend gestaltet wer-

---

teilungen, II. Teil, Leipzig 1855, S. 53 f.). – Tiecks eigene Worte, auf die sich Köpke bezieht und Lukács beziehen könnte, lauten nach einer bereits (in unserer Anm. 155) zitierten Stelle: »Diese Wendung der Geschichte, dieser Punkt, von welchem aus sie sich unerwartet völlig umkehrt, und doch natürlich, dem Charakter und den Umständen angemessen, die Folge entwickelt, wird sich der Phantasie des Lesers um so fester einprägen, als die Sache, selbst im Wunderbaren, unter andern Umständen wieder alltäglich sein könnte. So erfahren wir es im Leben selbst, so sind die Begebenheiten, die uns von Bekannten aus ihrer Erfahrung mitgeteilt, den tiefsten und bleibendsten Eindruck machen« (Schriften, 11. Bd, S. LXXXVI). – Später spricht Tieck über »alle Stände, alle Verhältnisse der neuen Zeit«, die sich für die poetische Darstellung eigneten (S. LXXXVII), aber er begreift damit etwas anderes als Lukács (vgl. die folgende Anm.).

[300]) Was Tieck unter »Gesellschaft« versteht, arbeitet die Diss. von J. Heinichen (= Anm. 308) klar heraus: nämlich die einzelnen Stände und besonders den höheren Standeskreis, aber nicht in ihrer politischen Bedeutung oder sozialen Problematik, sondern einfach in ihren menschlichen Verhältnissen und persönlichen Lebensgewohnheiten gesehen, wie denn der loyale und sich zur absolutistischen Staatsform bekennende Tieck seinen Zeitgenossen zum Vertreter gemäßigt konservativer Dichtung wurde (Heinichen, SS. 43, 56 ff., 68 f. u.ö.).

[301]) Die Verbindung der neuen mit der alten Novelle liegt für Lukács in der »Konzentration auf die einzigartige zentrale Begebenheit« (S. 374), also in Goethes unerhörter Begebenheit, wie denn Lukács kurz vorher in Bezug darauf betont: »In dieser allgemeinen Bestimmung unterscheidet sich die neue Novelle noch nicht von der alten.« Aber auch hier folgert er eigenwillig: »Dennoch ist in Wirklichkeit jene Novelle, die Goethe hier vorschwebt und die von der Romantik, vor allem von Tieck und E. Th. A. Hoffmann, verwirklicht wird, soweit sie wirklich Novelle bleibt ..., von der alten Novelle doch grundlegend verschieden« (S. 373). Goethe sagt jedoch in seinem Gespräch mit Eckermann leider nicht, was für eine Novelle ihm »hier vorschwebt«.

den kann« (S. 375). Auf Tiecks Theorie bezogen, sieht das dann folgendermaßen aus: »der dialektische Wendepunkt Tiecks ist das Umschlagen des individuell zugespitzten außerordentlichen Einzelfalles durch eine merkwürdige Begebenheit ins gesellschaftlich Typische« (S. 375). Und das eben ist nach Lukács Aufgabe und Wesen der Novelle: »das künstlerische Herantreten an die Probleme der Gesellschaft vom rein individuellen Schicksal aus« (S. 387), »das Spiegeln-Lassen der gesellschaftlichen Gesetzlichkeit in einem außerordentlich merkwürdigen Einzelfall« (S. 392).

Diese Auffassung von der Novelle wendet Lukács an Gottfried Keller an, den er nur soziologisch-didaktisch sieht: »Die Novellenform hat also Keller die Möglichkeit gegeben, sich auf den Einzelmenschen und seine Erziehung zum Staatsbürger zu konzentrieren« (S. 385). Besonders deutlich wird Lukács' Auffassung in der Beurteilung des Rahmens und der Novellenzyklen bei Keller. Selbst diese dichterischen Ausformungen werden lediglich als Widerspiegelungen der politischen Verhältnisse gewertet: »Die Einheitlichkeit des zu gestaltenden Volkes erhält ihre unmittelbare, sinnlich sichtbare Form in dem Zusammenfassen seines Schaffens in Zyklen, Novellenkreisen. Jedoch der losen Verbundenheit der Elemente dieses Seins entsprechend ist der Zyklus Kellers ursprünglich nur der einer gemeinsamen gesellschaftlich-geschichtlichen Grundlage« (S. 378). Diese Formel paßt freilich für die späteren Zyklen Kellers nicht mehr. Dafür vermerkt Lukács: »Ihr Rahmen hat weniger einen objektiv-gesellschaftlichen als einen subjektiv-pädagogischen Charakter« (S. 378f.). Er ist auch hier nicht bereit, künstlerische Kräfte wirken zu sehen. Er knüpft vielmehr unvermittelt und unbesehen an ein traditionelles Merkmal der üblichen Novellentheorie an, um es wiederum eigenwillig auszudeuten: »Denn die Fiktion des mündlichen Erzählens, der wirkliche Ursprung der Novelle, wird hier eingeführt und mit künstlerischer Vollendung ausgeweitet, um der modernen Novelle mit neuen Mitteln die unmittelbare Wirksamkeit, die spontan überzeugende Durchschlagskraft der alten wiederzugeben« (S. 379). Selbst das 'Sinngedicht' sieht Lukács nur unter seinem Aspekt: als »gesellschaftlich-weltanschaulichen Liebeskampf« vor einem stets »sichtbaren Hintergrund, daß Liebe und Ehe große öffentliche Angelegenheiten eines demokratischen Gemeinwesens sind« (S. 380). Im ganzen habe die Rahmenerzählung bei Keller den Zweck, »den gemeinsamen gesellschaftlichen Hintergrund« zu unterstreichen, hauptsächlich aber »die volkserzieherische Absicht Kellers energisch hervorzuheben, ohne die Erzählung selbst ... mit dem allzu offenen Aussprechen dieser Absicht belasten zu müssen« (S. 381).

Die Ausführungen über den Rahmen können als Beispiel für die Durchführung der Novellenthese Lukács' dienen. Außerdem bedeuten sie eine neue, ideologisch gefärbte Betrachtung dieses so oft hervorgehobenen Novellenkennzeichens, das der einschlägige Abschnitt unseres III. Kapitels (oben S. 47–51) besprach. Wie in der dort angeführten Literatur[302] ist auch bei Lukács der Rahmen mit der Gesellschaft verbunden, freilich »Gesellschaft« in einem anderen Sinn genommen, nicht als der sich Geschichten erzählende Bekanntenkreis, sondern als soziale Struktur. Immer zeigt sich dasselbe methodische Vorgehen Lukács', indem er die gängige Auffassung von der Novelle zuerst ohne weitere Kritik voraussetzt und sie dann nach seiner fixierten Blickrichtung umbiegt.

---

[302] Vgl. vor allem oben S. 48. – O. Walzel (= Anm. 2 u. 123), L. Mackensen (= Anm. 116), R. J. Humm (= Anm. 124).

Zu III

Am Ende des Abschnittes *Mittelalter* (oben S. 41) wurde darauf hingewiesen, daß die deutsche Novelle der Neuzeit auch unmittelbar mit der deutschen Literatur des Mittelalters in Verbindung stehen, daß sie auch an direkte Vorgänger anknüpfen könnte, ohne daß für sie allein die italienischen Einflüsse als Grundlage in Betracht kommen müßten. Als Stützung dieser Meinung sei nachträglich auf die beiden großen – und bisher noch immer einzigen – Gesamtdarstellungen der frühen Neuzeit hingewiesen, die zwar älteren Datums sind, jedoch in unserer Berichtszeit neu aufgelegt wurden.

Wolfgang Stammler[303]) führt aus, daß »die deutsche Prosa seit dem 13. Jahrhundert als eigene Kunstform sich bildete« (S. 16). Die Geistlichen formten ihre Predigten durch – »wenn sie erzählen, geschieht es lebhaft, mit Spannungsmomenten voll persönlicher Anteilnahme« – und damit paarten sich die klangvoll gestalteten Legenden. Diese stünden »bald auf eigenen Füßen und bilden einen eigenständigen Erzählstil aus. Eine neue literarische Form wird gefunden, die Kurzgeschichte, und infolge ihrer Beliebtheit mannigfach abgewandelt«. Und Stammler betont: »Das 15. und 16. Jahrhundert hat diese Kurzerzählung zur Virtuosität ausgebildet; die neu hinzutretende humanistische Fazetie vermehrte nur den Stoff, aber nicht die bereits vorhandene echt deutsche Prosaform« (S. 16). Diese Hinweise auf eine frühe deutsche Kunstprosa und ihr ungebrochenes Weiterwirken sind in Erinnerung zu rufen, zumal unsere Kenntnis jener Übergangszeit noch immer spärlich genug ist[304]). Wenn nun Stammler andererseits behauptet, daß sich der Deutsche in der Gattung der Novelle mit Übersetzungen aus Boccaccio, Petrarca, Enea Silvio begnügte, weil er sich zu mehr noch nicht reif gefühlt hätte, »zumal alle Anknüpfung an bereits Bestehendes ihm fehlte« (S. 111), – so widerlegt das dennoch nicht die Einordnung seiner anderen Ausführungen über die Kurzgeschichte in unseren Zusammenhang. Denn Stammler setzt an einem eng gefaßten Novellenbegriff an (ebenso in seiner Abhandlung über mittelalterliche Prosa, vgl. oben Anm. 98), er geht in der üblichen Weise davon aus, daß mit der Novelle die italienische Renaissanceliteratur der Weltliteratur »eine neue Prosa-Gattung« beschert hätte (S. 111). Die romanistische Spezialliteratur aber lehrt uns (vgl. oben S. 41 ff.), daß gerade dieser Ansatz brüchig ist. Wenn man diesen Erkenntnissen gemäß auf die kürzeren Formen des Erzählens in Prosa überhaupt ausgreift, so stößt man wieder auf Ausbildungen wie die Fazetie. Und Stammler weist nochmals auf deren »günstigen Nährboden im Norden« hin und auf die »Analogie zur weltlichen Kurzgeschichte, aber auch zum Predigtmärlein, zum Exempel« (S. 112).

Viel weiter und elastischer in seinem Novellenbegriff ist Günther Müller[305]), der die andere Gesamtdarstellung jener Übergangszeit schrieb. Er schränkt das, was er unter Novelle versteht, nicht auf die italienischen Schöpfungen ein, wie er denn überhaupt den Einfluß der italienischen Renaissanceliteratur weniger stark wirksam sieht: »Die deutsche Renaissance-Literatur hat in ihren Anfängen keine

---

[303]) W. Stammler, Von der Mystik zum Barock. 1400–1600, Zweite, durchgesehene und erweiterte Auflage (= Epochen der deutschen Literatur. Geschichtliche Darstellungen Bd II/1. Teil), J. B. Metzlersche Verlagsbuchhandlung, Stuttgart 1950, 754 S. – (1. Aufl. 1927).
[304]) Vgl. auch oben S. 39 f. und Anm. 100.
[305]) G. Müller, Deutsche Dichtung von der Renaissance bis zum Ausgang des Barock, Zweite unveränderte Auflage (= Handbuch der Literaturwissenschaft), Wissenschaftliche Buchgesellschaft, Darmstadt 1957, 263 S. – (1. Aufl. 1927).

solchen bahnbrechenden Vertreter wie Petrarca und Boccaccio, und wenn diese doch nach Deutschland hinüberwirken, so bedeutet das naturgemäß nicht nur anderes, sondern auch weniger als ihre Ausstrahlungen auf Italien« (S. 61), und: »Die Renaissance-Mitte der italienischen Literatur steht dem hochmittelalterlichen Typus nicht ferner als die gleichzeitige Spanne der deutschen« (S. 62f.). Dergestalt hat G. Müller stets die eigenständige deutsche Entwicklung im Blick, auch bei der kürzeren deutschen Prosaerzählung. Etwa: »Eine Reihe von Episoden der Jansenschen Weltchronik steht in unmittelbarer Verbindung mit der internationalen Novellistik. Schon Jahrzehnte vor Boccaccio ist auch in Deutschland diese Gattung außerordentlich fruchtbar« (S. 20). Freilich seien – wie Müller hervorhebt – die Gattungsgrenzen nicht streng. Sie reichten von Konrad von Würzburgs 'Herzmäre' bis zum 'Weinschwelg' und weiter bis zu den schlüpfrigen Frauenliststücken etwa eines Heinrich Kaufringer, zu massiven Zoten wie die 'halbe Birn', aber auch zu zarteren Frauentreuestücken, unter denen Schondochs 'Königin von Frankreich' bemerkenswert sei [306]). Müller betont, auch heute gültig: »Noch überblicken wir die Geschichte der Versnovelle nicht hinreichend, um darin das Hervortreten von Neuformungen zeitlich näher fassen zu können« (S. 20). Jedenfalls verweist er wiederholt und energisch auf die selbständige Ausbildung einer kürzeren Erzählprosaform im Deutschen und auf die Kontinuität ihrer Entwicklung. Übereinstimmend mit Stammler nennt G. Müller etwa die geistliche Kleinerzählung, zu der auch das zunehmend beliebte Predigtmärlein gehöre; gerade sie habe »eine nicht unerhebliche Stelle in der Geschichte der Novellistik überhaupt« (S. 24); ferner seien hier die Herzog-Ernst-Prosa, die Prosabearbeitung der 'Minneburg' und die Reisebücher einzureihen (S. 75).

*

Im Abschnitt *Boccaccio und die deutsche Novelle* haben wir davor gewarnt, Goethes 'Unterhaltungen deutscher Ausgewanderten' nur in Verbindung mit dem 'Decameron' zu sehen und als Beginn und Vorbild des deutschen Novellenschaffens zu bewerten (oben S. 43f.). In der Festschrift für Paul Böckmann befragt nun Gerhard Fricke[307]) die 'Unterhaltungen' nach ihrem eigentlichen Sinn und nach ihrer eigenständigen Form, und er gelangt zu erstaunlichen Ergebnissen. Er bezieht sich dabei aber nicht nur in keiner Weise auf Boccaccio oder die Entwicklung der deutschen Novelle, sondern er lehnt es ausdrücklich ab, »symbolischen Tiefsinn und paradigmatische Novellenvielfalt selbst da zu statuieren, wo ganz offenbar ein gehaltloser Stoff schlecht erzählt und geistlos erörtert wird« (S. 273). Er erkennt den Sinn der 'Unterhaltungen' gerade darin, den Mangel an sittlicher und geselliger Bildung in der zeitgenössischen Gesellschaft beispielhaft vorzuführen. Für Schillers 'Horen', welche die deutschen Gebildeten zu einem Gespräch über alle Fragen der Kultur verbinden sollen, bestimmt, wolle Goethes Beitrag »auf eine anmutig versteckte, amüsante und geistreiche Weise erkennen lassen, wieviel schon

---

[306]) G. Müller trifft sich genau mit der mittelalterlichen Spezialforschung: zum 'Herzmäre' vgl. vor allem H. de Boor (= Anm. 96), oben SS. 38 u. 40, zu Schondochs 'Königin von Frankreich' vgl. H. Fischer (= Anm. 97), oben S. 38.
[307]) G. Fricke, Zu Sinn und Form von Goethes 'Unterhaltungen deutscher Ausgewanderten', in: Formenwandel. Festschrift zum 65. Geburtstag von P. Böckmann, hg. von W. Müller-Seidel und W. Preisendanz, Hoffmann und Campe Verlag, Hamburg 1964, S. 273–293.

die rein gesellige Kultur zu wünschen übriglasse« (S. 275). Der Plan Goethes sei gewesen, »zunächst einmal exemplarisch ungebildete (neugierige) Erwartung und Fragestellung, ungebildetes Erzählen, Zuhören, Erörtern vorzuführen und durch sich selbst wirken zu lassen«, um dann, stufenweise, zu positiven Mustern überzugehen (S. 284). Freilich habe Goethe diesen Plan wohl nicht zu Ende geführt, vielleicht weil ihm die unverständige Aufnahme durch das Publikum die Lust dazu verdorben hätte. Und so sieht Fricke nur die letzten beiden Erzählungen unter einem positiven Gesichtspunkt, während er die anderen als »exempla negativa« (S. 282), als »eine negativ bestimmte Einheit« (S. 284) beurteilt. Diese neuartige Deutung der 'Unterhaltungen' wird im ganzen und im einzelnen überzeugend begründet, sowohl vom Rahmen und seinen Figuren als auch von den einzelnen Geschichten aus.

Unter den Rahmenfiguren seien es die Baronin und der alte Geistliche, die den eigentlich gemeinten Bildungsbegriff anstreben. Es würden die »negativen« Geschichten an jenem Abend erzählt, an dem die Baronin abwesend ist, während der Alte zunächst der Gesellschaft humorvoll-pädagogisch die Gelegenheit biete, »sich aufs gründlichste mit ihrer Unfähigkeit, eine Geschichte recht zu hören, richtig auf sich wirken zu lassen, sinnvoll zu erzählen – zu blamieren« (S. 277). So erzähle er die Geschichte der Sängerin Antonelli, die in ihrem ersten Teil noch kunstvoll gebildet, in ihrem zweiten aber nur ironisch-parodistisch gemeint sei. Aber die Gesellschaft merke – wie die späteren Leser – die Falle nicht und bringe nun ihrerseits Beiträge vor, etwa die »des bescheidensten Wertes bare, allenfalls das Bildungsniveau ihres Erzählers charakterisierende Geschichte des vom Klopfgeist verfolgten Hausmädchens« (S. 280) oder den »rohen Tatsachenbericht« des Marschalls Bassompierre: Beispiele »für ein geistloses und ungebildetes Interesse und mithin für eine Darbietung, wie sie den von Goethe angestrebten wünschenswerten Unterhaltungen widerspricht« (S. 281f.). Erst am nächsten Tag würden in Anwesenheit der Baronin die aufsteigenden Beispiele vorgeführt, freilich nur zwei. Aber auch hier kommt es Goethe, wie Fricke betont, nur auf eine »kunstlos und frei vorgetragene, der augenblicklichen Unterhaltung eines geselligen Kreises dienende und auf gleiche Weise entstandene Geschichte« an (S. 275), also nicht auf kunstvolle Novellen, – eine Erkenntnis, die für den speziellen Zusammenhang unseres Referates wichtig genug ist. Aus solcher Sicht interpretiert Fricke die gegenüber der Vorlage seelisch verinnerlichte Prokurator-Geschichte, er arbeitet ihren sittlichen Kern heraus: das Vermögen, sich zu überwinden, zu entsagen, und er kann dadurch an den Eingang des Rahmens anknüpfen, wo durch die Baronin derselbe Gedanke als sittliche Wurzel des Bildungsbegriffes deutlich geworden war.

Gemäß Frickes Nachweis ist die eigentliche Absicht dieser sorgfältig gestalteten Folge von Erzählungen, »von schlecht erzählten und gehaltlosen, auf die Neugierde spekulierenden, stoffbefangenen Geschichten (und deren Folge: dem leeren Geschwätz) zu jener Art einfacher Unterhaltungserzählungen hinzuführen, zu deren Aufbau, Stil und Gehalt der Geistliche und die Baronin so einfache wie klare Grundsätze formuliert hatten« (S. 290). Damit jedenfalls sind die 'Unterhaltungen' – wenn wir dieses Ergebnis nun für unser Referat auswerten – nicht nur außer eine (so gern angenommene) feste Novellentradition gestellt, sondern auch diese selbst, die man immer wieder an Goethes Rahmenwerk anknüpft, hat einen empfindlichen Stoß erlitten.

*

Zum Abschnitt *Goethe, Tieck und Heyse* (oben S. 54–59) sind zwei Dissertationen zu nennen, die eine von J. Heinichen, die nur den älteren Tieck betrachtet, die andere von W. Bausch, die sich neben Tieck auch mit den Romantikern, vor allem mit F. Schlegel beschäftigt und daher auch zu unserem Abschnitt über *Friedrich Schlegel* (oben S. 62–64) zu stellen ist.

Jürgen Heinichen[308]) untersucht das späte Novellenwerk Ludwig Tiecks und kommt dadurch auf dessen Novellentheorie zu sprechen. Er verweist darauf, daß »das Wunderbare vor dem Hintergrund des Alltäglichen ... für Tieck das Kriterium der Novelle« bilde (S. 39), daß er damit aber, wie auch Goethe in seiner Definition, »noch keinen deutlichen gattungsspezifischen Charakter« bestimme (S. 40). Das Wunderbare sei als das hauptsächliche Merkmal des Wendepunktes aufzufassen (S. 88 u. ö.), und Wendepunkt und Kontrastschema seien die wesentlichen Bestandteile der Tieckschen Novellentheorie (S. 46). Der Hinweis auf ein Kontrastschema ist neu, aber von Heinichen mehrmals unterbaut (SS. 38, 41). Uns scheint dieses von Tieck geforderte Kontrastverhältnis theoretisch letzten Endes auf F. Schlegel zurückzugehen[309]), sowie Tiecks Auffassung des Wendepunktes denn doch maßgeblich von Solger beeinflußt wurde, wie das zuletzt Manfred Schunicht nachgewiesen hat[310]). Gerade dagegen aber wendet sich Heinichen wiederholt als gegen »den Versuch, Tieck als einen ganz nach Solgerschen Ideen verfahrenden Schriftsteller zu bewerten, womit jedoch wiederum ein einseitiges Bild von ihm entsteht« (S. 12). Tiecks flinke Arbeitsweise habe »eine oft sorglose Fabeltechnik zur Folge. Ein unter philosophischem Aspekt herausgearbeiteter Wendepunkt (der ja ein Bestandteil der Fabel ist) hätte bei einer so gearteten Schreibweise also höchstens zufällig entstehen können« (S. 33). Man sieht schon, warum Heinichen sich so gegen einen philosophisch begründeten Wendepunkt wehrt: weil dieser in Tiecks Novellen selbst keineswegs mit solchem Gewicht aufscheint, weil er, wenn dort überhaupt vorhanden, »kein tektonisches Merkmal, auf das alle Teile bezogen sind, sondern ein inhaltliches Überraschungsmoment einerseits und Ausdruck erzählerischer Ironie andererseits« ist (S. 123 f.).

Heinichen geht von der Erzählweise Tiecks aus, aber er verfällt demselben Fehlschluß, den Dichter und den Theoretiker Tieck gleichzusetzen, in den Schunicht von der anderen Seite her geriet[311]). Wenn Heinichen mit Recht den Wendepunkt in Tiecks Novellenschaffen vermißt oder höchstens »als die Lösung einer rein stofflichen Spannung, die oft etwas forciert wirkt,« erscheinen sieht (S. 42), so kann dieser Wendepunkt in Tiecks Novellentheorie noch immer philosophisch unterbaut sein – nur entspricht die Theorie nicht dem dichterischen Schaffen oder umgekehrt. Der Dichter darf eben nicht ohne weiteres mit dem Theoretiker identifiziert werden. Das Verdienst Heinichens ist es, als Gegengewicht gegen eine nur von Tiecks Theorie ausgehende und daher einseitige Betrachtung seiner Novellendichtung auf die oft sorglose Erzählweise in diesen Novellen hingewiesen zu haben. Freilich scheint er in der Ablehnung jeglicher Tektonik wohl auch zu weit zu gehen[312]).

---

[308]) J. Heinichen, Das späte Novellenwerk Ludwig Tiecks. Eine Untersuchung seiner Erzählweise, Diss. [Fotokop.], Heidelberg 1963, 126 S.
[309]) Vgl. dazu unsere Ausführungen oben S. 63 f. und Anm. 171 u. 175.
[310]) M. Schunicht (= Anm. 152). – Vgl. vor allem oben S. 56–58.
[311]) Wir haben das oben S. 57 ausgeführt.
[312]) Vgl. die kurze Betrachtung des Aufbaus im 'Jungen Tischlermeister', oben S. 99 f., und die Erkenntnisse M. Thalmanns (= Anm. 273).

Sieht Heinichen Tieck vom Biedermeier aus, so Walter Bausch[313]) von der Romantik. Manche Verschiedenheit der Auffassung ist darin begründet, vor allem treffen wir hier wiederum auf die starke Betonung der Wendepunkt-Theorie. Bausch legt das Hauptgewicht auf die durch den Wendepunkt bewirkte »Ambivalenz des Ereignisses«, das zugleich alltäglich und wunderbar sein solle (S. 25). Er weist diese Dialektik von Wunderbarem und Alltäglichem schon in Tiecks frühem Roman 'Peter Leberecht' nach und sieht darin bereits die Hindeutung »auf den erst sehr viel später formulierten novellistischen Wendepunkt« (S. 29). Freilich wird gerade dadurch der Wendepunkt als typisches Novellenkennzeichen in Frage gestellt.

Die Novellentheorie Tiecks von 1829 und noch spätere Äußerungen[314]) bezieht Bausch in die Betrachtung der frühromantischen Novellentheorie ein, und das ist, trotz der aufgewiesenen Anklänge im 'Peter Leberecht', methodisch nicht zu rechtfertigen. Methodisch ebenfalls nicht zulässig ist, daß er seine Untersuchung der 'Theorien des epischen Erzählens in der deutschen Frühromantik' in die beiden Teile 'Die Novelle' und 'Der Roman' gliedert, weil damit schon eine gattungsmäßige Gegenüberstellung durchgeführt wird, die keineswegs der Auffassung der Frühromantik entspricht[315]). Auch Bausch muß erkennen, daß F. Schlegel etwa »keinen Wert auf eine sorgfältige Abgrenzung von Roman und Novelle legt« (S. 54), ja er muß zugestehen: »nicht nur stilistisch, sondern auch strukturell zielt die Novelle auf den Roman« (S. 52). Dennoch betont er immer wieder, von einem feststehenden Novellenbegriff ausgehend (S. 7), die Eigenständigkeit der Novelle in der Frühromantik, was natürlich zu Widersprüchen führt.

Im einzelnen geht Bausch so vor, daß er gewisse Merkmale der Novelle – die wahre Geschichte und die Artistik des Erzählens, die unerhörte Begebenheit und das Problem des Wendepunktes, die Novelle als Deutung und Allegorie – aufzählt und dafür die entsprechenden Aussagen Schleiermachers, Tiecks, August Wilhelm und besonders Friedrich Schlegels anführt. Die Gefahr dieser Methode besteht darin, daß die einzelnen Kritiker, etwa der frühe F. Schlegel und der späte Tieck, denselben Begriff in mancher Weise verschieden auffassen konnten, was nur eine eindringliche Versenkung in ihre gesamten Äußerungen hätte zu erweisen vermögen. Aber dies geschieht selbst bei F. Schlegel, über den »in erster Linie« gesprochen wird (S. 5), zu wenig. Um ein Beispiel anzuführen: Aus einem bestimmten Fragment F. Schlegels[316]) wird gefolgert, »daß zur Novelle das gehört, was Schlegel in dem angeführten Zitat 'Construction' nennt: ein gekonntes, gut durchdachtes, konzises und souveränes Erzählen. Das ist für die Frühromantiker eine spezifische Qualität der Novelle...« (S. 18). Man versteht zunächst diese Folgerung gar nicht, doch gleich darauf nennt Bausch Boccaccio als »das große, immer wieder zitierte Beispiel für diese der Novelle eigentümliche Erzählweise«, und

---

[313]) W. Bausch, Theorien des epischen Erzählens in der deutschen Frühromantik (= Bonner Arbeiten zur deutschen Literatur, Bd 8), H. Bouvier u. Co. Verlag, Bonn 1964, 179 S.
[314]) Wichtig ist der Hinweis auf die Skepsis und Ablehnung, mit der der späte Tieck seine eigene Novellentheorie betrachtet. Vgl. R. Köpke (= Anm. 300), II. Teil, S. 234. – Es darf hier an die Abwendung Paul Ernsts von seinem Novellenbegriff erinnert werden, vgl. oben S. 61.
[315]) Vgl. oben S. 64, ferner Anm. 69 u. 173.
[316]) Das Fragment lautet: »Die spanische Komödie ist eine bestimmte Form wie das italiänische Sonett oder das Rittergedicht und etwa Novelle; wo jeder noch so verschiedne Geist die selbe Construction und Form wählt« LN (= Anm. 167), Nr. 1954; zitiert bei Bausch S. 17f.

fährt fort: »Schlegel umreißt es folgendermaßen: '...rasche Bewegung, Leichtigkeit, Concision seiner Erzählungen...'« (S. 18), – aber jetzt ist der Bruder August Wilhelm gemeint. F. Schlegels Begriff der »Construction« hingegen darf weder auf das Erzählen, noch auf die Novelle eingeengt werden, er bezieht sich keineswegs auf nur formale Kriterien, sondern hat etwa dieselbe vielschichtige Bedeutung, die heute dem Worte Struktur gegeben wird. So sind die Einzelergebnisse Bauschs durchaus nachzuprüfen. In seiner Zusammenfassung schließt er sich an die Erkenntnisse Benno von Wieses[317]) an, ohne darüber hinaus zu gelangen.

*

Zum Schluß ist das Buch von Eberhard Hermes[318]) zu nennen, nicht weil es in diesen Bericht gehört, sondern weil es durch seinen Untertitel 'Aus der Frühzeit der Novelle' den Anschein erwecken könnte, hierher zu gehören. Es berichtet aber – in unverbindlicher Form – allein von dem alten und ältesten überall verbreiteten Erzählgut, ohne auf die künstlerisch geformte Erzählung einzugehen: »Das Bleibende finden wir, wenn wir von den Gipfeln literarischer Größe hinabsteigen in jene Niederungen, wo ein Schatz von Stoffen und Motiven, Parabeln, Exempeln und Fabeln, Märchen und Novellen über die Grenzen der Epochen und Kulturgebiete hinweg auf geheimnisvolle Weise weitergereicht wird« (S. 4). In diesem Sinne wird auch der Begriff Novelle gebraucht, der uns daher hier nicht zu beschäftigen hat.

Hingewiesen sei endlich auf eine koreanische Arbeit über die Novelle von Byung Tschan Rhie[319]), die mir aber nicht zugänglich war.

---

[317]) B. v. Wiese (= Anm. 236), S. 18 ff. – Vgl. oben S. 83 f.
[318]) E. Hermes, Die drei Ringe. Aus der Frühzeit der Novelle (= Kleine Vandenhoeck-Reihe 200/201/202), Vandenhoeck u. Ruprecht, Göttingen 1964, 152 S.
[319]) Rhie, Byung Tschan, Über die Novelle [Korean.], Zs. f. Germanistik, hrg. von der Abteilung f. Germanistik d. Sung Kyun Kwan Universität, H. 2, Seoul 1963, S. 23–32. – (Zitiert nach Germanistik, V. Jg., 1964, Nr. 2630).

REGISTER

Alarcon, Pedro Antonio de 103
Alewyn, Richard 95 und *A. 262*, 96 und *A. 263*, 97
Alexis, Willibald 2
Andres, Stefan 87
Anzengruber, Ludwig 77 *A. 223*
Aristoteles 17
Arnim, Achim v. 22, 35, 76
Arx, Bernhard v. 3, 8 *A. 26*, 9 und *A. 31 f.*, 10, 21 und *A. 64*, 22 und *A. 67*, 23, 43 *A. 110*, 52 *A. 137*, 55 *A. 144*, 56 und *A. 149*, 74 und *A. 212*, 82 *A. 238*, 92 und *A. 258*
Auerbach, Erich 16 *A. 50*, 33, 41 und *A. 106*, 42

Balzac, Honoré de 71
Bastier, Paul 3 und *A. 10*
Bausch, Walter 116, 117 und *A. 313*, *316*, 118
Behler, Ernst 23 *A. 69*, 64 und *A. 173*
Beißner, Friedrich 26
Bender, Hans 89
Benn, Gottfried 109
Bennett, K.E. 3 und *A. 10*, 28 und *A. 77*, 35 *A. 92*, 59 und *A. 160*, 91 und *A. 255*, 93, 99 und *A. 272*, 108 *A. 295*
Bergengruen, Werner 35, 89
Beyer, Hugo 43 *A. 112*
Boccaccio, Giovanni 2 *A. 1*, 7, 10–12, 16 *A. 49*, 18, 26, 32–37, 39–42, 43 und *A. 110*, 44, 46 f., 49 f., 70–72, 103, 111, 113 f., 117
Böckmann, Paul 5 und *A. 17*, 114
Böll, Heinrich 67
de Boor, Helmut 37 und *A. 96*, 38–40, 114 *A. 306*
Borcherdt, Hans Heinrich 2 und *A. 3*
Borchmeyer, Ursula 44 *A. 112*
Bouterwek, Friedrich 2
Braem, Helmut M. 20 und *A. 57*, 49 und *A. 126*
Brentano, Clemens 22, 35, 70 und *A. 193*, 75, 90 f., 92 und *A. 256*, 93 bis 96
Brinkmann, Richard 68 *A. 187*, 101 und *A. 274*, 102 *A. 277*
Broch, Hermann 102
Bruch, Bernhard 2 und *A. 5*, 3, 52
Brunet, G. 23 *A. 70*

Büchner, Georg 77, 78 *A. 227*
Burger, Heinz Otto 2 *A. 4*, 3 *A. 9*, 37, 40 und *A. 105*, 54 und *A. 139 f.*, 69 und *A. 191*, 82 *A. 237*, 106 und *A. 287*

Carrière, Moriz 52
Cervantes, Miguel de 2 *A. 1*, 7, 11, 18, 32, 35 f., 57 *A. 156*, 71 f., 76, 101
Cicero 17
Croce, Benedetto 5 *A. 15*

Dietrich, Margarete 74 *A. 213*, 78 *A. 228*
Dilthey, Wilhelm 24 *A. 72*
Doderer, Heimito v. 67
Doderer, Klaus 21 und *A. 63*, 108 *A. 295*
Droste-Hülshoff, Anette v. 11, 50

Eckermann, Johann Peter 55 *A. 141*, 111 *A. 301*
Eichendorff, Josef v. 35, 98
Eichner, Hans 23 *A. 69*
Endrulat, Helmut 56 *A. 153*, 57 *A. 154*
Enea Silvio Piccolomini 113
Erné, Nino 3, 35 *A. 93*, 51 und *A. 134*, 66 und *A. 176*, 67 und *A. 181*, 183, 68 und *A. 188*, 69 und *A. 190*, 72 *A. 199*, 74 und *A. 207*, 104, 108 *A. 295*
Ernst, Paul 2, 35, 46, 50, 52, 55 *A. 146*, 59–61, 73, 90, 102 und *A. 279*, 117 *A. 314*

Faulkner, William 50, 67
Fischer, Hanns 38 und *A. 97*, 39, 40 *A. 100*, 114 *A. 306*
Flemming, Willi 4 und *A. 14*, 5 und *A. 16*, 20 und *A. 61*, 43 und *A. 109*, 74 und *A. 209*
Fontane, Theodor 53, 76
Forster, E. M. 73
Franck, Hans 2
François, Luise v. 77 *A. 223*
Fricke, Gerhard 114 und *A. 307*, 115
Friedrich, Hugo 16 *A. 50*, 37, 79 und *A. 230*, 83 *A. 240*
Fürst, Rudolf 3 *A. 10*, 43 *A. 112*
Fuller, E. W. 60 *A. 163*

Gaiser, Gerd 20
Goethe, Johann Wolfgang 2, 4, 11f., 16
 A. 49, 18, 20, 22–24, 26f., 29f., 32,
 34–36, 40f., 43 und *A. 110*, 44–47,
 48 und *A. 124*, 49, 51f., 54, 55 und
 A. 141, 144, 56, 69–72, 74 *A. 212*,
 75f., 80–82, 86, 108, 110 und *A. 299*,
 111 *A. 301*, 114–116
Gotthelf, Jeremias 11, 32
Grass, Günther 86, 109 und *A. 296*
Grenzmann, Wilhelm 90 *A. 251*
Grillparzer, Franz 2, 11f., 32, 50, 54
Grolman, Adolf v. 2 und *A. 6*, 3, 6, 45,
 47
Gutzkow, Karl 2, 53

Hammer, Franz 20 und *A. 59*
Hartmann v. Aue 37–40
Hauff, Wilhelm 2
Hauptmann, Gerhart 89
Hebbel, Friedrich 2
Heine, Heinrich 53
Heinichen, Jürgen 111 *A. 300*, 116 und
 A. 308, 117
Henel, Heinrich 47 und *A. 120*, 69 und
 A. 192, 70, 76 und *A. 219*, 91 und
 A. 253, 106 *A. 289*
Henry, O. 71
Hermand, Jost 31 und *A. 85*, 32
Hermanowski, Georg 20 und *A. 58*
Hermes, Eberhard 118 und *A. 318*
Herrmann, Hans Peter 83 *A. 240*
Hesse, Hermann 75, 77
Heyse, Paul 2, 10f., 12 und *A. 39*, 15,
 20f., 31f., 35, 46f., 52–54, 55 und *A.
 143f., 146*, 56, 58 und *A. 157*, 59, 64f.,
 69, 71 und *A. 197*, 72f., 78, 80, 82,
 89, 91
Himmel, Hellmuth 3, 27 und *A. 75*, 28
 und *A. 76*, 40 *A. 105*, 41, 43 und *A.
 111*, 54 und *A. 139*, 56 und *A. 151*,
 59 und *A. 161*, 64 und *A. 174*, 78
 A. 227, 91, 97 und *A. 264*, 99 und
 A. 270, 272, 108 und *A. 292*
Hirsch, Arnold 2 und *A. 4*, 3 und *A.
 10*, 5 *A. 15*, 54 und *A. 140*, 59 und
 A. 160, 62
Hoffmann, E.T.A. 22, 35, 50, 52, 111
 A. 301
Hofmannsthal, Hugo v. 75, 86, 89
Horaz 17
Humm, R.J. 48 und *A. 124*, 49, 55 *A.
 144*, 104, 112 *A. 302*

Jansen, Enikel 114
Jellinek, Oskar 35 *A. 93*
Jens, Inge 47 *A. 118*
Jens, Walter 109 und *A. 296*
Jolles, André 85

Kafka, Franz 81f., 86
Kaufringer, Heinrich 114
Kayser, Wolfgang 5 *A. 15*, 6 *A. 19*, 21,
 24, 26, 49 und *A. 129*, 66 und *A.*
 177f., 73 und *A. 203*, 74 *A. 213*, 79
 und *A. 231*, 80, 83
Keller, Gottfried 12, 28, 30 *A. 82*,
 31, 48, 53 und *A. 138*, 59 *A. 162*, 71f.,
 74f., 77 *A. 223*, 88f., 110, 112
Keyserling, Eduard v. 69, 101
Killy, Walther 12 *A. 43*, 75 *A. 218*, 90
 A. 251, 108 *A. 295*
Kindermann, Heinz 37, 74 *A. 213*, 78
 und *A. 228*
Klein, Johannes 3, 7 und *A. 22f.*, 8
 und *A. 27*, 10 und *A. 36f.*, 11 und
 A. 38, 12 und *A. 39f., 42f.*, 20, 24 *A.
 73*, 34 *A. 88*, 40 und *A. 102, 104*, 43,
 46, 49 und *A. 127*, 51 *A. 133*, 55 und
 A. 145f., 59 *A. 162*, 75 und *A. 217*,
 76 *A. 220*, 85, 89f., 91 und *A. 252*,
 92, 96 *A. 263*, 98 und *A. 266*, 99, 102
 und *A. 278*, 103 und *A. 281*, 104 *A.
 281*, 108 und *A. 294f.*
Kleist, Heinrich v. 11, 22, 26f., 29, 33
 bis 36, 44, 46, 52, 70 und *A. 193*, 71f.,
 96f., 108
Köpke, Rudolf 110 *A. 299*, 111 *A. 299*,
 117 *A. 314*
Körner, Josef 33
Köster, Albert 53 *A. 138*
Konrad v. Würzburg 38, 40, 114
Kosch, Wilhelm 20 und *A. 60*, 74 *A.
 213*
Koskimies, Rafael 18 *A. 54*, 49 und
 A. 131, 50, 66, 67 und *A. 182*, 71 und
 A. 195–197, 72 und *A. 198, 200*, 73
 und *A. 202*, 78, 102 und *A. 278*, 103
 und *A. 281*, 104 und *A. 283*, 108 *A.
 295*
Krauss, Werner 16 *A. 50*, 101 und *A.
 275*
Kreuder, Ernst 89
Kunz, Josef 25 und *A. 74*, 26f., 44 und
 A. 113, 78 *A. 227*, 93 und *A. 259*, 99
 und *A. 272*, 102 und *A. 278*, 108 und
 A. 292

Lämmert, Eberhard 6 und *A. 20*, 7f.,
 50 *A. 132*, 66 *A. 177*, 68, 95, 104f.
La Fontaine 18
Lambel, Hans 37
Larbaud, Valéry 69
Laube, Heinrich 2
Leppmann, W.A.R. 30 und *A. 81*
Lessing, Gotthold Ephraim 43
Liede, Helmut 47 *A. 118*
Lockemann, Fritz 3, 7 und *A. 24*, 8,
 23 und *A. 70*, 24 und *A. 72*, 25, 34
 A. 88, 48 *A. 125*, 49 und *A. 128*, 50,
 55, 56 *A. 147*, 91, 92 und *A. 257*, 98
 und *A. 267*, 99, 103, 104 *A. 282*
Ludwig, Otto 11, 74, 101
Lukács, Georg 85, 110 und *A. 297–299*,
 111 und *A. 299, 301*, 112
Lunding, Erik 12 *A. 41*

Mackensen, Lutz 12 *A. 39*, 40 und *A.*

101, 45 und *A. 116*, 46, 48, 66 und *A. 176, 179*, 71, 104, 112 *A. 302*
Maier, Wolfgang 67 und *A. 184*, 69 *A. 189*, 104, 109 und A. *296*
Mann, Thomas 66, 86
Markwardt, Bruno 51 und *A. 136*, 52, 53 und *A. 138*, 54, 59 und *A. 160*, 74 und *A. 214*, 98 *A. 268*, 102 und *A. 278*
Martini, Fritz 3 *A. 11*, 4 und *A. 14*, 6 *A. 19*, 8 und *A. 28*, 12 *A. 39*, 13 und *A. 44-46*, 14 und *A. 47f.*, 15, 19 *A. 55*, 25, 29 und *A. 79*, 47 und *A. 117f.*, 76 und *A. 221f.*, 77 und *A. 223*, 78, 83 *A. 240*, 86 *A. 245*, 106 und *A. 287*, *289f.*, 108 und *A. 293*, 110 *A. 298*
Masson, Raoul 60 und *A. 163*
Maupassant, Guy de 71
Mérimée, Prosper 51, 67
Meyer, Conrad Ferdinand 31, 52, 70f., 103
Meyer, Herman 66 *A. 177*, 68 *A. 186*
Mörike, Eduard 32, 75, 76 *A. 220*, 102
Müller, Günther 5 *A. 15*, 26, 113 und *A. 305*, 114 und *A. 306*
Müller, Joachim 77 und *A. 224f.*, 78, 106 *A. 289f.*
Mulot, Arno 12 *A. 39*, 47 und *A. 119*, 59 *A. 160*, 66 und *A. 180*, 68 und *A. 188*, 70 und *A. 194*, 72 *A. 199*, 74 und *A. 210*, 76 *A. 220*, 87 und *A. 246*, 104
Mundt, Theodor 2, 27f., 53f., 59, 66, 69
Musil, Robert 2, 52, 61 und *A. 165*, 64 und *A. 174*, 85 f.

Nietzsche, Friedrich 11
Niewöhner, Heinrich 38 *A. 97*

O'Faolain, Sean 72

Pabst, Walter 2 *A. 2*, 3 *A. 9*, *11*, 8 und *A. 29*, 9, 16 und *A. 51*, 17 und *A. 53*, 18, 19 und *A. 56*, 25, 33, 34 *A. 88*, 41, 42 und *A. 108*, 43, 44 und *A. 114*, 45, 48 und *A. 123f.*, 50, 51 *A. 133*, 54, 71 *A. 196*, 105 und *A. 284, 286*
Petrarca, Francesco 113 f.
Petsch, Robert 3 und *A. 8*
Pfeiffer, Johannes 75 und *A. 216*, 91, 92 und *A. 256*
Pirandello, Luigi 69
Polheim, Karl 60 und *A. 164*
Polheim, Karl Konrad 32 *A. 86*, 64 *A. 172*
Pongs, Hermann 2, 3 und *A. 7*, 20f., 32 und *A. 87*, 33, 34 und *A. 89-91*, 35, 36 und *A. 94*, 43 und *A. 110*, 44, 46, 52f., 56 und *A. 148*, 67 *A. 183*, 70 *A. 193*, 81, 91 und *A. 254*, 98 und *A. 268*, 108 und *A. 294*
Prang, Helmut 87 und *A. 247*
Preisendanz, Wolfgang 110 *A. 298*

Quintilian 17

Raabe, Wilhelm 74, 76
Rehder, Helmut 97 und *A. 265*
Reinbeck, Georg 2, 52 f.
Remak, Henry H.H. 74 und *A. 211*, 75, 87 und *A. 248*, 88 f.
Rhie, Byung Tschan 118 und *A. 319*
Richter, Hans 30 *A. 82*
Rickert, Heinrich 105 und *A. 285*
Riehl, Wilhelm Heinrich 11, 15, 53
Ritzler, Paula 75 und *A. 215*
Rosegger, Peter 74
Rosenkranz, Karl 2
Schäfer, Wilhelm 2, 89
Schelling, Friedrich Wilhelm 2
Schiller, Friedrich 114
Schlegel, August Wilhelm 2, 27, 52, 54, 59, 117f.
Schlegel, Friedrich 2, 18, 23 *A. 69*, 27, 48, 52, 54, 58 und *A. 159*, 59, 62 und *A. 167*, 63 und *A. 171*, 64, 65 *A. 175*, 68-70, 82 und *A. 237*, 83f., 85 und *A. 243*, 116-118
Schleiermacher, Friedrich 2, 117
Schnabel, Johann Gottfried 43
Schondoch 38, 114 und *A. 306*
Schunicht, Manfred 7 und *A. 25*, 46, 47 und *A. 121*, 51 und *A. 135*, 55 *A. 146*, 56 und *A. 152f.*, 57 und *A. 154, 157*, 58 und *A. 159*, 59, 63 und *A. 169*, 64, 65 und *A. 175*, 66f., 68 und *A. 188f.*, 78 *A. 227*, 82, 83 *A. 239f.*, 84, 104, 108 und *A. 292*, 116 und *A. 310*
Scott, Walter 103
Sealsfield, Charles 99
Seidler, Herbert 6 *A. 19*, 19 *A. 56*, 37, 50 *A. 132*, 73, 74 *A. 206*, 79 und *A. 231f.*, 80, 106 und *A. 287*, 107 und *A. 291*
Sengle, Friedrich 9 *A. 33*, 30 und *A. 83*, 31 und *A. 84*, 40 und *A. 105*, 47 und *A. 118*, 102
Silz, Walter 3, 29 und *A. 78*, 80, 30, 40 und *A. 103*, 44 und *A. 115*, 46, 52 *A. 137*, 56 und *A. 150*, 76 *A. 220*, 78 *A. 227*, 82, 86 *A. 245*, 90 und *A. 250*, 91, 93 und *A. 260*, 94, 96 *A. 263*, 102 und *A. 278*, 103, 104 und *A. 281*, 108 und *A. 293*
Solger, Karl Wilh. Ferd. 2, 56 und *A. 153*, 116
Spielhagen, Friedrich 2, 53
Staiger, Emil 4 und *A. 13*, 8, 9 und *A. 32*, 10 und *A. 35*, 19, 21 und *A. 65*, 22 und *A. 67*, 23, 82 *A. 238*, 106 und *A. 287*
Stammler, Wolfgang 38 und *A. 98*, 39, 113 und *A. 303*, 114
Stanzel, Franz K. 6 *A. 21*, 66 *A. 177*
Stephan, Dieter 51 *A. 135*
Stifter, Adalbert 11f., 28, 31f., 71f., 75f., 77 und *A. 223, 225*, 78 und *A. 227*
Storm, Theodor 2, 31, 52, 53 und *A.*

121

138, 54, 55 A. 146, 59 und A. 162, 60 66, 72
Strauß, Emil 75, 90
Stutz, Elfriede 39 und A. 99, 40
Sudermann, Hermann 89

Thalmann, Marianne 100 und A. 273, 116 A. 312
Thieberger, Richard 3 A. 11, 35 A. 93
Tieck, Ludwig 2, 10–12, 20, 22 f., 27, 30, 32, 35, 52–54, 55 und A. 142, 56, 57 und A. 154–156, 58 und A. 158 f., 59, 64, 65 A. 175, 69, 91, 93, 99 und A. 271, 100, 110 und A. 299, 111 und A. 299, 301, 112, 116, 117 und A. 314
Tschechow, Anton 71–73

Unruh, Friedrich Franz v. 12, 35, 36 A. 94, 108

Viëtor, Karl 4 und A. 12, 14, 24 A. 72, 26, 105 A. 286, 106
Vischer, Friedrich Theodor 2, 54, 59
Vossler, Karl 16 A. 50, 33, 42 und A. 107, 102 und A. 276

Waidson, H. M. 28 und A. 77, 91 und A. 255, 99 und A. 272, 108 A. 295
Walzel, Oskar 2 und A. 2, 16 und A. 52, 48 und A. 123, 112 A. 302
Wehrli, Max 5 und A. 18, 6
Wezel, Johann Karl 43
Wieland, Christoph Martin 1 und A. 1, 10, 43
Wiese, Benno v. 2 A. 4, 3 und A. 9, 11, 9 und A. 32, 10 A. 34, 37, 36 f., 40 und A. 105, 47 und A. 122, 54 und A. 139, 59 A. 161, 62 und A. 166, 63 und A. 168, 170, 64, 67 A. 183, 74 und A. 208, 79 A. 230, 80 und A. 234, 81 und A. 235 f., 82 und A. 238, 83, 84 und A. 241, 85 und A. 242, 86, 91, 94 und A. 261, 96 A. 263, 98 und A. 269, 99 und A. 272, 104 und A. 283, 107 und A. 291, 108 und A. 292, 118 und A. 317
Wilpert, Gero v. 37, 73 und A. 204, 78 und A. 229, 79
Wölfflin, Heinrich 36
Woolf, Virginia 67

Zeltner-Neukomm, Gerda 103 A. 280
Zimmermann, Werner 67 und A. 185, 69 A. 189, 89 und A. 249, 104